责任编辑：张　驰
责任校对：李俊英
责任印制：裴　刚

图书在版编目（CIP）数据

中国共产党领导下的金融发展简史（Zhongguo Gongchandang Lingdaoxia de Jinrong Fazhan Jianshi）/中国人民银行编著. —北京：中国金融出版社，2012.10

ISBN 978 - 7 - 5049 - 6428 - 1

Ⅰ.①中… Ⅱ.①中… Ⅲ.①金融—经济史—中国—现代 Ⅳ.①F832.96

中国版本图书馆 CIP 数据核字（2012）第 123921 号

出版发行	中国金融出版社
社址	北京市丰台区益泽路2号
市场开发部	（010）63266347，63805472，63439533（传真）
网上书店	http://www.chinafph.com
	（010）63286832，63365686（传真）
读者服务部	（010）66070833，62568380
邮编	100071
经销	新华书店
印刷	保利达印务有限公司
尺寸	169 毫米 × 239 毫米
印张	26.25
字数	305 千
版次	2012 年 10 月第 1 版
印次	2012 年 11 月第 2 次印刷
定价	53.00 元

ISBN 978 - 7 - 5049 - 6428 - 1/F.5988

如出现印装错误本社负责调换　联系电话（010）63263947

《中国共产党领导下的金融发展简史》编写工作领导小组

组　长　周小川

成　员　胡晓炼　刘士余　易　纲　王华庆
　　　　潘功胜　李东荣　郭庆平　金　琦

《中国共产党领导下的金融发展简史》编审委员会

主　任　金　琦

副主任　刘慧兰　邵伏军　葛华勇

成　员　穆怀朋　张晓慧　李　波　谢　多
　　　　　宣昌能　盛松成　陈　志　励　跃
　　　　　王永红　文四立　刘贵生　何建雄
　　　　　张健华　王　煜　冯菊平　齐小东
　　　　　赵文波　牟善刚　温克勤　魏革军
　　　　　蒋万进　马　林　李　德

《中国共产党领导下的金融发展简史》
编写工作组

顾　问　　洪葭管　许树信　秦池江

编写组　　刘慧兰　蒋万进　马　林　李　德
　　　　　马俊起　张　驰　陈　跃　张俊燕
　　　　　赵　勇　刘　莹

序

  金融是现代经济的核心，是国家经济的命脉。金融安全稳定运行，才能充分有效地实现货币资金的筹集、融通和使用，合理高效地配置社会资源，促进国民经济的良性循环，保障社会经济的稳定发展。

  中国共产党历来高度重视对金融工作的领导。无论是在革命战争年代，还是在社会主义建设时期，党一直坚持牢牢把握金融事业发展和前进的方向，不断探索金融支持革命战争和创立新政权、服务于社会主义现代化建设和改革开放的道路，指引我国金融事业实现了一次又一次跨越发展。革命战争时期，党对金融工作的正确领导活跃了革命根据地和解放区的经济，为中国新民主主义革命全面胜利奠定了基础。新中国成立后，党采取有力措施，接管官僚资本金融业，整顿和改造私营金融业，治理通货膨胀，实现了货币主权的完整和货币制度的统一，促进了国民经济的快速恢复和社会主义建设的开展。改革开放以来，金融业在党的领导下发生了历史性的变化，与社会主义市场经济相适应的现代金融组织体系、金融市场体系、金融调控和监管体系基本建成，为支持经济社会发展、深化体制改革和维护社会稳定发挥了重要作用。按照"一国两制"原则，1997年和1999年，香港、澳门先后回归祖国后，实现了在一个主权国家的不同社会经济制度区域内，人民币、港元、澳元同时流通；保持和发展了香港国际金融中心地位，香港也成为人民币"走出去"的重要平台。就在本书截稿之时，中国大陆和台湾两岸货币管理机构签署了《海峡两岸货币清算合作备忘录》，开启了两岸金融合作新的阶段。

中国共产党领导下的金融发展史，是党领导中国人民建立新中国、实现国家繁荣富强、推进祖国统一大业这部恢弘壮丽史诗中的重要篇章，也是我们当代金融人继往开来、开拓创新、创造我国金融事业新成就的精神力量和动力源泉。这部波澜壮阔的历史记录了党开创中国革命事业、探索社会主义道路、谋求国家繁荣富强的艰苦努力，包含着中国共产党领导的金融事业从无到有、由弱到强、不断发展壮大、参与国际合作的宝贵经验和深刻教训，也揭示了坚持党对金融工作的领导、坚持走有中国特色社会主义金融事业发展道路的历史必然性。

本书记录了九十年来党领导金融事业发展的风雨历程，特别是真实而深入地记录了重大金融历史事件，展示了几代金融人艰苦奋斗的优良传统和百折不挠、勇于开拓的改革创新精神。新时期的金融人不仅应该了解和学习党领导下的金融发展历史，更应该继承和发扬先辈们的优良传统，汲取他们创事干业的宝贵经验，增强创造金融业新辉煌的历史使命感和责任感，把我国金融事业不断推向前进。

当今中国正处在国际风云变幻的时期，世界经济形势复杂多变，我国金融事业的发展既面临着巨大机遇，也面临着前所未有的挑战。改革开放以来，我们大力推进金融改革开放和发展，金融业的整体实力和抗风险能力显著增强，服务水平大幅提升，取得的成就举世瞩目。金融市场建设坚持市场化改革与发展方向，不断健全激励约束机制，资源配置功能显著增强。国有大型银行股份制改革顺利完成，金融机构公司治理结构不断完善，部分金融机构竞争力跻身全球前列。金融服务坚持以实体经济和社会需求为基础，以制度创新和科技进步为动力，服务现代化水平显著提高。金融业日益融入全球经济金融发展大潮，我国在国际经济金融事务中的影响力稳步提升。金融宏观调控在维护人民币币值稳定、金融安全稳定和促进经济平稳增长中发挥了重要作用。金融监管的专业性和有效性不断提高，系统性金融风险监测、评估和预警体系逐步建立和完善，历史积累的金融风险隐患得到有效化解，有力地保障了金融体系安全稳健运行。中国经济和金融业成功应对了亚洲金融风暴和国际金融危机的巨大冲击。

与此同时，我们也清醒地认识到，我国还处于社会主义初级阶段，经济体制转轨特征明显，金融领域一些突出问题和潜在风险仍然存在。金融机构经营管理能力有待进一步提高，公司治理和风险管理需要进一步加强，农村金融和中小金融机构发展相对滞后，金融监管能力有待提升，金融业进一步加强对实体经济的支持还大有可为，金融业进一步扩大开放、加快"走出去"的任务还十分迫切。特别是在当前经济金融全球化和一体化继续深入推进、全球政治经济格局发生深刻调整的背景下，推进我国金融业深化改革和稳健发展，对于促进经济平稳健康可持续发展和人民生活水平的显著提高具有重大而深远的意义，同时也是当代金融人肩负的历史责任和光荣使命。

以史为鉴，抚今思昔。在新的历史时期，面对新形势、新任务，我们深刻地认识到，要始终不渝地坚持党对金融工作的政治领导、思想领导、组织领导，高举中国特色社会主义伟大旗帜，以邓小平理论和"三个代表"重要思想为指导，坚持用科学发展观统领金融领域和中央银行的各项工作，努力把干部职工的思想统一到中央的科学判断和决策部署上来，奋力夺取金融事业新的胜利，为促进有中国特色社会主义金融事业科学发展作出新的贡献。

周小川

二〇一二年九月

目　　录

第一部分　新民主主义革命时期的金融事业
（1921—1949 年）

第一章　大革命时期新民主主义金融事业的萌芽
（1921—1927 年） ………………………………………… 3

第一节　中国共产党领导的农民运动和农民协会 ………… 3
第二节　中国共产党在农民运动中的金融思想 …………… 7
　一、中国共产党成立初期在金融方面的认识与探索 …… 8
　二、彭湃在领导广东农民运动中的金融思想 …………… 9
　三、毛泽东在领导农民运动中的金融思想 ……………… 11
第三节　农民协会的金融活动 ……………………………… 13
　一、农民协会设立的金融机构 …………………………… 13
　二、农民协会金融机构的业务活动 ……………………… 18
　三、农民协会办金融的历史意义 ………………………… 19

第二章　土地革命时期新民主主义金融事业的建立
（1927—1937 年） ………………………………………… 20

第一节　土地革命的任务与革命根据地的建立 …………… 20

一、第一次大革命失败后革命根据地的创立 …………… 20
　　　二、农村革命根据地的经济建设 ……………………… 23
　　　三、农村中的高利贷 …………………………………… 24
　第二节 革命根据地金融机构的创建与演变 ……………… 26
　　　一、摧毁旧的金融机构 ………………………………… 26
　　　二、土地革命初期革命根据地建立的金融机构 ……… 28
　　　三、土地革命发展时期革命根据地建立的金融机构 … 31
　第三节 中华苏维埃共和国国家银行 ……………………… 46
　　　一、中华苏维埃共和国政权的诞生 …………………… 46
　　　二、中华苏维埃共和国国家银行 ……………………… 47
　　　三、长征路上的中华苏维埃共和国国家银行 ………… 51
　　　四、长征胜利后的中华苏维埃共和国国家银行西北
　　　　　分行 …………………………………………………… 53
　第四节 革命根据地银行的业务活动 ……………………… 54
　　　一、发行货币，同国民党的封锁作斗争 ……………… 54
　　　二、代理金库，支持革命政权的财政 ………………… 56
　　　三、吸收存款，为革命根据地经济建设筹集资金 …… 56
　　　四、发放贷款，支持生产发展 ………………………… 57

第三章　抗日战争时期新民主主义金融事业的发展
　　　　（1937—1945年） ………………………………………… 59
　第一节 国共合作与抗日根据地 …………………………… 59
　第二节 中共中央所在地——陕甘宁边区的金融 ………… 62
　　　一、陕甘宁边区概况 …………………………………… 62
　　　二、陕甘宁边区银行的建立和发展 …………………… 64

三、光华商店与陕甘宁边区的货币流通 …………………… 65
　第三节　抗日根据地银行的建立和发展 …………………………… 67
　　一、晋察冀边区银行的建立和发展 ………………………… 67
　　二、晋冀鲁豫边区银行的建立和发展 ……………………… 67
　　三、晋绥边区银行的建立和发展 …………………………… 69
　　四、山东抗日根据地银行的建立和发展 …………………… 69
　　五、华中抗日根据地银行的建立和发展 …………………… 70
　第四节　抗日根据地银行的任务与组织建设 ……………………… 74
　　一、抗日根据地银行的任务 ………………………………… 74
　　二、抗日根据地银行的组织建设 …………………………… 75
　第五节　抗日根据地银行的货币发行与货币斗争 ………………… 77
　　一、抗日根据地的货币发行 ………………………………… 77
　　二、建立与扩大抗日根据地货币流通市场 ………………… 78
　　三、抗日根据地的货币斗争 ………………………………… 79
　第六节　抗日根据地银行的信贷活动及利率政策 ………………… 85
　　一、抗日根据地银行信贷活动的基本情况 ………………… 85
　　二、信贷支持边区农业的发展 ……………………………… 86
　　三、抗日根据地的利率政策 ………………………………… 89

第四章　解放战争时期新民主主义金融事业的胜利
　　　　（1945—1949年）………………………………………… 91
　第一节　解放区的扩大与统一 ……………………………………… 91
　第二节　解放区金融机构的发展与中国人民银行的建立 ………… 93
　　一、新解放区银行机构的设置 ……………………………… 93
　　二、中国人民银行的建立 …………………………………… 95

三、解放区对国民党政府金融体系的接收管理 ……… 97
　　四、农村信用合作社的发展 …………………………… 99
第三节　解放区的货币发行与货币斗争 ………………… 101
　　一、解放区的货币发行 ………………………………… 101
　　二、解放区的货币斗争 ………………………………… 102
　　三、货币的逐步统一 …………………………………… 108
第四节　城市金融业务与金融管理 ……………………… 112
　　一、开展城市金融业务 ………………………………… 112
　　二、加强对私营银钱业的管理 ………………………… 115
　　三、严格禁止金银计价流通 …………………………… 116
　　四、肃清外币，加强外汇管理 ………………………… 118

第二部分　社会主义建设时期的金融事业
（1949—1978年）

第五章　新中国金融事业的开创
（1949—1952年）………………………………… 123
第一节　新中国建立初期国民经济的恢复 ……………… 123
第二节　新中国金融体系的建立 ………………………… 124
　　一、接管官僚资本金融业 ……………………………… 124
　　二、打破封锁、取消外资银行特权 …………………… 127
　　三、对私营金融业的整顿和改造 ……………………… 129
　　四、建立新的保险体系 ………………………………… 136
　　五、建立中国人民银行的机构网络 …………………… 136

第三节　建立人民币体制 ······················· 138
　　一、彻底肃清国民党政府发行的货币 ············· 138
　　二、禁止金银计价流通和私相买卖 ··············· 138
　　三、禁止外国货币流通，统一管理和经营外汇 ····· 139
　　四、逐步收回各解放区发行的货币 ··············· 140
　　五、收兑新疆、西藏流通的地方货币 ············· 140
第四节　制止通货膨胀，促进国民经济的恢复和发展 ····· 141
　　一、制止通货膨胀，稳定金融物价 ··············· 141
　　二、促进国民经济的恢复和发展 ················· 144

第六章　社会主义金融事业的巩固和发展
　　（1953—1957 年） ···························· 148
第一节　高度集中的金融体制的建立 ················· 149
　　一、"大一统"中国人民银行体制的形成 ·········· 149
　　二、建立纵向型的信贷资金管理体制 ············· 150
　　三、取消商业信用，集中信用于国家银行 ········· 151
　　四、建立现金出纳计划制度，加强对货币发行的
　　　　管理 ······································· 152
第二节　集中资金支持国民经济的发展 ··············· 154
　　一、运用多种手段聚集资金 ····················· 154
　　二、集中资金支持国营经济的发展壮大 ··········· 157
　　三、促进社会主义改造 ························· 164
第三节　发行新人民币，完善人民币体制 ············· 170
　　一、发行新人民币的必要性和可行性 ············· 170
　　二、从实际国情出发，实现新旧人民币平稳兑换 ··· 171

三、周密组织，顺利地完成发行任务 …………………… 172
四、新人民币发行的意义 ………………………………… 175

第七章 在曲折中前进的金融事业
（1958—1978 年） ……………………………………… 177
第一节 "大跃进"时期金融工作的挫折与调整 …………… 177
一、"大跃进"对金融的影响 ……………………………… 177
二、金融工作的调整 ……………………………………… 181
第二节 "文革"时期对金融工作的冲击与整顿 …………… 188
一、"文革"中金融工作的波折 …………………………… 188
二、"文革"中金融工作的两次转机 ……………………… 192
三、1976 年 10 月后银行工作的整顿和加强 …………… 195

第三部分 改革开放时期金融的变革与发展
（1978—2011 年）

第八章 改革开放和"大一统"金融体系的变革
（1978—1984 年） ……………………………………… 201
第一节 邓小平在改革开放中的金融思想 ………………… 201
一、发展现代经济必须发挥金融枢纽的作用 …………… 201
二、解放思想和推进金融改革开放 ……………………… 202
三、金融改革开放与维护金融安全 ……………………… 203
第二节 金融体系的历史性突破 …………………………… 204
一、恢复和建立多种金融机构 …………………………… 204

二、改革银行体制和扩大信贷领域 …………………… 206
第三节　建立中央银行制度 ………………………………… 208
　　一、建立中央银行制度的酝酿过程 …………………… 208
　　二、中国人民银行专门行使中央银行职能 …………… 209
第四节　改革中的金融运行和治理通货膨胀 ……………… 211
　　一、改革初期的经济金融形势 ………………………… 211
　　二、对1984年通货膨胀的治理 ………………………… 212

第九章　社会主义商品经济的发展和金融改革新格局的形成（1984—1992年） ………………………………… 213

第一节　建立有计划的商品经济体制和推进改革 ………… 213
　　一、发展有计划的商品经济 …………………………… 213
　　二、全面推进经济体制改革 …………………………… 214
第二节　推进改革和金融机构的多元化 …………………… 214
　　一、改革外汇管理体制 ………………………………… 214
　　二、重建或新建股份制商业银行 ……………………… 217
　　三、推进国有专业银行的企业化改革 ………………… 220
　　四、推进农村金融改革 ………………………………… 222
　　五、非银行金融机构的建立和发展 …………………… 223
　　六、保险业的恢复和发展 ……………………………… 226
第三节　金融系统人事教育体制改革和发展 ……………… 227
　　一、银行系统干部管理体制改革 ……………………… 227
　　二、金融系统教育体制改革和发展 …………………… 228
第四节　建立和发展金融市场 ……………………………… 230
　　一、货币市场的培育和发展 …………………………… 230

二、资本市场的培育和发展 ………………………… 232
　第五节　加强宏观调控和治理通货膨胀 ………………… 237
　　一、治理整顿和深化改革 …………………………… 237
　　二、对1988年通货膨胀的治理 …………………… 238
　第六节　金融逐步对外开放 ………………………………… 239
　　一、引进外资金融机构 ……………………………… 239
　　二、中资金融机构发展海外业务 …………………… 239
　　三、加入国际性及区域性金融组织和发展国际
　　　　金融合作 …………………………………………… 240

第十章　建立适应社会主义市场经济的金融体制
　　　　（1992—2001年） ………………………………… 243
　第一节　全面确立社会主义市场经济体制的改革目标 …… 243
　　一、发展社会主义市场经济 ………………………… 243
　　二、经济体制改革不断深化 ………………………… 244
　第二节　全面推进金融改革和扩大开放 ………………… 244
　　一、完善中央银行职能和改革组织管理体制 ……… 245
　　二、汇率并轨改革和实现人民币经常项目可兑换 … 249
　　三、政策性银行的建立 ……………………………… 252
　　四、国有专业银行的商业化改革 …………………… 254
　　五、股份制商业银行蓬勃发展 ……………………… 260
　　六、农村金融体系在改革中发展 …………………… 264
　　七、保险业推进改革 ………………………………… 265
　　八、金融扩大开放 …………………………………… 266
　第三节　金融市场在改革中加快发展 …………………… 268

一、货币市场规范发展 …………………………… 268
　　二、资本市场迅速成长 …………………………… 270
第四节　加强宏观调控和促进经济平稳发展 ………… 273
　　一、金融宏观调控的改革和发展 ………………… 273
　　二、治理整顿金融秩序和实现经济"软着陆" …… 279
　　三、加强宏观调控和应对亚洲金融风波 ………… 281
第五节　改革金融监管体制和加强监管 ……………… 283
　　一、统一监管向分业监管转型 …………………… 283
　　二、金融监管理念和方式的转变 ………………… 284
　　三、加强监管和防范化解金融风险 ……………… 285

**第十一章　加入世界贸易组织和金融加快改革开放
　　　　　（2001—2007年）** …………………………… 290
第一节　科学发展和全面建设小康社会 ……………… 290
　　一、适应经济全球化和加快对外开放 …………… 290
　　二、加快现代化建设和建设小康社会 …………… 291
第二节　金融加快改革与发展 ………………………… 291
　　一、完善现代中央银行制度 ……………………… 292
　　二、全面推进大型商业银行的股份制改革 ……… 293
　　三、中小商业银行迅速发展 ……………………… 296
　　四、非银行金融机构规范发展 …………………… 301
　　五、建立和完善支持农村经济发展的金融体系 … 307
　　六、提高保险业的竞争力 ………………………… 310
第三节　金融市场在创新中规范发展 ………………… 313
　　一、积极推进资本市场改革和规范发展 ………… 313

二、货币市场不断完善和稳步发展 …………………… 315
　　三、外汇市场建设深入推进 …………………………… 318
　　四、黄金市场平稳快速发展 …………………………… 319
第四节　完善金融宏观调控体系 …………………………… 320
　　一、积极创新货币政策调控工具 ……………………… 320
　　二、完善人民币汇率形成机制 ………………………… 321
　　三、稳步推进利率市场化改革 ………………………… 322
　　四、采取综合措施进行宏观调控 ……………………… 324
第五节　金融监管体制逐步完善 …………………………… 326
　　一、银行业监管体制的健全和完善 …………………… 326
　　二、证券期货监管体制逐步完善 ……………………… 334
　　三、现代保险监管框架的建立和完善 ………………… 336
　　四、建立金融监管协调机制和化解历史形成的
　　　　金融风险 …………………………………………… 338
第六节　金融对外开放深入进行 …………………………… 341
　　一、银行业按照有关承诺逐步实施开放政策 ………… 341
　　二、证券业加快对外开放的步伐 ……………………… 344
　　三、保险业积极、稳妥地扩大对外开放 ……………… 346
第七节　金融法制和基础制度与设施建设成效显著 ……… 347
　　一、金融法律框架逐步完善 …………………………… 347
　　二、支付体系、征信体系建设和反洗钱工作不断
　　　　加强 ………………………………………………… 350
　　三、金融会计统计制度逐步完善 ……………………… 355
　　四、货币制度、国库体系、金融信息化体系和金融人才
　　　　的建设取得显著成效 ……………………………… 357

第十二章　应对国际金融危机和提升金融竞争力（2007—2011年） ……… 365

第一节　加强宏观调控和妥善应对国际金融危机 ……… 365
一、根据形势需要适时调整货币政策 ……… 365
二、执行宏观审慎政策和保障经济金融稳定运行 …… 368

第二节　金融深化改革和转变发展方式 ……… 369
一、深入推进外汇管理体制改革 ……… 369
二、深化大型商业银行改革 ……… 370
三、政策性金融机构改革取得新进展 ……… 372
四、农村金融改革取得重大进展 ……… 374
五、保险业加快转变发展方式 ……… 375

第三节　加强国际金融合作和参与应对国际金融危机 …… 376
一、积极参与国际金融事务，国际地位及影响力日益提高 ……… 377
二、区域金融合作不断深化 ……… 380
三、人民币跨境使用取得重大进展 ……… 382

附录 ……… 385

主要参考文献 ……… 387

后记 ……… 393

第一部分

新民主主义革命时期的金融事业
（1921—1949 年）

第一章　大革命时期新民主主义金融事业的萌芽（1921—1927年）

第一节　中国共产党领导的农民运动和农民协会

中国共产党领导下的中国新民主主义金融事业的萌芽是随着中国共产党的诞生而产生的。

1921年7月，中国共产党第一次全国代表大会在上海召开，宣布了中国共产党的正式成立。从此，在古老、落后的中国，一个完全新式的、以马克思列宁主义为行动指南的、以实现社会主义和共产主义为奋斗目标的、统一的无产阶级政党诞生了。中国共产党的成立是中国历史上开天辟地的大事件，是近代中国革命史上划时代的里程碑。自从有了中国共产党，灾难深重的中国人民有了可以信赖的组织者和领导者，中国革命有了坚强的领导力量。

中国共产党成立后，立即投入到了伟大的革命斗争中，担负起对中国革命的领导责任，在实践中寻找中国革命的正确道路。在这段时期，中国共产党在集中力量领导工人运动的同时，逐步发动和领导农民运动，并根据当时的革命形势，采取积极步骤联合孙中山所领导的国民党，组织革命统一战线。1923年7月，在中国共产党第三次代表大会上通过了"关于国民运动及国民党问题的决议案",正式决定与国民党合作,中国共产党党员以个人身份加入国民党,改组国民党为民主革命联盟,同时保持中国共产党在政治上和组织上的独立性。

中国共产党第三次代表大会以后,中国共产党积极帮助孙中山筹备改组国民党。1924年1月,国民党在广州召开了有中国共产党人参加的第一次全国代表大会,实现了国共两党的第一次合作,从而加速了中国革命的步伐。同时中国共产党领导的农民运动蓬勃发展,有力地配合和支援了1926年的北伐战争。在开展了农民运动的地方,农民协会成了乡村唯一的权力机关,带领农民开展政治斗争和经济斗争。

中国农民多年来遭受军阀、官僚、地主、豪绅、买办和帝国主义剥削压迫,农业生产下降,农民生活困苦。农民积极要求得到解放,反抗斗争不断发生。中国共产党从创建开始就关注占中国人口绝大多数的农民。1921年,李达主编的《共产党》月刊曾发表《告中国的农民》一文,指出:"中国农民占全人口底大多数,无论在革命的预备时期,和革命的实行时期,他们都是占重要位置的。设若他们有了阶级的觉悟,可以起来进行阶级斗争,我们底社会革命,共产主义,就有了十分的可能性了。"该文还指出,革命者应面向农民,"要设法向田间去,促进他们的觉悟";并号召农民"集合起来","抢回你们被抢的东西",抢回你们被抢的田地。"你们一起来,自然有共产主义来帮助你们的忙的","共产主义就能使你们脱出一切痛苦"。

1921年9月,浙江萧山衙前村建立起反抗地主压迫和剥削的农民协会。此事很快在浙江各地引起轰动。在萧山发动和组织衙前农民协会的是早期共产党员沈玄庐。1921年夏,他回到家乡萧山衙前村,向农民宣传革命道理。这年暑假,在上海、杭州等地求学或教书的萧山籍人宣中华、杨之华等也回到乡里,热情地向农民宣传革命道理,使萧山农民开阔了眼界,提高了觉悟。经过一系列的酝酿和准备,衙前村农民大会于1921年9月27日召开。大会通过了《衙前农民协会宣言》和《衙前农民协会章程》,并按章程规定选出了6名农民协会委员,推举贫苦农民李成虎为领导人。至此,中国第一个新型的农民组织正式成立。衙前农民协会成立的消息迅速传遍四周的农村。1921年冬,绍兴、曹娥等县方圆150公里内的几十个村庄的农民纷纷行动起来,以衙前农民协会为榜样,先后建立了80个农民协会。这些农民协会把农民团结在自己周围,为维护农民的利益进行了多方面的斗争。同年12月中旬,萧山的官吏和地主向省府告状,浙江省省长下令严行"惩治"农会。反动军队包围萧山衙前村,对正在召开减租大会的农民进行武力镇压,逮捕衙前农民协会领导人李成虎等,强行解散农民协会。衙前农民的斗争被迫转入地下。

广东海陆丰的农民运动是中国共产党成立初期范围广、影响大的一次农民运动,开创者是后来被人们誉为"农运大王"的彭湃。1922年7月,广东海丰赤山地区的农民在彭湃的领导下,开始组织起来开展反剥削反压迫的斗争。到1923年初,成立了海丰县农会。此后,农民运动的浪潮迅速向周边地区蔓延。在以共产党员为主的国民党中央农民部和国民党中央农民运动委员会的推动下,国民党中央执行委员会于1924年3月初步确定农民运动计划,决定组织农民协会和农民自卫军。7月,国民党中央农民部颁布了《农民协会章程》。中共广东区委通过国民党中央农民部和广州革命政府,派遣特派员到广东省各县进行宣传和组织工作,点起农民运动的火焰。各县纷纷建立农民协会,组织农民自卫军。

1924年5月，惠州农民联合会成立；1925年，广东全省农民协会成立。

1923年，湖南农民运动逐渐兴起。1923年9月，湖南衡山白果成立农工会，以后韶山、银田寺等地陆续成立农民协会。1926年12月，在长沙召开湖南全省第一次农民代表大会。当北伐战争由广东向长江流域进军时，湖南成为全国农民运动的中心。到1926年末，湖南农会会员增加到200万人，能直接领导的群众达1000万人，占湖南农民总数的一半。农民组织起来后，建立了自己的武装，开展夺权斗争，成立了农民协会。他们规定不准地主运谷米出境，不准抬高谷价，不准囤积居奇，不准加租加押等，从经济上打击地主阶级。

其他地区如广东、湖北、江西、福建、河南等省的农民运动也轰轰烈烈地开展起来。在湖北，在军阀的统治下，农会不能公开活动，农民运动发展缓慢。1926年7月末，全省只有农会会员72000余人，到了9月，北伐军攻下了武汉，扫除了军阀，农民运动迅速发展，到12月末，全省有32个县建立了农会，农会会员增加到287000余人。1927年3月，湖北省在汉口召开第一次农民协会代表大会。到4月，湖北省农会会员增加到100万人，还建立了农民自卫军。到5月，湖北省农会会员发展到250万余人，全省69个县中有54个县成立了农民协会。在江西，1926年10月至11月间，农会会员由6200余人发展到5万人，江西省农民协会在南昌成立筹备处，并在赣东、赣南、赣西三地建立了办事处。1927年2月，在南昌召开了第一次全省农民代表大会。在中共北方区委的领导下，北方各省的农民运动也逐渐展开。1926年4月，中共豫陕区委在开封召开河南省农民代表大会，正式成立河南省农民协会，下辖4个县农民协会、32个区农民协会、200余个村农民协会，会员约有27万人，农民自卫军约有10万人。在山东，成立了农民运动委员会，1926年5月，禹城、济宁等13个县建立了农民协会。在山西，临汾等13个县建立了农民协会，会员约有3万人。在陕西，1927年6月召开了农民代表大会，成立了陕西省农民协会。到1927年3月末，农民协会已经遍及广东、湖南、湖北、江西、河南、陕西、安徽、四川、福建、浙江、江苏、直隶、山东、广西、热河、察哈尔、绥远17个省，此时，在汉口成立了全国农民协会临时执行委员会，毛泽东、邓演达、彭湃、方志敏等13人当选为执行委员。

到1927年初，全国农会会员已发展到1000万人以上。农村的革命风暴从根本上动摇了半封建半殖民地社会的政治经济基础。

第二节 中国共产党在农民运动中的金融思想

1840年鸦片战争后，中国沦为半殖民地半封建社会。辛亥革命虽然推翻了清王朝的统治，但中国半殖民地半封建的性质并没有改变。封建土地所有制不但依旧保持着，而且同买办和高利贷资本的剥削结合在一起，在中国的社会经济生活中占据优势。这种封建土地所有制严重地阻碍了社会的进步和生产力的发展。中国农村经济凋敝，农民生活困苦。在金融方面，广大农民深受高利贷和市场上货币流通繁杂、混乱的盘剥之苦，迫切需要能为农民大众服务的金融机构。中国共产党成立以后，也在建立农民大众的金融事业方面开始了探索。

一、中国共产党成立初期在金融方面的认识与探索

农民运动的开展,尤其是农民协会建立以后,在发展壮大农民组织的同时,农村的革命运动高涨起来,撼动和剥夺了封建地主的特权,使地主的威风扫地。农民通过自己的农会组织,进行政治斗争与经济斗争,同时进行农村建设的工作,开创了前所未有的奇迹。农民协会的革命目标在于打破封建制度,建设民主政治。农民运动中农民的迫切要求是:减租减息,废除苛捐杂税,解决民食问题;反对土豪劣绅,贪官污吏,领导农民从根本上扫除封建余孽,进行民主制度建设;实行乡村自治,建设自治机关,取得财政、教育文化等方面的权利;剥夺地主豪绅武装,建立农民自己的武装;没收区乡公地财产交农民协会管理;禁止高利贷,以政府的力量组织农民银行,调剂金融,禁止奸商、地主操纵民食。农会组织为了保障农民的切身利益,在政治上剥夺土豪劣绅和不法地主的发言权,清算他们的罪恶。地主的特权一经被剥夺,农民的政治地位和社会地位明显提高,由此树立起了农会组织的权威。农会组织还用革命民众团体的力量,以联合会议的形式控制县政府,农会组织实际成为了农村唯一的权力机关。在这种形势下,如何进行经济建设就成为了一个农民运动中必须要面对的问题,这也包括和金融相关的问题。初创的中国共产党在这方面进行了有益的探索和不断的尝试。

1922年12月,中共中央在《中国共产党对于目前实际问题之计划》中就提出了"组织农民借贷机关"和实行低息借款的建议。1925年,《中国共产党告农民书》发表,提出全国农民应有的8项要求,其中一项就是"由各乡村自治机关用地方公款办理乡村农民无息借贷局"。主要由共产党人起草的国民党第一次代表

大会宣言，也明确提出解决"农民之缺乏资本至于高利贷以负债终身"的办法，应由"国家为之筹设调剂机关，如农民银行等"。在中国共产党第三次中央扩大执行委员会通过的《关于农民问题决议案》中又强调"限制高利贷盘剥，每月利息最高不超过二分五厘"，第一次提出农村借贷的最高界限。1927年3月，毛泽东等3人以中央农民运动委员会常务委员会的名义，发表了《对农民宣言》，其中就农民运动的金融政策提出了具体要求，各省将"农民银行列为专条，并规定以年利5%的贷款与（予）农民"。在革命势力所及之地，"努力设立农民银行等条件极低之贷款机关，以解决农民资本缺乏问题"。以上主张成为农民运动中有关金融问题的行动准则。

中国共产党在农民运动中和在统一战线中的金融政策，具体体现在建立农民银行、发行货币、实行低利借贷上。为了保障农民利益，发展生产，把没收土豪劣绅的财产作为抵押开办农民银行，成立信用合作社和农民借贷所，发行货币，实行低利借贷。银行和信用社办理储蓄、发放贷款，帮助农民解决经济困难，银行同时资助信用合作社发展，在适当地点设立信用合作社分社，便于农民借贷和储蓄。"禁止军票，滥发纸币"，用自己发行的货币纳税。在国共合作的国民党第一次代表大会通过的宣言中指出："中国以农立国，而全国各阶级所受的痛苦，以农民为尤甚。""农民之缺乏资本，至于高利贷以负债终身者，国家为之筹设调剂机关，如农民银行等，供其匮乏。"

二、彭湃在领导广东农民运动中的金融思想

彭湃是中国农民运动的先驱领导者，他领导了广东的农民运动。1922年6月，彭湃回到自己的家乡海丰县赤山约，向贫苦农

民宣传革命道理。1923年1月1日,中国现代史上的第一个县级农会,即海丰县总农会成立,大会在海丰县城隆重举行,彭湃当选为会长。这年夏季,海丰遭遇天灾,农作物、牲畜、房舍损失严重。农会发起了减租运动,触动了地主阶级的根本利益,阶级矛盾激化。虽然农会遭到了地主与军阀的镇压,但事件本身教育了农民,农会运动的影响日益扩大。陆丰、惠阳、五华、紫金、惠安和普宁等县也陆续成立了农会,会员增加到20万人。1924年5月,海丰县农会改组为惠州农民联合会,虽然遭到军阀的镇压迫害,但农会仍迅速扩展到广东的其他地区。1925年7月,广东省农会成立,彭湃任农会执行委员长。在他主持制定的《海丰总农会章程》和《广东农会章程》中明确提出了农民进行经济斗争和政治斗争的纲领和政策。为了保护农民的利益,海丰总农会规定了17条具体措施,其中在金融方面提出了"便利金融"的办法,因为"农民常因财政支绌,无法施肥;或年关之际,而用衣服家具质在当铺,其利息甚高……既有农会,可设金融机关(以最低利及长期)以利农民。"广东省农会在《广东农会章程》中明确提出"办理农业银行"的问题。这是农民运动中首次提出建立为贫苦农民谋利益的金融机构的主张。彭湃在他撰写的《海丰农民运动》一文中具体描述了办农民借贷机关的必要性。文中写道:"农民阶级已与地主阶级不断的斗争,地主阶级不肯将钱借与农民,每当青黄不接,或下种无钱的时候,去与地主借钱,地主皆闭门谢客。这是因为(一)是恨农民,(二)是借后恐怕无效。农民在这个时候,只是忍痛等待后日多量的减租运动之一个希望。农会并宣传俟减租得到效果,就可以办农民借贷机关以安慰他们。"①

三、毛泽东在领导农民运动中的金融思想

1923年初,湖南农民运动开始兴起。在毛泽东的领导下,湖南衡山县的岳北、白果一带就开始有农会组织的萌芽。从1925年开始,毛泽东将主要的精力投入到农民运动之中。先后在广州、武昌主持过农民运动讲习所,并担任中共中央农民运动委员会书记,出席过广东、湖南、湖北的农民代表大会,并在大会上发表重要讲话。毛泽东十分关心农民的经济利益,对农民的社会经济状况进行了考察分析。在《中国社会各阶级分析》一文中指出,"所谓另一部分贫农,则既无充足的农具,又无资金,肥料不足,土地歉收,送租之外,所剩无几,更需要出卖一部分劳动力。荒时度日,向亲友乞哀告怜借得几斗几升,敷衍三日五日,债务丛集,如牛负重。他们是农民中极艰苦者,极易接受革命的宣传。"

湖南是当时共产党力量较强的地区,有农民运动的基础,1925年,在韶山银田寺正式成立了农民协会。1926年7月,湖南全省农民协会筹备委员会成立,12月,湖南省第一次农民代表大会在长沙召开,毛泽东参加了大会。他在《国民革命与农民运动》一文中指出,国民革命的中心问题是农民问题,无论是打倒帝国主义、打倒军阀、打倒土豪劣绅,或是发展工商业和教育事业都要靠农民问题的解决。② 这次大会在毛泽东和中共湖南省委的领导下,制定了铲除贪官污吏,打倒土豪劣绅、建立民主政权和农民

---

① 彭湃:《海丰农民运动》(1923—1925年),见《海陆丰革命史料》第一辑,第215页,广州,广东人民出版社,1988。

② 毛泽东为《农民问题丛刊》写序言,题为《国民革命与农民运动》,转引自《毛泽东年谱》上卷,第168页,中央文献出版社,2002年8月第一版。

武装等40个决议案。在经济方面制定了有关地租、取缔高利贷、田赋和农村合作社的政策。特别在金融方面有两项重要决定：一是《金融问题决议案》，二是《农民银行问题决议案》。《金融问题决议案》针对旧政府币值混乱与农民受害情况提出，"中国币值紊乱已极，农民及一切贫苦农民受影响极为深广"。为了使农民免受金融混乱之苦，决议明确规定"禁止城乡商店或个人发行市票"；"取消元丝银"；"铜圆的成色须确定不变，制造数量须适合社会需要"；"禁止轻质的广东毫子及四川轻质铜圆入境"，并且作出了统一银钱比价的规定。《农民银行问题决议案》针对农村金融枯竭、高利贷猖獗、农业生产衰落提出，农村经济枯竭，"在许多方面虽高利也没有钱可借，农村资本既如此贫乏，农民尤其是贫农的生产力，便因之大为减弱，肥料不足，人力不全，塘坝不修，农具不齐，因此秋收歉薄，影响经济极为重大，农业衰落，农民痛苦遂成为全国普遍现象"。"请求政府设立农民银行，以最低利息借款给农民"，并"以省公有之地"，"如营产、官产、荒芜田地等，拨做农民银行基金，不得以他种名目，动用此种为农民谋利益的农民银行款项"。在《农村合作社问题决议案》中指出："合作社是互相扶助，互相救济，以排除互相的不利，而增进互相利益的组织。贫苦的农民，为免除高利贷的盘剥，应组织信用合作社，用集体的资本，集合的信用，以谋储蓄及借贷的便利。"

1927年初，毛泽东在醴陵县向农民代表讲话时提出，醴陵"要成立地方银行，没收地主的金银财宝，存入地方银行"。1927年3月19日，毛泽东、陈克非、邓演达三人联名，以中央农民运动委员会常务委员的名义，发表了《对农民宣言》，全面地阐述了农民的经济问题，明确提出在农民运动中应实行的金融政策，指出"贫农不仅无土地，而且无资本。革命发展的结果，乡村富有阶级极端闭借，许多地方几乎断绝借贷关系，致使贫农社会惶惶不可终日，非有一具体政策，不能解决此资本缺乏问题"。毛泽东等人的这些论述，明确了农民的金融需求，对农民在经济斗争中创办自己的金融事业产生很大影响。

第三节　农民协会的金融活动

一、农民协会设立的金融机构

1925年至1927年，广东、湖南、湖北、江西等省先后召开全省农民代表大会，对各项金融问题作出决议。这些决议体现了中国共产党的金融思想和方针政策，并在一定程度上将之具体化。如对农民银行问题，在湖南省农民代表大会通过的决议中提出"请求政府设立农民银行，以最低利息贷款给农民"，并"以省公有之土地作为农民银行基金"，"不得以他种名义动用此种为农民谋利益的农民银行款项"。再如对待高利贷问题，在江西省农民代表大会通过的有关决议中具体规定，"最高利率不得超过20%"，"废除父债子还制度"。湖南省农民代表大会还特别通过了《取缔高利贷决议案》，要求明令禁止高利贷。

根据我们所看到的资料，在1925年至1927年，由农民协会建立的金融机构主要有以下几家。

（一）浙江省萧山衙前信用合作社

浙江省萧山县是中国共产党领导的农民运动开展得比较早的

地方。衙前村位于萧山县的东乡。1921年9月,由沈定一等共产党人在萧山衙前村组织农民协会,领导农民开展了轰轰烈烈的减租斗争。然而不久就被军阀镇压,领导人李成虎也牺牲了。1924年国共合作,衙前村农民协会得以恢复。为抵制高利贷盘剥,同年即建立了信用合作社,由农会推举副会长金汝涛、李张保和佃农卫炳贤3人组成委员会,以农会副会长金汝涛为主任,信用社干事由农会干事沈炳荣兼任。信用社的信贷基金是从三个方面筹措的:一是从实际出发,动员群众每户存1元,共计540元;二是将农会没收祠堂财产中的现金交给信用合作社作为信贷基金;三是向浙江大学劳农学院借款500元。信用合作社创办后,开展了无息贷款业务,用来解决农民的资金困难。信用合作社贷款主要是用于生产,个别经特准也可用于口粮、修屋等生活方面。贷款一般每次3~5元,因为资金来源上是无息的,所以各项贷款也是不计利息的。

(二)湖南省衡山县柴山洲特别区农民银行

衡山县是湖南农民运动开展较早的地区。1923年春,中共湘区委员会书记毛泽东曾派共产党员刘东轩、谢怀德来到衡山县开展革命活动。1925年末,毛泽东又派共产党员贺尔康到衡山县柴山洲特别区开展农民运动。柴山洲特别区位于湘江之滨、衡山与湘潭两县交界处,三面环水,地势低洼,连年旱涝成灾,农民生活困苦不堪。1926年8月,柴山洲特别区农民协会成立后,先后创办了两个银行,即柴山洲特别区第一农民银行和柴山洲特别区第二农民银行。

1926年10月,柴山洲特别区农民协会开始筹设银行,当年12月,柴山洲特别区第一农民银行正式成立。银行行址设在柴山洲夏拜公祠,与农会的会址在一处。经农会会员选举,文海南任银行经理，夏兆梅任银行副经理，夏俊生、陈金堂、夏荣华、夏仁和、刘美林、夏竹贤、李贵廉7人为银行监察员。全体农民协会会员讨论并通过了《银行暂行章程》。《银行暂行章程》共12条，规定了银行的宗旨，即"拥护无产阶级，维持生活，扶植生产"。农会以向地主富绅派捐、罚款、筹款等形式筹集资金5800元作为银行基金。银行开展的业务包括发行票币、发放贷款和为农民协会办理平粜收款。第一农民银行成立后发行了用白竹布制作的面额为一元的票币，共发行5800元，主要是在柴山洲特别区流通，十足准备，保证兑现。银行的业务以向农民发放生产和生活贷款为主。《银行暂行章程》规定，贷款对象以雇农、佃农、小商人、小手工业者为限，借款期限按用途审定，贷款利息按月息5厘收取。银行还向合作社放款，用于收购农副产品和生产资料的经营。

1927年二三月间，柴山洲特别区农民协会又创办柴山洲特别区第二农民银行，创办的宗旨是"节制资本，救济贫困"。银行的行址设在油麻田刘家祠堂。选举肖雨成为银行经理，柳晋生为银行副经理，马观连为银行监察员。通过向官僚、地主富绅派捐筹得款项1000元作为银行基金。开展的业务与柴山洲特别区第一农民银行相同，这两家银行的票币也可以互相通用。

1927年5月21日长沙"马日事变"后，柴山洲特别区农民协会被反动当局镇压，这两家银行也被迫停办。

（三）湖南省浏阳县浏东平民银行

浏阳县是湖南省农民运动发展比较迅速的地区。浏东是指浏阳东乡的古港、高坪、永和、达浒、东门、张家坊六个区。1926年7月，北伐军进入浏阳，同年8月，中国共产党浏阳县委成立，浏阳县农会也随之成立。当时的浏东农村，资金短缺，农民告贷无门，生产和生活困难。1926年冬，浏东六个区的共产党人发起筹办平民银行，订立"银行试办章程"，确定平民银行的宗旨为"制止高利借贷，提倡平民储蓄，活泼地方金融，增进农工生活"。"银行试办章程"规定浏东平民银行为股份有限公司，筹集股金6万元为银行资本。1927年1月，浏东平民银行正式成立。银行行址设在浏阳县城朝阳街贵升公处，负责人为李明轩、汤佑贤。银行在浏东六个区设分理处，每个分理处设有经理、会计各一人，主要经办货币发行和信贷业务。平民银行吸收股金6万元，1股10元，每区各认1000股。浏东平民银行以浏东六区公有财产150000元作为信用保证金，其业务有两个方面：发行货币，稳定金融市场，活跃农村经济；发放贷款，抑制高利贷，支持生产发展。浏东平民银行发行的货币有两种：一是"临时兑换券常洋五角"，二是"信用券常洋贰角"；两种各发行12万元，可以兑现。

"马日事变"后，1927年6月，银行遭到破坏，发行的货币也停止流通。

(四) 浏阳金刚公有财产保管处

1927年初，湖南浏阳县南乡金刚镇成立了农民协会。金刚镇是一个经济比较繁荣的集镇，盛产鞭炮，当地农民以做鞭炮为主要家庭副业，是当地农民生活的一项重要经济来源。在农民运动高潮中，金刚镇上几家大爆竹庄如谦达利、宋恒和、正兴元等的老板，惧怕农民革命，携带钱款逃到长沙、武汉等地。店号关闭，无人收购鞭炮，店员工人失业，农民生活困难。为了活跃当地金融，帮助农民解决鞭炮运销问题，1927年2月，金刚镇农民协会召集金刚镇各公法团体联席会议，决议成立金刚公有财产保管处，金刚镇上所有的学产、祠堂、寺庙、桥会、路会等公有财产，由金刚公有财产保管处接收，作为金刚公有财产保管处发行期票的保证，用金刚公有财产保管处的期票通过店员协会收购农民的爆竹，待爆竹被销售出去以后将期票兑现给农民。这种期票既是筹集资金的凭证，又因信誉好而可以作为货币在金刚镇和大瑶地区流通使用。期票一般的期限为3个月，有固定面额，分为壹角、贰角和壹圆三种。期票的发行和流通，有利于帮助农民解决生活来源问题，而且方便了交易，活跃了市场，受到了群众的欢迎。

"马日事变"后，金刚公有财产保管处被迫停办。

（五）湖北省黄冈等县的农民协会信用合作社

1926年10月，北伐军占领武汉后，湖北省的农民运动发展迅速。1927年3月，湖北省第一次农民协会代表大会召开，会上通过了30个决议案，其中的《关于农村合作社问题的决议案》指出，"为使农村互相扶助，互相救济"，决定"各县农协应以没收之财产，迅即成立信用合作社"，"各县成立信用合作社，选择适当重要地点设立分社，使农民便于借贷、储蓄"。当时在黄冈、麻城、广济、鄂城、汉川、咸宁等县都设立了信用合作社。黄冈县农民协会信用合作社在1927年初设立，县农会从没收的财产中拨出6万元作为信用合作社的资金，并发行了"一串文"的流通券。一串即一千文。"合作总社设在团风镇，各区乡都办有信用合作社。农民把三里畈、新洲等地的信用合作社叫做小银行"。1927年7月，该处农民协会受国民党右派势力破坏，信用合作社也被迫停办。

（六）醴陵县农工银行

1927年4月11日，《湖南民报》报道了筹备农工银行的消息："吾醴陵农工，因经济困难，生活艰苦，利息高昂，无从借贷。二次代表大会因此决议，组织农工银行，兹又议决于县农协设立筹备处，推唐伯先为主任，已筹基金六万元。"银行设在城隍庙新贤堂屋后背保管处（又称钱粮征收处）内。醴陵银行发行钞票，面额有壹角、贰角和伍角三种，用毛边纸印刷。钞票可兑换银圆。1927年8月，醴陵县农工银行遭到破坏，被迫停业，其发行的钞票只用了一个多月。

二、农民协会金融机构的业务活动

在当时农村经济衰落，生产力低下，农民生活困苦的情况下，农民协会建立的金融机构，通过自身的业务活动，提倡储蓄，积聚资金，执行低利借贷政策，发放贷款，抵制高利贷，支持恢复和发展生产，帮助农民解决生活困难问题，在打倒地主政权、建立并巩固农民自己的政权的农村建设中，起到了一定的作用。

大革命时期农民协会金融机构发行的货币，既是商品流通的手段，又是同豪绅地主阶级进行斗争的工具。当时的市场，货币流通极为紊乱。军阀、封建势力、私人商号利用权力乱发纸币，纸币也成为剥削农民大众的工具。农民运动发展起来之后，农民协会金融机构发行的货币就成为维护农民权益的工具，同时活跃了市场，增加了市场流通筹码，扩大了革命活动的资金来源。虽然这些货币流通时间短暂，流通的领域局限于当地，但对于农民运动中的经济建设起到了重要作用。农民协会金融机构发行的货币属于兑换券性质，一般以银圆或铜钱作为本位。发行时都设有发行基金，规定了发行限额，并保证兑现。货币的名称各地有所不同，有的被称为兑换券或信用券，有的被称为流通券，还有的被称为期票。货币多为小面额，有壹角、贰角、伍角、壹圆等。印制货币的材料多为当地的土纸，也有用布作材料的。在货币上大多印有革命的口号和文字，是很好的宣传革命的工具。

三、农民协会办金融的历史意义

1927年4月12日,蒋介石发动反革命政变,第一次大革命从高潮走向失败。轰轰烈烈的农民运动也进入低潮,在农民运动中刚刚萌芽的新民主主义金融事业则遭到破坏。

中国共产党领导下的新民主主义金融萌芽是在农民运动中产生的。为了保护农民的利益,支持革命斗争,根据农民的要求和适应市场发展的需要,中国共产党领导的农民协会在一些地方兴办了农民银行等金融机构,发行了货币,开办了信贷等金融业务,虽然时间短暂,但效果显著,意义重大,它是中国共产党在寻求中国革命道路过程中,在经济、金融方面的有益探索,它为此后革命根据地银行的建立积累了宝贵的经验。

第二章 土地革命时期新民主主义金融事业的建立（1927—1937年）

第一节 土地革命的任务与革命根据地的建立

一、第一次大革命失败后革命根据地的创立

1927年第一次大革命失败后，中国国内政治形势发生了巨大的逆转，反革命势力已经大大超过中国共产党领导的有组织的革命力量，全国范围的革命高潮已经过去，革命形势转入低潮。国民党政府对外投降帝国主义，对内实行法西斯专政，残酷镇压和屠杀革命人民。为了挽救革命，反抗国民党的屠杀政策，1927年8月1日，中国共产党发动了南昌起义，打响了武装反抗国民党反动派的第一枪，这是中国共产党独立领导革命战争的开端。从此，中国革命进入了一个新的历史时期，即土地革命战争时期。

1927年8月7日，党中央在汉口召开紧急会议（即"八七会议"），会议总结了大革命失败的经验教训，确定了实行土地革命和武装反抗国民党反动派的总方针以及发动农民举行秋收起义的主要任务。会后，中国共产党组织发动了秋收起义、广州起义和其他各地的起义，在以毛泽东为代表的一大批杰出共产党人的领

导下，终于找到了适合中国革命特点的正确道路，这就是以武装夺取政权，建立农村革命根据地，实行土地革命，以农村包围城市，最后夺取城市，解放全中国。1927年10月以后，中国共产党在井冈山等地建立了第一批农村革命根据地，从此出现了与国民党政权相对峙的苏维埃红色政权。

从"八七"会议到1929年末两年多的时间内，中国共产党先后领导了多次革命武装起义。随着革命斗争的胜利进行，中国共产党从建立小块农村革命根据地开始，逐渐连片发展成为大块的革命根据地，在各地中国共产党组织的领导下成立了苏维埃政权，如中央革命根据地和湘鄂西、海陆丰、鄂豫皖、琼崖、闽浙赣、湘鄂赣、湘赣、左右江、川陕、湘鄂川黔等革命根据地。随着革命根据地的巩固和壮大，到1930年上半年，工农红军已发展到约7万人，连同地方革命武装共约10万人以上，这些力量分布于全国十多个省的边远地区。1931年11月7日，第一次全国苏维埃代表大会在江西瑞金召开，宣布成立中华苏维埃共和国临时中央政府。

革命根据地的扩大，使国民党反动政府受到极大的威胁，蒋介石调集重兵，向革命根据地连续发动军事围剿，同时还对革命根据地实行严密的经济封锁。革命根据地军民进行了英勇的斗争，取得了四次反"围剿"的重大胜利。但由于王明的"左"倾冒险主义的领导导致第五次反"围剿"失败，中央红军和其他红军主力被迫先后撤离南方根据地，开始两万五千里长征。1935年1月，党中央召开了政治局扩大会议即著名的遵义会议，它结束了王明"左"倾冒险主义在党中央的统治，确立了毛泽东在红军和党中央的领导地位。1935年10月，红军完成长征到达陕北。1936年西安事变后，国内实现了短暂的和平，初步形成了抗日民族统一战线的局面,为顺利开展抗日战争打下了基础。

中国民主革命的基本问题实质上是农民问题。深入开展土地革命,消灭封建地主土地所有制,实现"耕者有其田"的制度,解放生产力,是农村革命根据地的中心任务,也为新民主主义经济的建立和发展创造了条件。

农村革命根据地的土地政策是在斗争实践中提出并逐步完善的,如将"没收一切土地归苏维埃政府所有",改为没收一切公共土地和地主阶级土地"归农民所有",并按人口平分。逐渐形成了依靠贫农、团结中农、限制富农、保护中小工商业者、消灭地主阶级的土地革命路线。

土地革命使广大农民从封建地主的剥削压迫下解放出来,成为了土地的主人。闽西仅长汀、上杭六县300多里的地区内,在1929年11月就有60多万人分到了土地。因此,广大农民生产劳动热情空前高涨,生活有了改善,政治上也翻了身。他们积极参加革命武装,参加革命根据地建设,使革命根据地不断巩固。但是,由于王明"左"倾机会主义路线的执行者提出地主不分田、富农分坏田的政策,并在查田运动中继续执行该政策,使土地革命受到严重挫折。

1935年发生了华北事变,日本帝国主义侵占我国东北之后,又将其魔爪伸向华北,民族矛盾进一步上升,全国掀起了反日的"一二·九"运动。为了适应新的形势,中共中央发表《八一宣言》,号召全国人民抗日救亡,并在土地问题上作出了改变对富农政策的决定。1937年召开的陕北瓦窑堡会议确定了抗日民族统一战线的策略,提出了停止没收地主土地的政策,这有利于抗日民族统一战线的推行。

二、农村革命根据地的经济建设

农村革命根据地是建立在经济比较落后,以个体经济为主的边远农村、山区,处于"白色"势力的四面包围之中,而且革命根据地一经建立,敌人立即进行频繁的军事"围剿"和严密的经济封锁,"军民日用必需品和现金的缺乏,成了极大问题"。面对这种形势,中国共产党围绕革命战争这个中心,领导并动员群众,进行必要的和可能的经济建设,建立和发展农村革命根据地金融事业,以打破敌人经济封锁,增强根据地的经济、金融力量,从物质上保障红军供给,改善革命根据地人民生活,支援革命战争。

农村革命根据地经济建设也是逐步开展的。在第一次全国苏维埃代表大会召开前后,主要是加强对农业生产的领导,组织劳动互助和耕牛互助,调剂劳力和畜力的不足;创办以手工操作的军事工业和部分民用工业;成立粮食调剂局和对外贸易局,开办红色圩场,设立公营商店;建立各种合作社,成立中华苏维埃共和国国家银行,发行苏维埃货币;加强财政管理,加紧向土豪筹款,支持反"围剿"斗争的需要。

面对国民党的军事"围剿"和革命根据地经济生活的困境,中国共产党加强对经济工作的领导,中央苏维埃政府颁布了财政条例、开荒办法等一系列方针政策,并在江西召开了两次经济建设会议。这个时期,农业生产有较快发展,公营经济和合作社经济日益壮大。1933年,中央革命根据地稻谷生产量增长15%,闽浙赣革命根据地增长20%,湘赣革命根据地增长20%以上。川陕革命根据地的农业更获得了前所未有的好收成。农村革命根据地的手工业,如造纸、织布、烧石灰、开煤矿和钨矿等,不但开始恢复而且也有所发展。1934年1月,毛泽东代表中央苏维埃政府向"二苏大"所作的报告中，总结了两年来经济建设的工作经验，提出了农业生产是经济建设的第一位，注意发展劳动互助组织，尽可能发展国营经济，大力发展合作社经济和奖励私人经济同时并进，"争取国营经济对私人经济的领导，造成将来发展到社会主义的前提"等一系列正确的政策。但由于王明"左"倾冒险主义的严重危害，上述政策并未得到贯彻执行。不久第五次反"围剿"失利，红军被迫撤出革命根据地进行长征。

红军到达陕北后，在改革土地政策的同时，其他经济政策也相应改变。提出保护城乡"小资本工商业"，欢迎民族工商业资本家到苏区投资，开设工厂、商店，保护他们生命财产之安全，尽可能减低租税，并采取一些具体措施，以恢复革命根据地的经济。如开展集市贸易，设立消费合作社，国家银行特设营业部，采办日用品供给群众等。

三、农村中的高利贷

旧中国借贷关系的显著特点之一是高利贷资本的猖獗，形成了一个从通商口岸到穷乡僻壤的买办和高利贷吸血网，严重阻碍了经济的发展。因此，革命根据地苏维埃政府在土地革命实践中，把废债和分田并列，都作为消灭封建剥削的重要内容。与高利贷作斗争，也是新民主主义金融的重要任务之一。

当时的高利贷基本分为货币和实物两种形式，但名目繁多。月息三分至五分是起码的。江西有大加三、对本利、月子利、出门利、滚滚利等。湖南有大加一、孤老钱、九出十归一、九出十归外加三等。四川有筋斗利、月百钱、先追利等。其中以滚滚利和筋斗利最凶狠。滚滚利是上个月或上年的利息，下个月或下年度又生利，一元钱10年变成1024元。筋斗利是按3天一场来计算的,借10元3天后即要还20元。借了这种债的贫苦农民,不出一个月就把自己的土地房屋滚走了。食物借贷有谷利、油利等形式,剥削也很重。5月间借谷一石,8月间需还谷两石。构成高利贷剥削网的另一种形式是典当,分布在县城和集镇,农民苦于无法生活,把衣物出当,当价只及原价值的一半或三分之一。越是当价小,当期短,利息越是高,到期不赎,即成死当,由当铺变卖。

高利贷对农民的残酷剥削,使不少农民卖儿鬻女,破产逃亡,促使土地进一步集中,它是封建剥削制度的重要支柱。因此,土地革命一开始,农民就揭竿废债。在横峰起义、闽西各县起义中均提出"所有欠债一律不还,废除一切债务"的口号,并烧毁了地主土豪劣绅的借据债条。红军进入遂川县城后,曾召开万人大会公审重利盘剥乡民的大劣绅。1929年召开的闽西第一次党代表大会和1930年召开的闽西特委第二次扩大会议,对废债提出区别对待的方针,规定工农自家往来欠账和商账要还,土豪地主欠农民及小资产阶级之债要还,其他各项债务一律取消。1931年11月,中华苏维埃临时中央政府颁布了《借贷暂行条例》,明确规定取消和废止一切形式的高利贷,但不干涉为帮助生产事业而举办的银行、信用社和私人借贷。要求今后利率"短期月息不得超过一分二厘,长期年息不得超过一分"。不得利上加利。违反规定或用资金做高利贷剥削以及帮助反革命行为者,一经查出,除将资金没收外,并予以法律制裁。

对另一种高利贷剥削形式的典当,中华苏维埃第一次全国代表大会通过的《关于经济政策的决议案》中规定:"城市与乡村贫农被典当的物品,完全无代价的归还原主,当铺应交给苏维埃。"

第二节 革命根据地金融机构的创建与演变

革命根据地的金融组织是在土地革命的基础上摧毁旧的金融机构之后建立起来的新型的金融组织,是革命根据地革命政权的组成部分。它与革命根据地的政治、军事和经济斗争有着密切的联系。它的发展可分为两个阶段:1927年到1932年为蓬勃发展阶段。这一时期已有中央苏区等8个革命根据地建立了金融机构,共发行了96种货币,广泛开展金融业务活动。对促进革命根据地经济发展,支援红军作战,改善当地军民生活等起了积极有益的作用。1933年到1937年进入低潮阶段。由于敌人的疯狂进攻和党内"左"倾机会主义路线的干扰和影响,已经建立的一些革命根据地陆续丧失,革命形势十分严峻。到1934年,大部分革命根据地银行被迫中止业务活动,停止了货币发行和流通。中央红军开始长征后,苏维埃共和国国家银行在长征途中曾4次发行临时货币。陕甘、陕北等几个革命根据地,在中国共产党的领导下,仍坚持革命斗争,这些革命根据地的银行也发行了货币,并进行相应的业务活动。

一、摧毁旧的金融机构

鸦片战争以来,各个帝国主义国家先后在中国建立银行,输出资本,进行经济侵略。军阀、官僚买办利用货币发行权滥发杂钞,乱铸劣币,封建性的当铺遍布全国,广大人民群众受尽掠夺。当苏维埃政权建立起来以后,必须摧毁旧的金融机构,建立新型的金融事业。

1931年，中华苏维埃第一次全国代表大会通过的《关于经济政策的决议案》中规定，"对各土著大私人银行与钱庄，苏维埃应派代表监督其行动，禁止这些银行发行任何货币，苏维埃应禁止银行家利用本地银行实行反革命活动的一切企图"。

1932年，红军总政治部在攻打赣州城时，给红三军团的指示信中提出："银行与钱庄不宜立即没收，但须解散一切银行公会钱业工（公）会等等，……在政权未建立以前，政治部须派忠实及得力的同志去监督银行及钱庄的行为。"

1927年11月，广东海丰县苏维埃政府成立以后，在全县没收了20多家当铺。1929年兴国县的农民武装暴动，"发动群众分谷，分当铺，分财物"。随着革命斗争的深入，总结斗争的经验，各革命根据地都出台了取消典当的规定。

1930年3月，闽西第一次工农代表大会通过的《借贷条例》中规定，"典当债券取消，当物无价收回。" 1930年8月，赣西南苏维埃政府规定，"工农穷人典当及房屋与豪绅地主及典与奸商者，无条件收回抵押品"。1931年中华苏维埃第一次全国代表大会通过的《关于经济政策的决议案》中规定："城市与乡村贫民被典当的物品，完全无代价的归还原主，当铺应交给苏维埃。"

1927年7月20日，中共中央在关于《目前农民运动总策略》的通告中，把取消高利贷列为促进土地革命的适当的口号之一，并指出："无论在什么地方反对超过年利百分之二十的高利贷的斗争，应彻底进行，因为这是一般被压迫民众的共同要求。" 1928年7月，中国共产党第六次代表大会通过的《土地问题决议案》中明确规定："宣布一切高利贷的借约概做无效。" 1931年中华苏维埃共和国临时中央政府颁布了《借贷暂行条例》，明确规定消灭高利贷，废除一切封建债务。根据党中央的指示，各革命根据地都不同程度地开展了废除高利贷债务的斗争。

二、土地革命初期革命根据地建立的金融机构

土地革命初期，为了调剂金融，方便借贷，活跃市场，发展经济，各革命根据地苏维埃政府，在摧毁旧的金融机构和废除高利贷剥削制度的同时，便着手建立为工农谋利益的新型的金融事业。但当时革命斗争形势严峻，革命根据地的金融工作在摸索中进行，所建立的金融机构大多存在的时间较为短暂。从目前所能看到的资料，大致有以下几个实例。

（一）蛟洋区农民银行

蛟洋区农民银行于1927年冬在闽西上杭县蛟洋区成立。

"八一"南昌起义后，起义部队于1927年秋经过闽西的长汀、上杭县时，播撒下革命的火种。上杭县蛟洋区农民，恢复了农民协会，开展了革命斗争。同年冬天，为了发展经济，方便农民借贷，由农民协会带领群众砍伐山中路边杉木卖得8000余元，从中抽取2000元作为资本，开办了蛟洋区农民银行。1928年6月，被地方军阀镇压而停业。

（二）耒阳工农兵苏维埃政府劳动券

耒阳工农兵苏维埃政府劳动券于1928年2月在湖南耒阳县由耒阳苏维埃政府经济处发行。

1928年2月19日，耒阳工农兵苏维埃政府成立后，在财经委员会的领导下，在东江三顺祠设立耒阳县苏维埃政府经济处，处长是谭楚才。为了活跃金融，由耒阳工农兵苏维埃政府经济处发行了耒阳工农兵苏维埃政府劳动券；同时在耒阳县第十三区发行流通了耒阳第十三区工农兵苏维埃劳动券。

使用劳动券这个名称，来源于马克思的《资本论》。马克思在论述共产主义时说，共产主义财富物资极大丰富，商品交换和货币将被取消，以劳动券的形式作为按需分配的手段。劳动券的名称本身就说明了对马克思主义的信仰，是一种区别于旧货币的新型货币。

劳动券与光洋同价，可随时兑现。劳动券发行流通的时间是1928年2月下旬至3月末，约有40多天的时间。4月初，工农革命军主力转移到井冈山革命根据地，耒阳工农兵苏维埃政府被迫撤销，劳动券随之停止发行流通。

（三）海陆丰劳动银行

海陆丰劳动银行于1928年2月在广东海丰县成立。

1927年11月，广东海陆丰一带的农民在彭湃领导下，取得了第三次武装起义的胜利，占领了海丰、陆丰县城及附近地区，同年11月13日至15日召开第一次工农兵代表大会，建立了苏维埃政权。在开展武装斗争的同时，苏维埃政权十分重视财经工作，在第一次武装起义成立革命临时政府时就发表宣言，提出了建立农民银行的问题。1928年1月28日，海丰县委在给省委的报告中说："县委为使农产品易于输出，工业品流入，拟决定办一工农合作社。每个工农已决定捐出一角。同时，并设工农银行，发行货币。"1928年2月20日，根据第二次工农兵代表大会的决议，海丰县苏维埃人民委员会为"救济金融，利便市面交易"特发通令，建立劳动银行，行址设在军阀陈炯明所办的南丰织造厂（该厂被苏维埃政府没收前曾发行在市场流通的银票与金属币）。同时，颁布《发行纸币条例》，决定发行劳动银行银票。因劳动银行银票尚未印好，先暂借南丰织造厂银票两万元加盖劳动银行印章后发行流通。时至2月末，敌人进攻苏区，苏维埃政府撤离革命根据地，银票未来得及发行劳动银行即告结束。

(四) 井冈山"工"字银圆

1927年"八七会议"后，中国共产党于9月间领导了举世闻名的秋收起义，起义风暴席卷了湘赣两省的修水、铜鼓、安源、浏阳等县。但在敌强我弱的形势下，起义部队遭到挫折。毛泽东领导的起义部队于9月20日集合在浏阳文家市后，决定沿罗霄山脉中段，向敌人统治力量薄弱的农村进军，于1927年10月27日到达井冈山的茨坪。1928年4月，由朱德、陈毅率领的一部分南昌起义的部队和湘南起义农军与毛泽东率领的工农革命军在江西省宁冈县砻市会师，促进了井冈山革命根据地的巩固和发展。

1928年5月下旬，湘赣边界工农兵苏维埃政府在宁冈县茅坪成立。由于反动派对革命根据地实行严密的军事和经济封锁，革命根据地和外界贸易往来几乎完全中断，革命根据地日用必需品如食盐、布匹、药材等十分缺乏，人民无进款，现金枯竭，造成革命根据地经济极度困难。为了解决以上问题，建立革命根据地自己的金融事业，湘赣边界苏维埃政府于1928年5月在井冈山上井村办起了造币厂。造币厂利用原谢荣珍、谢荣光兄弟所办的"谢氏对花厂"仿制银圆的设备和银圆模具，用缴获的白银和打土豪得到的各种银器和银首饰等作为原料，铸造重七钱二分的标准墨西哥版银圆。为了与市场上流通劣质假币相区别，在铸造好的银圆上加凿一个"工"字，以表示这是工农兵苏维埃政权铸造的银圆。"工"字银圆重量、成色足，信用高，为群众所喜用。革命根据地利用自然资源，开办了大陇等圩场，湖南邻近各县的商民，冲破反动派的封锁，将药材、布匹、食盐等货物运来圩场出售，以换取革命根据地物资，从而解决了革命根据地日用品缺乏的问题，也活跃了市场，增加了革命根据地群众的现金收入。

1929年1月，湘赣两省的敌人对革命根据地发动第三次"围剿"。为此，毛泽东、朱德、陈毅率领红四军出击赣南，实施外线机动作战，并进而开辟赣西南根据地。为了保存有生力量，1月30日，部队转向赣南，井冈山革命根据地失陷。红军的造币厂、兵工厂等后方机关均被敌人破坏。造币厂房屋被敌人放火烧光。"工"字银圆也被迫停止流通使用。

三、土地革命发展时期革命根据地建立的金融机构

1929年以后，土地革命战争深入发展，红军陆续建立起赣西南、闽西、湘鄂赣等革命根据地。随着工农红军的革命斗争和革命根据地政权的建立，各革命根据地相继建立了银行等新型金融机构。

（一）赣西南革命根据地的东固平民银行和东固银行

赣西南革命根据地位于江西赣江中上游地区。东固位于江西吉安县的东南部，同永安、吉水、兴国、泰和四县交界，东靠大山，地势险要。在革命战争年代，有"上有井冈山，下有东固山"之称。1927年至1928年，在中共江西省委和赣西、赣南特委领导下，在万安等地区组织了农民暴动，建立了工农革命武装，发展了许多小块的革命根据地和游击区。1928年9月，在赣西组成了江西红军独立第二团。1929年2月，在赣南组成了江西红军独立第四团。红二团和红四团密切配合，创建了从于都桥头到吉安东固约二百里的红色区域。

1929年10月，在赣西南发展了江西红军第三团和第五团。1930年1月，奉党中央和江西省委的指示，将红军第二、三、四、五团合编为中国工农红军第六军（后改为红三军），与此同时，建立赣西临时苏维埃政府。1929年至1930年，毛泽东、朱德、陈毅

率领的红四军和彭德怀、滕代远率领的红五军,在赣西南地区开展革命斗争,从而促进了赣西南革命根据地的建立与发展。1930年2月6日至9日,红四军前委,赣西、赣南特委,红五军、红六军军委,在吉安的陂头举行了联席会议,会议确定当前的任务是扩大苏维埃区域,深入土地革命,扩大工农武装,并决定将赣西、赣南特委合并为赣西南特委。3月,在吉安的富田正式成立赣西南特委,同时将赣西苏维埃政府改为赣西南苏维埃政府。至此,正式形成了赣西南革命根据地。

在赣西南革命根据地形成过程中,革命根据地的金融组织最初出现在1929年2月。为了方便农民借贷,在东固镇上成立了东固贫民借贷所。随后,在赣西南革命根据地的其他各县也陆续建立了借贷所。随着革命根据地的巩固和发展,中共东固区委决定在贫民借贷所的基础上成立东固平民银行。1929年8月,东固平民银行成立。东固平民银行行址设在东固镇的东固街上,与东固消费合作社在同一个门面店内,进门的左边是消费合作社,右边是银行。东固消费合作社的副经理黄启绶兼任东固平民银行的行长,并由黄启绶、刘经化、汪安国、李文莲等7人组成东固平民银行委员会。东固平民银行的主要业务是印制发行纸币。在东固平民银行成立前,东固消费合作社曾印发一种铜圆票,供贸易过程中找零之用。东固平民银行成立后,印制发行了面额"十枚"、"廿枚"、"五十枚"、"一百枚"四种铜圆票。

1930年3月,赣西南苏维埃政府成立以后,为了适应革命根据地建设形势的需要,决定改组东固平民银行为东固银行,作为赣西南苏维埃政府的银行,并在兴国县、永新县设立分行。东固银行扩大了货币发行和营业范围,对促进赣西南革命根据地的经济发展起了重要的作用。1930年10月,红军攻克吉安县城,并成立江西省苏维埃政府，同时撤销赣西南苏维埃政府，东固银行的使命即告结束。

（二）赣南革命根据地的江西工农银行和江西印刷所

1930年10月，江西苏维埃政府成立后，蒋介石派兵开始向革命根据地大举进攻。同年10月23日，红一方面军在新余县的罗坊召开红一方面军总前委扩大会议。会议确定了粉碎敌人"围剿"的诱敌深入的作战方针，江西省苏维埃政府的一切工作也转向为反"围剿"战争服务。为了从金融上支援反"围剿"，江西省苏维埃政府于11月17日发出"紧急通令秘字第一号"，要求迅速筹划创办工农银行。同日，江西印刷所在吉安成立，并立即开展工作。11月27日，江西省苏维埃政府发出"紧急通令秘字第四号"，决定"本政府财政部以一百万现金创设大规模的江西工农银行"。于是，江西工农银行在富田正式成立。

在战火硝烟弥漫中成立的江西工农银行，其使命就是筹措军费，支援战争。作为江西工农银行附属机构的江西印刷所，其任务就是印制纸币。在连续三次反"围剿"的战争中，江西工农银行及江西印刷所跟随红军东征西战。开始由吉安撤到东固山下，而后由东固山迁到永丰的龙冈，又从龙冈经兴国的莲塘到万安的良口，再从良口回到龙冈头的水头庄，最后迁到瑞金。1931年11月，又随省级机关迁至宁都。1932年2月，中华苏维埃共和国国家银行成立，江西工农银行即停止其发行货币的工作，江西印刷所被并入新成立的中央印钞厂和中央造币厂。

（三）闽西革命根据地的信用合作社和闽西工农银行

闽西革命根据地位于福建西部的龙岩、上杭、永定、长汀等地区。1929年3月至6月，红四军进入闽西，攻克了长汀、龙岩、永定县城。7月，中共闽西特委成立。1930年3月，在龙岩成立闽西苏维埃政府。

闽西革命根据地建立后,由于敌人的封锁,商品流通不畅,革命根据地的农产品和手工业产品运不出去,而靠外边供应的工业品运不进来,造成农业衰落和市场萧条。为此,闽西特委提出了十条解决办法,其中有关金融方面要求"由县政府设法开办农民银行,区政府设立借贷所,办理低利借贷与贫苦农民……使金融流通"。1930年3月18日,闽西特委召开第一次工农兵代表大会,决定"普遍发展信用合作社组织"。随着经济斗争的开展和社会经济发展的客观需要,闽西苏维埃政府在闽西革命根据地的永定、上杭等县陆续成立了一些信用合作社。据现有资料,重要的信用合作社有:

1. 永定县太平区信用合作社。成立于1929年10月,股金为3000元,社址在太平区西陂乡的天后宫,社主任为林清风。1930年7月,国民党军队攻打虎岗,该信用合作社被迫停业。

2. 上杭县北四区信用合作社。成立于1929年10月,股金为2000元,社址在蛟洋乡的演讲楼,社主任为邹石村。

3. 永定县第三区(后为第一区)信用合作社。成立于1929年11月,股金为500元,社址在湖雷,社主任为赖祖烈。1931年3月,国民党军队占领湖雷,该信用合作社被迫停业。

4. 永定县第二、第九、第十、第十一区信用合作社和永定县合溪信用合作社,等等。

1930年9月,《闽西第二次工农兵代表大会决议案——反富农斗争决议案》指出:"目前为要调节金融,保存现金,发展社会经济,以争取社会主义胜利的前途,唯一的办法是设立闽西工农银行,各县设分行,总行随闽西政府所在地而定。"为开设闽西工农银行,闽西苏维埃政府于1930年9月发布第七号布告,布告中说:"闽西自土地革命胜利、赤色政府建立后,社会经济已日渐发展,可是目前敌人经济封锁致社会经济的发展发生了很大的阻碍,因此大会决定设立闽西工农银行调节金融,保存现金,发展社会经济,实行低利借贷。现已推举阮山、张涌滨、曹菊如、邓子恢、兰为仁、赖祖烈(长汀推举一人:黄维仁)七人为银行委员会委员,阮山为主任,成立筹备处,着手进行。银行资本定为20万元,分20万股,股金以大洋为单位,收现金不收纸币,旧银器每两折大洋陆角,金器照时价推算,限期九月内募定。"1930年11月7日,闽西工农银行在龙岩正式开业,同年11月25日开始发行纸币,纸币面额有1元、2角、1角三种。

1930年末,红军退出龙岩城后,闽西工农银行随政府转移,经永定的虎岗、长汀的涂坊等地,1931年8月转移至长汀县城。

1932年4月,中华苏维埃共和国国家银行福建省分行成立,闽西工农银行因是群众集资性质的银行,故与中华苏维埃共和国国家银行福建省分行并存。但闽西工农银行的纸币停止发行,原发行的纸币允许继续流通一段时期后逐渐收回。1935年春,主力红军撤离中央革命根据地后,闽西革命根据地逐渐缩小,闽西工农银行完全停业。

(四) 湘鄂西革命根据地的银行

湘鄂西革命根据地位于湖南和湖北的西部地区。1927年秋到1928年夏,洪湖、湘鄂边人民在贺龙、周逸群、段昌德等领导下,举行了多次起义,先后建立了红四军和红六军。1930年4月,在石首调关成立鄂西联县政府,1931年联县政府改组为湘鄂西省苏维埃政府。随着革命战争的发展和革命根据地的扩大,洪湖、湘鄂边、襄(襄阳)枣(枣阳)宜(宜城)、鄂西北、巴(巴东)

兴（兴山）归（秭归）等小块革命根据地逐步连成一片，形成了以洪湖为中心的湘鄂西根据地。1932年秋，由于王明"左"倾冒险主义的错误领导，红军未能粉碎敌人的"围剿"，遂退出洪湖革命根据地，转移到湘鄂川边开展游击战争。1934年6月，又转至黔东地区，创建了黔东根据地。

湘鄂西革命根据地的银行主要有：洪湖苏区的石首农业银行、鄂西农民银行和湘鄂西省农民银行，鄂西北苏区的鄂北农民银行，湘鄂边苏区的鹤峰苏维埃银行。

1. 洪湖革命根据地的银行

1930年上半年，在红军不断取得胜利的形势下，洪湖苏区在各县成立了苏维埃政府。1930年2月，石首县苏维埃政府成立，为了支援战争，冲破敌人的封锁，抵制高利贷，县苏维埃政府创办了石首农业银行，发行石首农业银行信用券。同年3月，监利县召开了第一次工农兵代表大会，通过了包括创办农民银行和低利借贷所等内容的决议案。随后监利县苏维埃政府成立，在政府内设立了管理金融的机构，并发行监利县苏维埃信用券。1930年7月，沔阳县苏维埃政府也发行了沔阳县苏维埃政府信用券。

1930年4月，为了加强和统一对鄂西各革命根据地的领导，在中共鄂西特委的主持下，在石首调关召开了鄂西第一次工农兵代表大会，成立了鄂西苏维埃石首、江陵、监利、沔阳、潜江五县联合政府。1930年9月，湘鄂西特委召开第一次紧急会议，会议通过的"经济政策决议案"中规定："由联县政府建立农民银行，发行纸币，调剂赤区经济，办理农民储蓄、借贷事业等。但禁止各县滥用纸币，各县已发出的各种纸币设法收回，统用鄂西农民银行的纸币。"12月，鄂西农民银行在石首调关成立，并发行鄂西农民银行信用券，行长为戴补天。1931年6月，联县政府改组为湘鄂西省苏维埃政府，鄂西农民银行改名为湘鄂西省农民银行，行长为崔琪，行址设在监利的周老咀，后迁洪湖瞿家湾。中华苏维埃共和国国家银行成立后，改为中华苏维埃共和国国家银行湘鄂西特区分行，并发行货币，鄂西农民银行信用券停止发行。1932年10月，国民党军队围攻洪湖革命根据地，洪湖苏区失陷，红军转移至湘鄂边区，该行停业。

2. 鄂西北苏区的鄂北农民银行

鄂西北革命根据地位于湖北、河南、四川、陕西四省交界的武当山区，包括房县、郧县、均县、谷城、保康、南漳、竹山、竹溪等县。1931年上半年，贺龙率领红军攻占房县县城，创建了以房县为中心的革命根据地。同年6月，房县苏维埃政府成立。7月中旬，根据中共鄂西北临时特委的决定，在房县西街设立鄂北农民银行，银行负责人为胡苏黎、王守训。该银行曾发行纸币和银铸币。1931年9月，红军撤离房县，鄂北农民银行停业。

3. 湘鄂边苏区的鹤峰苏维埃银行

湘鄂边革命根据地位于湖南、湖北交界处，以桑植、鹤峰为中心，包括桑植、长阳、慈利、石门、宣恩、巴东、建始等县。1929年夏，鹤峰苏维埃政府成立。1930年2月，为解决红军东进的经费问题，曾以鹤峰苏维埃政府的名义向当地商人、居民发行借券，借款2万吊，后加倍偿还。该政策深得人民群众的信任。1931年3月，鹤峰县第三次苏维埃代表大会召开，为了开展革命根据地经济建设，成立了鹤峰苏维埃银行，袁建章任行长。鹤峰苏维埃银行发行了铜币权券。1933年，红军撤出根据地，鹤峰苏维埃银行停业。

（五）鄂豫皖革命根据地的银行

鄂豫皖革命根据地位于鄂豫皖三省交界的大别山区。1927年

11月，湖北黄（安）麻（城）起义后，成立工农革命军鄂东军，创建了鄂东北革命根据地。1929年5月，河南商城起义后的革命武装，开辟了豫东南革命根据地。1929年11月，安徽的六（安）霍（丘）起义后的革命武装建立了皖西革命根据地。这三个革命根据地的革命武装，于1930年3月在中共鄂豫皖边区特委成立后改编为红一军。随着革命战争胜利成果的不断扩大，三块革命根据地连成一片，形成了鄂豫皖革命根据地。

1930年6月，鄂豫皖特区苏维埃政府成立后，为筹集资金、支援战争和根据地经济建设，于同年10月在黄安县的七里坪组建了鄂豫皖特区苏维埃银行，银行负责人为郑位三。1931年春，红军攻克河南新集（今河南新县），鄂豫皖特区苏维埃银行随鄂豫皖特区苏维埃政府迁到新集。1931年5月，在皖西六安县的金家寨建立了皖西北特区苏维埃银行，银行负责人为吴保才。同年11月，皖西北特区苏维埃银行随鄂豫皖特区苏维埃政府迁到麻埠。1932年鄂豫皖省苏维埃政府成立后，鄂豫皖特区苏维埃银行改成鄂豫皖省苏维埃银行，又称鄂豫皖省苏维埃工农银行，银行行长为郑义斋。鄂豫皖省苏维埃银行，除发行纸币外，还铸造发行苏维埃银币和铜币。

鄂豫皖革命根据地的公营商店被称做"经济公社"，它与革命根据地的银行关系密切，鄂豫皖省苏维埃银行将一些银行业务委托各地"经济公社"办理，包括调拨资金，收兑光洋纸币等。各"经济公社"安排一至二人负责银行工作。"经济公社"负责鄂豫皖省苏维埃银行业务的人员每月到银行结账。"经济公社"为交易的方便，还自行印发了一种小额的辅币券，备作找零用。

1932年10月，红军在反"围剿"中作战失利，红军主力转移至川陕一带，留下红二十五军坚持战斗。这时，为了流通金融，由"经济公社"印发了一种以铜圆的文、串为面额的"油布票"。1935年，红军北上抗日后，鄂豫皖省苏维埃银行随之停业。

（六）闽浙赣革命根据地的银行

闽浙赣革命根据地位于福建、浙江、安徽、江西四省交界地区，由赣东北和闽北两块革命根据地组成。

1927年11月，方志敏、邵式平等在江西弋阳、横峰地区领导了武装起义，成立了江西红军独立团，开辟了赣东北革命根据地。1928年冬，在闽北崇安举行了武装起义，组成了闽北红军独立团，创建了闽北革命根据地。随着革命战争的推进，于1930年，赣东北与闽北红军合编为工农红军第十军。1931年成立了赣东北省苏维埃政府。1932年改称为闽浙赣省苏维埃政府，形成了闽浙赣革命根据地。

1929年10月，赣东北革命根据地的八个县召开了信江第一次工农兵代表大会，成立了苏维埃政府。苏维埃政府把组织农民银行和信用合作社列入了施政纲领，由方志敏、吴先明、邵式平、邵忠、黄道负责筹备。由于形势变化，革命根据地扩大，1930年8月，信江苏维埃政府改组为赣东北革命委员会。1930年10月，赣东北特区贫民银行在弋阳芳家墩正式成立。行长为邵忠，经理为欧阳夬。欧阳夬经商多年，懂银行业务，经黄道推荐，由方志敏亲自邀请他出任经理。该银行成立后，于1931年5月发行银圆票在苏区市场上流通并保证十足兑现。原来在市场流通的铸币银圆、银毫、铜圆继续流通，但国民党政府的纸币不准在苏区市场流通。由于币值稳定，信用高，人民乐于使用，减少了银圆外流，对活跃苏区市场、巩固苏区金融发挥了重要作用。1931年春，行长邵忠去世，继任行长宁春生不久又调任合作社经理，方志敏推荐红十军供给部长张其德任地方政府财委主席兼赣东北特区贫民银行行长。

1931年7月，赣东北特委改组为赣东北省委，成立赣东北省苏维埃政府。赣东北特区贫民银行也于1931年11月被改称为赣东北省苏维埃银行，但市场上仍流通赣东北特区贫民银行的纸币。到1932年6月，在粉碎敌人第三次"围剿"后才发行为数不多的赣东北省苏维埃银行银圆券。

闽北革命根据地建立后，1930年7月，中共中央决定将闽北苏区党组织划给赣东北特委领导，并于11月成立闽北分区委，闽北苏区作为赣东北革命根据地的组成部分而独立存在。1931年8月，闽北苏区筹建闽北分区苏维埃银行，由于赣东北省已经成立，故正式成立时将银行定名为赣东北省苏维埃银行闽北分行，行长由闽北分区财政部部长徐福光兼任，行址设在崇安县城的大安街，有工作人员五六人。其主要任务是发行纸币，管理金银，支持财政工作的开展。

1932年12月11日，赣东北省苏维埃政府改称为"闽浙赣省苏维埃政府"。赣东北省苏维埃银行也随之被改名为闽浙赣省苏维埃银行，发行了银圆券、铜圆券，流通于闽浙赣苏区，原赣东北省苏维埃银行停止发行纸币。同时，赣东北省苏维埃银行闽北分行也被改称为"闽浙赣省苏维埃银行闽北分行"，并以此名称发行纸币。

1934年春以前，闽浙赣革命根据地发行纸币，并严格控制财政发行，通过各种渠道回笼货币，加强宣传，鼓励群众入股扩充基金，以稳定币值。每遇风波，立即采取措施，保证兑现。另外，鼓励农民、手工业者增加生产，力争贸易出超，增加现金收入。在军需增大时，采取发行公债回收现金，从而保证了币值的稳定。

1934年10月，红军北上抗日，撤离闽浙赣革命根据地，该银行随之停业。

(七) 湘鄂赣革命根据地的银行

湘鄂赣革命根据地由湖南省的东北、湖北省的东南、江西省的西北各一部分地区组成，是中国共产党最早发动、组织广大工农兵群众进行武装斗争的重要地区。1928年7月，彭德怀、滕代远、黄公略等领导平江起义，组成工农红军第五军。1931年2月，第一次反"围剿"胜利后，鄂东南苏区划归湘鄂赣苏区领导。1931年9月，建立湘鄂赣省苏维埃政府。湘鄂赣边区斗争特别尖锐复杂，长期处于敌人的分割包围之中。湘鄂赣苏区、鄂东南苏区必须相对独立作战，各县、区、乡也需要按照各自地区的情况，因地制宜地对敌进行军事斗争、政治斗争和经济斗争。

湘鄂赣革命根据地的银行，分布在湘鄂赣和鄂东南两大区域。它由分散独立的区县银行发展成为统一的省银行。早期的湘鄂赣革命根据地的银行有1930年建立的平江县工农银行和鄂东农民银行。鄂东农民银行设在鄂东南地区革命中心阳新县。同时，在阳新县的福丰、龙燕、大凤、湖市、沿河各区都设有农民银行。除阳新县外，在通山、通城、大冶以及江西地区的武宁、瑞昌，也都设有工农银行或工农兵银行。这些银行也都发行纸币，纸币名称为铜币券，纸币可以兑换铜圆。1932年5月以后，上述银行统一为鄂东南工农银行，收回各区县银行发行的纸币，统一使用鄂东南工农银行发行的纸币。在湖南地区，除平江县工农银行外，1931年1月，在浏阳县还设立了浏阳工农兵银行。在江西地区，除武宁、瑞昌县外，万载、宜春、修水、铜鼓等县于1931年也设立了工农银行。这些银行也都发行了纸币，纸币名称，有的称为光洋票，有的称为银洋票，纸币可以兑换银圆。1931年11月后，这些银行统一为湘鄂赣省工农银行，收回各县银行发行的纸币，统一使用湘鄂赣省工农银行发行的纸币。湘鄂赣省工农银行发行的纸币名称有两种：银洋票和铜圆票，分别可以兑换银圆和铜币。1934年1月，湘鄂赣省苏维埃政府决定建立中华苏维埃共和国国家银行湘鄂赣省分行。但此时，国民党军队大举进攻湘鄂赣中心地区，湘鄂赣省委、省苏维埃政府机关被迫撤出了万载小源，转战于铜鼓、武宁、奉新、宜丰一带，同年7月，又迁至平江黄金洞。此后，湘鄂赣革命根据地变为游击区，该银行的工作随之结束。

（八）湘赣革命根据地的银行

湘赣边区是中国共产党最早创立的革命根据地之一，也是土地革命的发源地。1927年毛泽东领导的秋收起义部队，开创了湘赣边界工农武装割据局面，建立了井冈山革命根据地。随着朱德、陈毅和彭德怀率领的革命武装来到井冈山会合，井冈山革命根据地进一步发展扩大。1931年10月，成立了中共湘赣省委和湘赣省苏维埃政府。湘赣省包括赣江以西、珠萍路和袁水以南、粤汉铁路以东、大余以北广大地区，共20余个县，面积为2.8万平方公里，人口约100余万，是中央苏区的战略右翼。随着革命根据地的巩固和发展，革命根据地的金融建设也有了较快发展。

1931年12月，在中国共产党湘赣省第一次代表大会决议案中指出，"为着实行统一货币制度，并帮助全体劳动群众，省苏维埃必须马上进行开办工农银行的计划"。据此，湘赣省苏维埃政府成立了筹备委员会，并颁布了《湘赣省工农银行暂行简章》，确定工农银行的宗旨是："实行阶级经济政策，发展农村经济，帮助工农贫民，兴办公共生产及各种合作社，统一货币制度，防止金融外溢，冲破敌人经济封锁，巩固并发动苏区群众经济，帮助苏维埃政府创办一切建设事业，以促成革命的巩固与发展。"1932年1月15日，中华苏维埃共和国湘赣省工农银行正式开业，行长由湘赣省苏维埃政府财政部副部长胡湘兼任，行址设在永新县城东门朱砂楼。根据中华苏维埃共和国湘赣省工农银行简章，由湘赣省苏维埃政府拨款银洋4万元作为基金，同时发动群众集资6万股，每股1元，实际集资2万元。该银行成立后，发行了壹角和壹圆的银币券。

为了统一革命根据地的金融组织，中共苏区中央局在1932年1月给湘赣省委的信中指示："湘赣苏区的工农银行应依照中央的指示建立，但须成为苏维埃国家银行的湘赣分行。"经过一年的经营之后，湘赣省工农银行具备了中华苏维埃共和国国家银行分行的条件。1933年2月，湘赣苏区党团在给湘赣省委和中央的报告中提出："工农银行成立已经一周年了，定于1月15日分红发息，每股可以分得一角三、四分红息，并决定改为国家分行，私人股份概行退出，以便国家谋利。"此后，该银行被改称为中华苏维埃共和国国家银行湘赣省分行，为适应业务发展的需要，并在吉安、分宜建立县一级的银行。同时发行铜币券和伍分、壹角、贰角、壹圆银币券。

1934年2月，国民党军队发动第五次"围剿"，该银行随同湘赣省机关撤离永新县城至泰合县的碧江洲。1934年8月，为北上与湘鄂川黔革命根据地的红军会合，根据党中央的命令，红六军团撤离湘赣革命根据地，该银行工作随之结束。

（九）川陕革命根据地的银行

1932年，鄂豫皖革命根据地第四次反"围剿"惨遭失败，红四方面军被迫西撤,于1932年12月9日到达陕西汉中地区小河口。红四方面军依靠川陕边区共产党组织和人民的大力支援,利用四川各路军阀间的重重矛盾,并在川东游击队配合下,粉碎了敌人的三路围攻,取得了多次战役的胜利,创建了川陕革命根据地。1933年2月,川陕省苏维埃政府成立,到1933年10月,红四方面军主力发展到五个军8万余人。根据地东达城口,西抵嘉陵江,南起营山,北至陕南镇巴、宁强,面积约42000平方公里,人口约500万。这20多个县建立了苏维埃政权,成为中华苏维埃共和国第二个大区域的革命根据地。

1933年2月川陕省苏维埃政府成立后,根据《川陕省苏维埃组织法》的规定,着手筹建川陕省苏维埃政府工农银行(又称中华苏维埃共和国川陕省工农银行)。1933年8月的仪(陇)南(江)战役,9月的营(山)渠(县)战役,尤其10月的宣(汉)达(县)战役胜利,使革命根据地面积扩大。在缴获了军阀刘存厚经营多年的造币厂全部机器设备、金银原料后,银行基金大为充实,铸币、印钞条件更加良好。川陕省苏维埃政府工农银行于1933年12月4日在通江正式成立,行长由红四方面军总经理部部长郑义斋兼任。川陕省苏维埃政府工农银行先后在巴中、南江、仪陇、苍溪、阆南、营山、宣汉、达县、城口、万源等县设立分行,并在没有设分行的地区,委托当地经济公社、财委或红军经理处设立代办机构,开展银行业务。川陕省苏维埃政府工农银行发行的货币,有纸币、布币、银币和铜币,是土地革命战争时期发行货币种类最多的银行。

1935年3月,川陕省苏维埃政府工农银行随红四方面军向川西转移。在转移的途中,先后在阆中、旺仓、中坝(江油)、浅县(浅汶)等地,或开设分行,或铸币印钞,或兑换金银,办理银行业务。进入藏区后，因不再使用苏币，川陕省苏维埃政府工农银行于1935年10月停止了其银行业务活动。

（十）陕甘革命根据地的银行

陕甘革命根据地位于陕西、甘肃两省边界和陕西省的东北部地区，由陕甘边和陕北两块革命根据地组成。1927年10月，唐澍、谢子长等领导了陕西的清涧起义。1928年4月，唐澍、刘志丹、谢子长等又领导了渭华起义。经过艰苦曲折的斗争，先后开辟了陕北、陕甘边、神府革命根据地。1934年11月在华池县南梁荔园堡成立了陕甘边区苏维埃政府。1935年1月，在安定县成立了陕北省苏维埃政府。并先后成立红二十六军和红二十七军，形成了陕甘革命根据地。1934年12月，神府革命根据地成立神府特区苏维埃政府。1935年2月，根据中共陕北特委和陕甘特委联席会议的决定，成立中共西北工作委员会和西北革命军事委员会，统一对这两个革命根据地的领导。不久，红军奋勇歼敌，使这两个根据地连接起来。1935年9月，红二十六军、红二十七军在延川县会合，组成红十五军团。成立中共陕甘晋省委和陕甘晋苏维埃筹备委员会。1935年10月19日，中央红军到达陕北，与陕北红军和先期到达的红二十五军一起进行了直罗镇战役，彻底粉碎了敌人对陕甘边区的第三次"围剿"。从此，陕甘边区成为中共中央所在地。为了加强对西北革命的领导，中共中央于1935年11月决定，撤销中共陕甘晋省委，成立中共西北中央局，成立中华苏维埃共和国中央工农民主政府西北办事处，并将陕甘革命根据地重新划分为陕甘省、陕北省、关中特区、神府特区四个行政单位。

1934年11月，在陕甘边区苏维埃政府成立后不久，就在南梁设立陕甘边区农民合作银行，负责人为杨玉亭，受陕甘宁边区苏维埃政府财政委员会领导并联合办公。陕甘边区农民合作银行下设造币厂和货币兑换处。1935年冬，陕甘边区农民合作银行被改为陕甘省苏维埃银行，行址迁至甘泉县下寺湾，其机构和业务得到了一定的发展，行内设置若干科室并建立了较为规范的办公制度。1935年11月后，陕甘省苏维埃银行并入中华苏维埃共和国国家银行西北分行。

1935年夏秋之间，陕北省苏维埃政府财政部在延川县永坪附近的石油沟开始以"陕北省苏维埃银行"的名义发行货币，但陕北省苏维埃银行在组织上尚未独立，在财政部下专设几个从事银行工作的干部，主要负责人有艾楚南、李清萍等。同年9月下旬，该银行被更名为"陕甘晋苏维埃银行"。同年10月初，该银行行址迁至瓦窑堡。同年11月，该银行被并入中华苏维埃共和国国家银行西北分行。

1936年春，在神府特区建立了"神府特区抗日人民委员会银行"，经理由神府特区财政部部长高振业兼任，副经理为王玉亭。该银行下设印刷厂，印制货币。1937年1月，该银行被改名为"神府特区苏维埃政府银行"。1937年4月，该银行被撤销。

第三节 中华苏维埃共和国国家银行

一、中华苏维埃共和国政权的诞生

土地革命时期，在江西省南部中央革命根据地诞生了第一个全国性的无产阶级革命政权——中华苏维埃共和国临时中央政府。

这个崭新的红色政权，从1931年11月7日诞生伊始，就在白色政权的四面包围之中坚强地生长和发展，同国民党的南京政府遥相对峙，并在政治、经济、军事、文化、教育诸方面进行了卓有成效的建设，取得了辉煌成就，使苏维埃的旗帜深刻地映入全国劳苦大众的心中，成为独立、民主、光明的新中国的雏形。

中央革命根据地是毛泽东、朱德等老一辈革命家领导革命根据地军民开辟建立的。从1929年春到1932年秋，毛泽东、朱德等率领红军在赣南、闽西广阔的地域内，广泛发动群众，开展武装斗争，实行土地革命，建立红色政权，并先后连续三次取得反"围剿"战争的胜利，最终使赣南、闽西两块革命根据地连成一片，形成了拥有21座县城、面积约5万平方公里、人口约250万、以瑞金为中心的全国最大的中央革命根据地。在此基础上，1931年11月，中华苏维埃共和国临时中央政府在瑞金叶坪召开的中华苏维埃第一次全国代表大会上宣布诞生。这是中国历史上第一个实行工农民主专政的国家政权。这个新生的国家政权，雄踞在中国江西省南部的红土地上，经历了一个不断巩固扩大和稳定发展的阶段，为中央革命根据地经济建设的开展提供了必要条件。

二、中华苏维埃共和国国家银行

（一）中华苏维埃共和国国家银行的诞生

中华苏维埃共和国国家银行是在各革命根据地银行普遍建立、中央苏区形成和中华苏维埃共和国临时中央政府成立的条件下产生的；是为了进一步支持革命战争，发展苏区经济，通过国家银行贯彻执行统一的货币金融政策，制定规范的规章制度，开展各项银行业务而组建的。

在1931年11月召开的中华苏维埃第一次全国代表大会期间，认真研究了当时的政治、军事、经济形势，颁布了一系列政策法令，包括《中华苏维埃共和国关于经济政策的决议案》。其中在金融方面可以归纳为以下一些具有指导性的政策要点：（1）取消和废止一切高利贷，取缔当铺，为发展生产、便利资金周转，可实行低利借贷。（2）成立国家银行及其分支机构，支持公营事业、合作社、手工业者、小商人发展经济，为穷苦群众谋利益。（3）发行苏维埃货币，对暂时保留的旧货币加强管理，开展货币兑换业务。（4）实行统一的货币制度和货币政策。（5）对私人银行、钱庄由苏维埃派代表进行监督，禁止其发行货币及从事非法活动，将帝国主义、官僚资本主义银行收归国有。

按照会议精神，1931年11月27日，苏维埃中央政府执行委员会召开第一次会议，会议讨论决定，迅速筹建中华苏维埃国家银行和中央造币厂，并选派毛泽民为行长，负责筹备工作。随后，又调来闽西工农银行会计科科长曹菊如参加筹建工作，并由曾留学日本、擅长绘画的中央总务厅文书黄亚光负责纸币的图案设计；还专门派人到上海购买印钞纸张油墨等材料。由于敌人严密封锁，新纸币的印刷筹备工作进展比较缓慢。

1932年2月1日，中华苏维埃共和国国家银行在瑞金叶坪成立，行址设在叶坪一家农民让出的房子里，楼上楼下两个小厅三个房间，楼上是工作人员的住房，楼下是银行的办公室和营业室。同年3月，中华苏维埃共和国国家银行正式营业，银行基金100万元，由国库从预算案内拨给。中华苏维埃共和国国家银行的职能是：按照市场需要的原则发行适当数量的纸币，吸收群众的存款，发放贷款，促进生产发展，有计划地调整苏区金融，领导合作社与投机商人作斗争。

(二) 中华苏维埃共和国国家银行的章程

1932年7月,中华苏维埃共和国临时中央政府颁布了《中华苏维埃共和国国家银行章程》。该章程包括总则、资本、业务、组织和决算及纯利之分配等五章,是完善、发展中华苏维埃共和国国家银行的纲领,体现了中国共产党人在总结大革命时期和土地革命时期的斗争实践之后,在当时的条件下对金融工作的认识和经验总结。该章程的主要内容:

1. 在"总则"中规定:"本行为巩固苏维埃金融帮助苏维埃经济发展之国营事业,直接隶属于财政人民委员部";"本行设于中央政府所在地,并得设立分支行于各地,或与其他银行订立代理合同或汇兑契约为本行之代理处";"本行分支行之设立、废止及移设,均应经管理委员会之决议,呈请财政人民委员部核准"。

2. 规定了中华苏维埃共和国国家银行的各项业务:

(1) 正常业务:存贷款,票据贴现,买卖金银及有价证券,汇兑及发行期票,代人保管贵重财物等。

(2) 委托业务:代理国库,代理政府发行公债及还本付息等。

(3) 具有发行货币特权:中央政府授予中华苏维埃共和国国家银行发行货币的特权,并管理相应的有关事务。

(4) 禁营业务:不得进行投机,不得购入不动产或将不动产作为抵押品,不得买卖私人企业股票。

3. 规定了中华苏维埃共和国国家银行的领导体制:

(1) 设立由9人组成的管理委员会,负责全行大政方针的制定和各项重要事务的决策。

（2）设行长和副行长各 1 人，在管理委员会领导下，负责银行的日常经营管理。

（3）银行工作受政府财政部门的监督和指导。

（三）中华苏维埃共和国国家银行的业务工作及机构设置

中华苏维埃共和国国家银行成立后，各项业务工作全面展开。存款业务主要是财政性存款和红军部队、机关和公营事业的往来存款，同时也开办了储蓄存款业务。贷款业务则主要是支持财政和满足军费的需要，也有支持苏区生产和合作事业及内外贸易事业的贷款。在代理国库方面，中华苏维埃共和国国家银行专门成立了国库科专司此项业务，并举办培训班，为政府培训有关业务人员。受政府委托代理政府公债发行及还本付息，也是国家银行一项重要任务，从1932年起代理中央政府发行了三次公债及其相关事务。1932年7月7日开始发行新纸币，面额有1元、5角、1角、5分等。

随着中华苏维埃共和国国家银行业务的扩大，其规模也迅速发展，人员由最初5人增至50多人。职能机构不断增设和完善，设有总务处、业务处和国库、会计、出纳、发行等多个科室，并在福建和江西设立两个分行，在兴国、瑞金等县设有支行，以及货币兑换处、金银收买处等数十处。中央苏区以外的各革命根据地的银行，其中也有一部分改为中华苏维埃共和国国家银行的分行，如湘赣省工农银行、湘鄂西农民银行、川陕省苏维埃银行等。

中华苏维埃共和国国家银行组织机构如下。

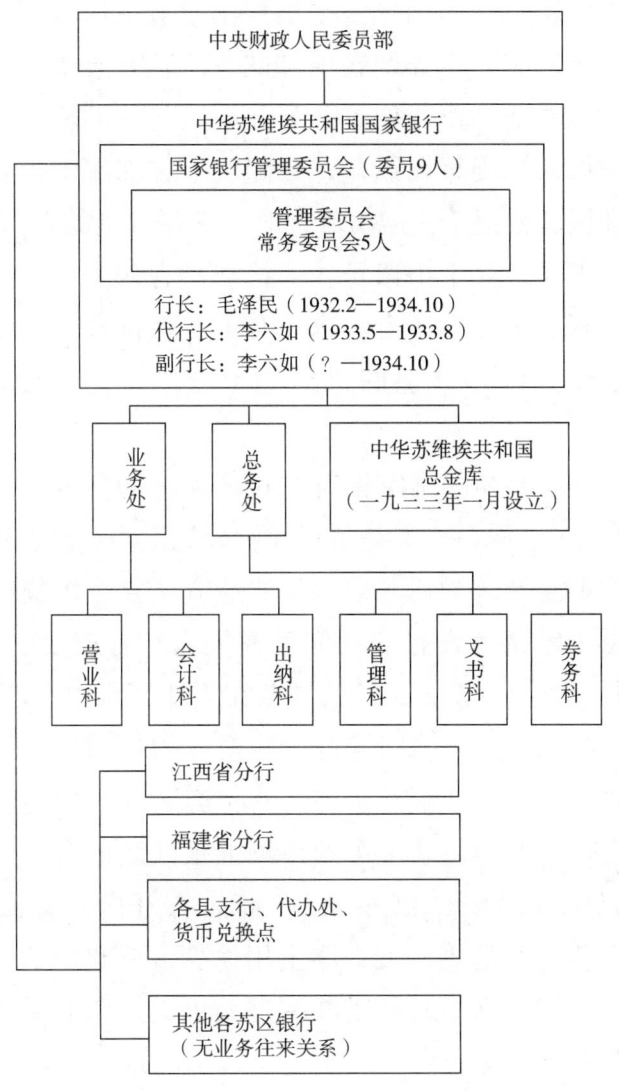

三、长征路上的中华苏维埃共和国国家银行

1934年10月，红军主力撤离中央革命根据地，进行了大规模的战略转移。中华苏维埃共和国国家银行随中央革命根据地红军转移，开始了举世闻名的二万五千里长征。

中华苏维埃共和国国家银行组成第十五大队，有100多个运输员，14位干部和一个连的警卫部队，队长是袁福清，政委是毛泽民，党支部书记是曹菊如。第十五大队与总部机关人员和后勤部队一起被编入军委直属纵队，跟随红一方面军参加长征。中华苏维埃共和国国家银行在撤离瑞金时，把可带走的东西都带走了，包括几十担现洋，几十担票子，一担现洋有四五十斤重，都是中央造币厂自制的银洋，还有银毫子和五分钱的铜板。此外，还有一批油墨、纸张和印钞票的机器等十分笨重的东西，共计100多担。

中华苏维埃共和国国家银行在长征路上的任务，一是参加没收征发（打土豪筹款），二是负责保管分配工作。除携带金银货币供应红军的军需外，每到一个休整的地方还要组织货币发行与回笼工作。由于钞票的发行和回笼紧密配合，有充足的物资保证，并保证钞票由银行兑换，发行的钞票在当地群众中有良好的信誉。其中，中华苏维埃共和国国家银行在遵义的货币发行最具有代表性。据曹菊如记述：红军到达遵义后，遵义的"商店很多，因为国家银行发行的纸币，既可买到市场上很缺乏的食盐，又可兑成现洋，所以大家争要'红军票'，商店齐开门，军需品得到补充"。"红军手上存的零用钱，路上用途少，在此地都要买点好吃的和行军必需的小物品，所以红军进城十天，全城活跃，极一时之繁荣。要离开遵义的头一天晚上，中华苏维埃共和国国家银行的工作人员用现洋兑回纸币，兑到将近天亮才结束。"①

遵义会议后，部队进行了整顿，精简了机关和后勤人员，实行了轻装，中华苏维埃共和国国家银行的十五大队也进行了缩编，

---

① 曹菊如：《长征路上的红军票》，《曹菊如文稿》，第21-22页，北京，中国金融出版社，1983。

警卫连也调离了。银洋担子化整为零，分配给红军战士背，一些沉重的器具材料也丢掉了。1935年9月，中共中央在今阿坝州若尔盖县巴西乡召开了政治局会议，决定把军委直属纵队编为北上抗日先遣队，连夜行军，继续北上。为了适应这一紧急情况，迎接更艰苦的斗争，中华苏维埃共和国国家银行再次轻装，把行军用不着的东西以及材料、文件都烧光了，只留下最重要的东西。1935年10月，红军长征胜利到达陕北，中华苏维埃共和国国家银行出发时的14位工作人员只剩下8位，6位同志牺牲在长征路上。

四、长征胜利后的中华苏维埃共和国国家银行西北分行

中华苏维埃共和国国家银行跟随中央红军长征到达陕北之后，于1935年11月来到瓦窑堡，同陕北省苏维埃政府的陕甘晋苏维埃银行住在一起。同年11月下旬，中华苏维埃共和国国家银行奉命将自己的名称改为中华苏维埃共和国国家银行西北分行。陕北省苏维埃政府则决定撤销陕甘晋苏维埃银行，将资财和人员并入中华苏维埃共和国国家银行西北分行，中央财政部部长林伯渠兼任中华苏维埃共和国国家银行西北分行行长，曹菊如任副行长。

1935年12月23日，中共中央政治局在陕北瓦窑堡举行了会议，会议在25日通过了《关于目前政治形势与党的任务决议》，确定了建立抗日民族统一战线的策略，提出了把"工农共和国"改为"人民共和国"的问题。为了适应这一策略的转变，中华苏维埃共和国国家银行西北分行改称为中华苏维埃人民共和国国家银行西北分行。并对与此相应的有关金融政策进行了调整。1936年7月国家银行西北分行从瓦窑堡转移到保安（今志丹县），1937年1月随中央党政机关迁至延安。

1937年2月10日，中国共产党以民族利益为重，发出了《中

共中央给国民党三中全会电》。其中提出了"工农民主政府改名为中华民国特区政府,红军改编为国民革命军,直接受南京中央政府与军事委员会之指导"。同年2月21日,国民党三中全会通过了接受中国共产党的上述建议的决议。至此,抗日民族统一战线形成。为了贯彻抗日民族统一战线的策略,在将"中华苏维埃人民共和国临时中央政府西北办事处"改称为"陕甘宁边区政府"、将"中国工农红军"改称为"国民革命军"的同时,将"中华苏维埃人民共和国国家银行西北分行"改为了"陕甘宁边区银行"。从此以后,中国革命根据地银行在新的历史条件下,开始了新的发展历程。

第四节 革命根据地银行的业务活动

从创建革命根据地到北上抗日,各革命根据地银行无论是在对国民党地区开展货币斗争,打破经济封锁方面,还是在保障战争供给,支持苏区经济发展方面,都发挥了积极的作用。这个时期,革命根据地银行的工作主要是以下几个方面:

一、发行货币,同国民党的封锁作斗争

苏维埃货币是工农武装割据的产物,是第一次由工农民主政权发行的货币。革命根据地的货币发行是工农银行——苏维埃银行的主要任务,可以说工农银行——苏维埃银行是从发行货币开始的。苏维埃货币的发行和流通,对支援革命战争,促进根据地经济发展、安定革命根据地人民生活、巩固红色政权起到了重要

作用。据目前已知的情况，当时全国大大小小十多块革命根据地都发行了货币，地域遍及江西、湖南、广东、湖北、河南、安徽、福建、浙江、四川、陕西、甘肃等10多个省，货币的种类达200多种。

土地革命时期最早发行的货币是在1928年，银币有井冈山上井村的造币厂铸造的"工"字银圆，纸币有耒阳县苏维埃政府发行的劳动券。后来各个革命根据地苏维埃政府陆续建立工农银行，发行货币，种类有金币、银圆、银角、铜圆、纸币和布钞等。其中以纸币最多，面额有一角、二角、五角以及一百文、二百文、五百文、一串文、二串文、五串文等。这些纸币为兑换券性质，可以兑现，票面上一般印有"凭票兑付银圆"、"一律通用，随时兑付"等字样。不少货币还铸有或印有革命口号或政治经济纲领，如鄂东农民银行的纸币的正面印有"打倒帝国主义，扫除封建势力"，江西工农银行的纸币正面印有"增加社会生产，发展社会经济"的字样。皖西北苏维埃造币厂和川陕造币厂所铸银币和铜币上面，均铸有"全世界无产者联合起来"的字样。闽浙赣省的银币还铸有"粉碎敌人五次围攻决战临时军用币"的字样，从而起到了革命的宣传、鼓动作用。鄂东南工农银行发行的纸币，票面上印有"中国共产党十大政纲"、"苏维埃经济政策"和工农银行通告等。湘赣省工农银行发行的纸币正面印有马克思、列宁的画像，背面印有"工农银行五大任务"，反映了当时的革命根据地实行的基本纲领和各项政策。此外，闽浙赣省还发行了一种不在市面流通、专供对国民党统治区贸易的兑换券，有50元、100元两种。到国民党统治区购买盐、布匹、西药等付给这种兑换券，国民党统治区商人持兑换券来革命根据地购买土特产有优先购买权。革命根据地政府从法律上保护货币的正常流通，对一切拒用票币、破坏金融的活动给予严厉打击。闽浙赣的银行发行的纸币，票面即注明"买卖完税，毋许折扣，倘被查出，定必追究，发行纸币，信用攸关，如有伪造，从严惩办"。革命根据地的银行发行的货币得到了群众的信任，1934年红军北上抗日后，革命根据地人民不惜冒着生命危险，把革命根据地银行的货币（群众称为红军票）保存下来，有的一直保存到全国解放。

二、代理金库，支持革命政权的财政

革命战争时期，革命根据地银行的一个重要任务是为财政服务。在资金供给分配上，主要是通过银行发行纸币，支持财政，以供革命战争的需要。在日常工作中，主要是代理财政金库，协助建立健全财政制度。

1932年3月，中华苏维埃共和国国家银行正式对外营业。接着实行统一财政，要求银行协助财政部门解决业务技术问题。国家银行制定了财政金库制度，为财政部拟订了会计制度和预算、决算、审计制度，并开办了金库、银行、财政三种业务训练班，为贯彻上述制度做好准备。中央革命根据地自1933年1月实行统一的会计制度，根据《国库暂行条例》规定，由国家银行代理财政金库。总金库设在总行，分、支金库设在分、支行。各级银行设国库科，专门管理国库。金库建立后，对一切现金均严加管理。此外，国家银行还代理发行公债，征收税款。中央革命根据地曾发行过两次短期公债，分别为50万元和120万元；一次经济建设公债300万元。其他革命根据地也发行过革命战争公债。公债的发行、推销和还本付息主要由革命根据地的银行办理。

三、吸收存款，为革命根据地经济建设筹集资金

当时革命根据地银行的存款主要是公家存款，如财政存款、

机关、企业存款等，此外，也有个人储蓄存款。财政存款也就是金库存款。来源有：一是缴获和没收的款项；二是各项税收；三是企事业单位的上缴利润；四是捐款收入；五是节约收入。对于储蓄存款，革命根据地党政领导对银行储蓄很重视，把开展储蓄存款作为筹集资金、发展生产的一个重要措施。当时的中华苏维埃共和国国家银行行长毛泽民曾致函全国总工会执行局刘少奇委员长，详细阐述了开展个人储蓄的重要意义：在阶级利益方面，可以鼓励广大工农群众在日常生活中节俭，将节省的零钱存入银行，银行集中运用这些资金，投放到各种合作社，以及工农群众个人经营的生产事业，大大发展苏区生产，扩大对外贸易，使盐贵布贵和现金减少等问题得到解决，从经济上冲破敌人的经济封锁；在私人利益方面，零钱存入银行，不但能生息随时可用，而且有了储蓄，可解决困难时的不时之需。信中希望全国总工会号召广大工人、群众积极参加储蓄。

四、发放贷款，支持生产发展

革命根据地的银行重视发放贷款工作。贷款的对象主要是公营企业、合作社和劳动人民；贷款用途只限于生产，纯消费用途不贷款；贷款的期限一般在半年之内，最长不超过一年。湘赣省工农银行的章程规定，各种合作社、公共产业扩大经营所需要的资金，工人、农民、士兵、小商人、劳动贫民在发展各种生产事业方面所需要的资金，经当地政府保证，在银行财力可能时，给予贷款。湘鄂赣省鄂东南各县的财经部长联席会议规定，银行贷款"应尽量用到生产方面去，至于消费方面如维持生活，救济难民等不得放借"。

革命根据地银行贷款主要有三类：第一，农业生产贷款。农业居于经济建设的第一位,是银行贷款支持的一个重点。中华苏维埃共和国国家银行在其《定期信用放款暂行规则》中指出,凡农民需要购买耕牛、农具、肥料和其他生产资料,以及用于耕种费用、开垦荒地、修整水利和其他发展社会经济等,可向银行申请贷款。第二,手工业生产贷款。工农银行发放贷款支持手工业生产发展,重点支持农具、造纸、石灰、药材、夏布、钨砂等生产的发展。如川陕省苏维埃政府工农银行对群众组织打盐井、纺织、打铁、制纸、榨油、制糖等合作社,给予无息贷款,促进手工业生产的发展。第三,革命根据地的银行对公营商店、转运局、外贸局、消费合作社给予资金支持,扩大经营。对一些私人商贩也视具体情况在一定限度内给予贷款,以促进革命根据地商业发展,活跃革命根据地经济,保证红军的物资供应和革命战争的需要。革命根据地的银行实行低利借贷,临时中央政府《借贷暂行条例》规定,苏区借贷利率"最高短期每月不超过一分二厘,长期周年不超过一分"。而事实上,实际利率远低于这个水平。

第三章 抗日战争时期新民主主义金融事业的发展（1937—1945年）

第一节 国共合作与抗日根据地

1937年7月7日，日本帝国主义以制造"卢沟桥事变"为起点，发动了全面侵华战争。同年7月8日，中国共产党向全国发出通电，指出实行全民族抗战，才是中国的出路，号召全国人民、军队和政府团结起来，筑成民族统一战线的坚固长城，抵抗日本的侵略。同年7月14日，中共中央军委命令红军做好开赴前线的准备。为了早日实现国共两党合作抗日，进一步推动全国抗战，1937年7月中旬，中共中央派周恩来等人同国民党谈判国共合作、红军改编、苏区改制等问题，并将《中共中央为公布国共合作宣言》送交蒋介石。宣言提出，迅速发动全民族抗战，实行民权政治，改善人民生活等基本主张，希望国民党能予以实行。同时，声明中国共产党愿为实行孙中山先生的三民主义而奋斗，停止推翻国民党政权和没收地主土地的政策，取消苏维埃政府，取消红军名义及番号，改编为国民革命军。1937年8月上旬，国共双方达成协议，红军改编为国民革命军第八路军，南方红军游击队改编为国民革命军新编第四军。1937年9月22日，国民党中央通讯社发表《中共中央为公布国共合作宣言》；次日，蒋介石发表谈话，指出团结御侮的必要，事实上承认了中国共产党在全国的合法地位。《中共中央为公布国共合作宣言》和蒋介石谈话的发表，标志着国共两党第二次合作的正式形成。

1937年8月，为了动员全党、全军、全国人民实行全面抗战，中共中央在洛川召开了政治局扩大会议，会议讨论并决定了在全面抗战到来的新时期中国共产党的基本路线和工作方针。主要是：在敌人后方放手发动群众，开展独立自主的游击战争，配合正面战场，开辟敌后战场，建立抗日根据地；在国民党统治区，放手发动群众性抗日救亡运动，推动桂系和川军等地方实力派拥蒋抗日；在有利于动员全国人民参加抗战的前提下，争取人民应有的政治、经济权利；以减租减息作为抗战时期解决农民问题的基本政策；保卫、巩固和建设陕甘宁边区，使其成为抗日民主的模范区。洛川会议是在全国抗战爆发的历史转折关头召开的一次重要会议。会议制定的中国共产党的全面抗战路线，把实行全民族抗战与争取人民民主、改善人民生活结合起来，把反对外敌入侵与推进社会进步统一起来，正确处理了民族矛盾与阶级矛盾的关系。会议通过的《中国共产党抗日救国十大纲领》阐明了中国共产党在抗日战争时期的基本政治主张，指明了坚持长期抗战、争取最后胜利的具体道路。这个纲领是中国共产党全面抗战路线的具体化。此后，根据中共中央的战略部署，八路军、新四军开赴抗日前线，深入敌后，开展了气壮山河的敌后游击战争，解放了大片国土，建立了抗日根据地；分兵发动群众，整顿社会秩序，恢复和发展中国共产党的组织，建立抗日民主政权。

华北抗日根据地的建立。根据中共中央关于整个华北工作应以游击战争为唯一方向的指示，八路军不顾国民党的限制和阻挠，在华北地区迅速开展了游击战争，陆续建立了四大块抗日根据地：一是开赴晋东北的八路军115师，以五台山为依托，开辟了包括河北、山西、察哈尔、辽宁、热河各一部分的晋察冀边区；二是开赴晋东南的八路军129师，以太行山为中心，建立了包括河北、山西、河南、山东各一部分的晋冀鲁豫边区；三是开赴晋西北的八路军120师，创建了纵贯山西、绥远各一部分的晋绥边区；四是在山东的中国共产党组织先后建立了鲁中南、胶东、鲁西北根据地，后来发展成为包括山东大部分与河北、江苏一小部分的山东抗日根据地。

华中抗日根据地的建立。1938年1月，新四军开赴华中前线作战，1939年设立了江南和江北两个指挥部，开展大江南北的抗日游击战争。到1944年，华中地区已有苏南、淮南、淮北、皖中、浙东和豫鄂八个抗日根据地，包括长江、淮河间的广大地区，建立了147个县政权，拥有人口3000多万。

华南抗日根据地的建立。1938年冬，在广东的中国共产党组织在华南敌后领导广东人民抗日游击队东江纵队和琼崖纵队，进行抗日游击战争，建立各级抗日民主政府，发展成为有300多万人口，包括东江、琼崖在内的华南抗日根据地。

抗日根据地的开辟和建设，是在极其艰苦的条件下浴血奋战的结果。特别是1939年以后，日军回援华北，对敌后抗日根据地在军事上进行连续的、大规模的"扫荡"，在经济上进行残酷的掠夺和封锁。在党中央领导下，在加强军事斗争的同时，深入贯彻执行各项方针政策，开展大生产运动，胜利粉碎了日军的"扫荡"，战胜了自然灾害给抗日根据地造成的困难，迎来了抗日根据地扩大和发展的大好形势，夺取了抗日战争的胜利。

根据抗日战争形势的需要，从联合一切抗日力量出发，中国共产党在抗日根据地的经济政策上不再简单沿用土地革命时期的政策，制定了与抗日民族统一战线相适应的各项政策。在金融方面，建立了抗日根据地银行，实行低利借贷，有计划地与敌人发行的日伪货币作斗争，正确处理法币流通问题等。在中国共产党统一领导下，各抗日根据地都形成了战略区，通过建立人民武装和人民民主抗日政权，统筹自己的军事、政治和经济力量。为适应抗战的军事需要和当地经济建设的需要，各抗日根据地也都建立了自己的银行，发行了自己的货币，进行了有关的金融活动。随着抗日根据地的发展壮大，抗日根据地货币金融工作也日益发展壮大起来。

第二节　中共中央所在地——陕甘宁边区的金融

陕甘宁边区，早在土地革命时期，在中国共产党的领导下，就点燃了革命的熊熊烈火，开辟了革命根据地，建立起工农民主政权。同时，相应地设立了工农银行，发行货币，为革命斗争和人民生产生活服务。1935年10月，中共中央和中央红军胜利到达陕北后，从抗日战争到解放战争，陕甘宁边区是中共中央历时13年的所在地，是中国革命的中心。在中共中央的领导下，在边区建制的同时，成立了陕甘宁边区银行，发行边区货币，开展各项业务，为支援抗日战争和解放战争的胜利作出了重大贡献。

一、陕甘宁边区概况

1935年10月，中央红军胜利到达陕北，在吴起镇与陕北红军会合。同年11月，党中央为了加强对西北革命运动的领导，建立了中华苏维埃共和国临时中央政府西北办事处，重新将边区划分为陕北省、陕甘省、关中特区和神府特区四个行政区域，统归西北办事处领导。抗日民族统一战线建立后，1937年9月改中华苏维埃共和国临时中央政府西北办事处为陕甘宁边区政府，陕甘宁边区政府宣告成立。

抗战初期，陕甘宁边区政府所辖范围包括陕西、甘肃、宁夏相连接的各一部分地区。北起陕西北部的府谷、横山，南达陕西中部的淳化、恂邑，西至甘肃的固原、宁夏的预旺；东临黄河，人口约200万。

1939年冬至1940年春，国民党不断发动军事进攻，侵扰边境地区，边区辖地略有缩小。与此同时，边区军民本着"人不犯我，我不犯人，人若犯我，我必犯人"的自卫原则，进行了针锋相对的斗争，解放了绥德等五个县，将陕甘宁边区和晋绥边区连成一片，巩固了解放区。

边区经济是落后的。每亩农田收成不过二斗谷子。战前根本谈不上工业，一半以上的人民不懂纺织，除粮食、羊毛外，其他一切日用工业品，从棉布到针线，甚至连吃饭的碗，均靠外来供应。边区大部分土地为黄土高原，土质瘠薄，地域辽阔。农业主要生产糜谷、玉米、高粱、豆类等，矿产有石油、煤、铁等。

1937年9月，陕甘宁边区政府成立后，中共中央和边区政府利用国共两党合作的有利时机，提出并执行了"力争外援，修养民力"的经济政策，从各方面减轻人民负担。工业方面基础薄弱，只有几个为红军服务的修械、印刷、被服等小厂。为了争取抗战的胜利和提高人民的生活，边区政府十分重视工业的建设和发展。白手起家，创办了卫生器材、纺织、制革、农具、石油、肥皂、造纸等公营工厂，逐渐建立起来满足自给需要的工业。由于边区政府采取了正确处理公私关系和劳资关系的政策，以及对个体生产的技术、资金、原料、运输、税收等各方面给予扶助和照顾，私营工厂、合作社和小手工业也得到发展。边区的公营商业也从无到有，逐步建立起来。随着边区经济的发展，人民的生活也有了较大的改善。

1939年初，国内形势逆转，边区开始遭到经济封锁，国民党政府按照协定应拨给的军费也拖延不发。这时，毛泽东及时发出了"自己动手，丰衣足食"发展生产的号召。边区军民纷纷投入到了开荒生产运动中。经过艰苦卓绝的努力，边区的经济在战争的环境中不断发展。边区的金融事业根据当时的经济发展和对敌进行经济斗争的需要而建立和逐步发展起来。

二、陕甘宁边区银行的建立和发展

1937年9月，中华苏维埃共和国临时中央政府西北办事处正式更名为陕甘宁边区政府。同年10月，中华苏维埃共和国国家银行西北分行改组为陕甘宁边区银行，曹菊如任行长，总行设在延安，并先后在绥德、三边、陇东、关中设有四个分行。

初期，陕甘宁边区银行接受陕甘宁边区政府领导，后一度曾归中共中央财政经济部领导。1940年12月，为了加强对银行工作的领导，陕甘宁边区政府成立银行委员会，林伯渠兼任委员会主任。1942年10月，中共中央为加强反封锁斗争，统一领导陕甘宁边区及晋西北抗日根据地的财经工作，成立了西北财经办事处，并兼具银行管理委员会的职能。同月，陕甘宁边区政府宣布，陕甘宁边区银行隶属于财政厅领导。

陕甘宁边区银行的基金开业时为10万元，主要是中华苏维埃共和国国家银行西北分行结存的现金和储备的金银、首饰等。1941年春，陕甘宁边区政府拨给资金120万元充实银行资本。到当年夏天，连同陕甘宁边区银行的自身积累加上政府的投资，陕甘宁边区银行的资本金总计达到了400万元。

陕甘宁边区银行业务工作的重点随着当时的军事、政治、经济形势的变化而有所侧重。陕甘宁边区银行成立初期，陕甘宁边区财政经济的基本方针是"修养民力，争取外援"，这也是陕甘宁边区银行的基本方针，是银行工作的出发点。这一时期，陕甘宁边区银行主要是吸收存款，配合中央转拨来的部分八路军军饷经营光华商店，以期达到积累资金的目的。发放贷款、代理金库，汇兑等业务也逐步开展。1940年以后，形势发生了变化，为了冲破敌人的封锁，在党中央"自力更生，自己动手，生产自给"的方针下，陕甘宁边区银行的任务是：发行货币，调剂金融，支持财政，投资生产，扶助贸易，稳定物价，代理金库，经理公债，支援战争。

陕甘宁边区银行总行机构内部设置最多时有9处1室，人员最多时有155人，历任的行长有曹菊如、朱理治、黄亚光等。陕甘宁边区银行在各分区、县设有分支机构。1938年7月设西安办事处和重庆办事处，由八路军驻西安办事处和重庆办事处会计科代理，主要业务是办理汇兑，包括接收国民党政府给八路军的军饷，以及以延安为目的地的汇款等；同时，还办理日用必需品的采购、运输等工作。驻各县的分支机构也逐渐设立起来，到1942年，有绥德、三边、陇东、关中4个分行，安塞等18个支行或办事处，还有直属的光华商店、光华印刷厂和各地的货币兑换所。

三、光华商店与陕甘宁边区的货币流通

1938年初，中共中央提出要建立一个公营商店，以利用国民

党政府拨给的军饷，组织物资进口，保障边区商品的供应；同时，通过经营商业为边区银行积累资金，促进边区经济的恢复和发展。为此，决定由边区贸易局改组的合作总社与银行经营的光华书店合并，成立光华商店，作为陕甘宁边区银行直属的商业部门。1938年4月1日，光华商店开业，余建新任经理。光华商店总店设在延安，在边区各地设分店和支店。到1941年已有22处分店。

光华商店的主要业务是：购入边区所需的物资，保障机关、部队的工作和生活需要；组织边区土特产出口，换取边区市场所需要的物资；稳定外汇、平抑物价。

中国共产党执行抗日民族统一战线政策，陕甘宁边区银行成立初期没有发行货币，陕甘宁边区市场上流通的主要是法币，还有少量未收回的中华苏维埃共和国国家银行西北分行发行的货币。由于当时国民党政府拨付八路军的军饷多为大面额的法币，市场上缺少与之相辅的小额货币，货币流通不畅。在这种情况下，陕甘宁边区银行于1938年6月以所属光华商店名义发行光华商店代价券，面额为2分、5分、1角、2角、5角，到1941年，发行的最大面额为7角5分。光华商店代价券的发行受到了老百姓和市场的欢迎，基本解决了市场流通辅币缺乏的问题。

1941年1月"皖南事变"后，"国民政府"停发八路军军饷，并加强对陕甘宁边区的包围封锁，陕甘宁边区财政遇到严重困难。同年1月30日，陕甘宁边区政府发布禁止法币在陕甘宁边区使用的命令，并在2月18日授权陕甘宁边区银行发行陕甘宁边区银行券（简称边币），并集中陕甘宁边区的法币向国民党统治区购进物资，严惩破坏金融的活动，扩大边币流通。1944年7月1日，中共西北财经办事处决定发行陕甘宁边区贸易公司商业流通券，并规定以商业流通券每元相当边币20元的比价陆续收回边币，商业流通券实际上仍由陕甘宁边区银行发行。

第三节 抗日根据地银行的建立和发展

一、晋察冀边区银行的建立和发展

1937年10月，根据中共中央军委的决定，八路军115师在聂荣臻的率领下，在五台山地区创建了敌后抗日根据地。11月成立晋察冀军区，聂荣臻任司令员兼政委。1938年1月，在阜平召开了晋察冀边区军政民代表大会，成立了晋察冀边区政府，通过了成立晋察冀边区银行并发行钞票的决议案。1938年3月，晋察冀边区银行在山西省五台县石咀镇宣告成立。首批发行了由自己设计、印制的壹圆券和伍圆券，以后又陆续发行了其他面额和版别的钞票。

晋察冀边区银行的主要任务是：发行货币，代理金库，承募公债，打击伪钞收兑银洋，以开拓边币市场，稳定金融物价，发展边区的农工商合作事业。

晋察冀边区银行除总行外还设有分行和基层机构。到1945年8月抗战胜利时，设有冀西的阜平分行、冀中的河间分行和热河的承德分行，以及下属6个支行、15个办事处、50个营业所、36个兑换所、33个派出所和1个代办所。

二、晋冀鲁豫边区银行的建立和发展

晋冀鲁豫边区由冀南、太行、太岳和冀鲁豫四个抗日根据地

组成。1941年，四个抗日根据地成立了统一的晋冀鲁豫边区政府。同时成立晋冀鲁豫军区。冀南银行是抗日战争初期冀南行署创办的抗日根据地银行，后来发展成为晋冀鲁豫边区政府的银行。

冀南抗日根据地是由八路军129师创建的。1938年8月成立冀南行政公署。1938年9月公署下设冀南经济委员会，负责区内的经济建设工作。1939年10月成立冀南银行，发行冀南银行币。冀南银行总行内部设营业、总务、发行三个部门。其主要任务是：管理边区货币金融，排挤和肃清敌伪货币，调剂农村经济，扶植生产，发展贸易，繁荣市场。1941年9月，晋冀鲁豫边区政府成立，冀南银行成为晋冀鲁豫边区政府的银行，并在晋冀鲁豫边区各地设有分支机构。

冀南银行币的流通范围是逐步扩大的。最初，只在冀南、太行两个区内流通，为这两个区内的法定货币。1940年8月，冀南、太行、太岳行政联合办事处成立，并颁发布告，明确规定冀南银行币为三个区的统一本位币。于是冀南银行币流通范围扩充到太岳区。1941年9月冀南银行币流通区域扩大到包括鲁西专区在内的整个晋冀鲁豫边区，成为全晋冀鲁豫边区的法定本位币。

在晋冀鲁豫边区还曾经设有上党银号和鲁西银行。1938年8月，上党银号在山西长治的沁县南沟村成立。长治古称上党，故名上党银号，是在山西抗日进步组织"牺牲救国同盟会"及其掌握的地方政权——第三、第五行政专员公署支持下建立的。上党银号成立后发行了货币，流通于第三、第五行政专员公署管辖的地区。1939年10月，冀南银行成立，发行冀南银行币，上党银号遂宣告结束，机构和财产被并入冀南银行，流通在市场上的上党银号发行的货币被收回。鲁西银行则是以山东聊城为中心的鲁西抗日根据地政府——鲁西行政专员公署于1940年3月建立的银行，发行鲁西银行币，流通于鲁西抗日根据地。抗战胜利后，鲁西银行币停止了流通。

三、晋绥边区银行的建立和发展

1937年9月末，八路军120师进入管涔山地区，开辟了以岢峰为中心的晋西北抗日根据地。1938年8月，又开辟了大青山抗日根据地。两块根据地合称晋绥边区。

八路军进入晋西北地区后，将指挥部设在兴县。兴县的抗日政权为了满足军政费用支出的需要，委托有威望的进步士绅刘少白（中共地下党员）筹办银行，印发货币。1937年11月，兴县农民银行成立，刘少白任经理。从1937年11月到1938年末，兴县农民银行印制发行了三批钞票，面额有壹角、贰角、壹圆等，共计15万元。对支援军需、稳定抗日根据地人民的经济生活起到了重要作用。

1940年5月，以兴县农民银行为基础，建立了西北农民银行，印制发行西北农民银行钞票。为了精简节约，加强对敌经济斗争，1942年，西北农民银行与贸易局合并，由财政处统一领导，形成银行、贸易、财政三位一体。西北农民银行发行的货币，一部分充作财政开支，另一部分作为贸易资金。贸易局除经营物资、对外贸易、调节市场、支持金融外，还负责采购必需物资供给机关部队。而财政处则一方面借用发行款及贸易局某些物资作为财政开支，另一方面则用财政收入、粮食税收等，交由贸易局调剂物价、稳定市场，或以公粮变款维持金融，三者互相配合，作用很大。

四、山东抗日根据地银行的建立和发展

1937年抗日战争爆发，山东人民在中国共产党的领导下，发

动武装起义，建立了游击队，各游击队后被统一整编为八路军山东纵队，先后在山东各区县开辟了抗日根据地。1939年，八路军115师进入山东，山东各区县的抗日根据地有了较大发展，并在省内多数县建立了抗日民主政权。

1938年春，胶东的抗日武装起义成功，起义部队分别占领了掖县、黄县和蓬莱县，建立了三县的县政府，并成立了北海专员公署。由于当时市场货币流通较为混乱，在胶东的共产党组织的领导下，由胶东抗日游击队第三支队的主要领导人郑跃南、张加路等发起和倡导，经多方协商，决定由军民集股25万元组建北海银行。1938年11月1日，北海银行在掖县城内正式开业。北海银行成立时有工作人员9人，张玉田为行长。北海银行成立后，自己发行钞票，称为北海银行币。1939年春，战争形势恶化，北海银行撤离县城转移至农村，不久停业。1939年8月，在莱阳、招远两县交界的张格庄，北海银行重新建立，陈其文任行长。随着抗日根据地的扩大，北海银行也得到发展，在胶东各区县设立了支行和办事处，最后，北海银行发展成为了整个山东抗日根据地的银行。

五、华中抗日根据地银行的建立和发展

华中各抗日根据地主要由新四军创建。1937年12月，新四军军部在汉口成立。随后，新四军所属各部开赴江苏、安徽前线抗击日本侵略军。1938年，新四军先后在茅山、皖中、豫皖苏、皖东、皖东北、淮海等地建立抗日根据地。1939年5月和8月，新四军分别建立了江北指挥部和江南指挥部。1940年11月，华中总指挥部成立。到1942年，新四军已先后创建了淮北、淮南、皖中、皖南、苏北、苏中、盐阜、苏南、浙东和豫鄂边等抗日根据

地，形成了华中抗日的格局。1945年抗日战争胜利前夕，新四军收复了大片被日军占领的土地，各个抗日根据地进一步扩大，有些抗日根据地逐渐连成一片。在这些抗日根据地陆续成立了以下8家银行。

（一）江淮银行

江淮银行是苏中抗日根据地的金融机构。苏中抗日根据地位于盐城、宝应以南，长江以北，黄河以西，运河以东地区。1939年春至1940年11月，由新四军挺进纵队和八路军第五纵队创建。成立于1941年4月的江淮银行是苏中抗日根据地成立最早的一家银行，由新四军军部财经部筹建，总行设在盐城县。1941年6月，江淮银行在如东县设立苏中分行。同年7月，日寇向苏北根据地大"扫荡"，各机关分散活动，江淮银行随部队转移。反"扫荡"胜利后，苏中抗日根据地得到巩固和发展，江淮银行也随之扩大。苏中分行改称总行，并在专员公署设立支行，在县社设立办事处。江淮银行的主要业务是印制发行江淮银行币，对敌开展货币斗争。

（二）盐阜银行和淮海地方银行

盐阜银行和淮海地方银行是苏北抗日根据地的金融机构。

盐阜银行是1942年4月10日正式成立的，隶属于盐阜区行政公署财政经济处。盐阜银行资本50万元，其主要业务是，发行盐阜银行币，发放农业贷款和工商业贷款。

淮海地方银行是1942年8月成立的。淮海地方银行发行淮海地方银行币。1942年，在反"扫荡"转移中损失了一批未发行的淮海地方银行币。为防止敌伪用此银行币套购抗日根据地的物资，抗日民主政府宣布，一部分淮海地方银行币停止流通。1943年3月，经淮海行政公署决定，在征收公粮和税收中，将淮海地方银行币全部收回，不再使用。以后因游击战争频繁，淮海地方银行停业。

（三）淮北地方银号

淮北地方银号是淮北苏皖边区抗日根据地的金融机构，于1940年11月筹备，1942年5月正式成立，资本确定为50万元法币，公私股各半，公股由淮北行政主任公署财政金库拨款，私股由募集解决。其业务主要是：代理金库，发行货币，开展低利贷款，吸收存款、储蓄、汇兑，外币和硬币的兑换。

（四）大江银行

大江银行是皖江抗日根据地银行，1943年初，皖中行政公署设立财政经济处，同时成立皖中总金库。1943年6～7月，大江银行在皖中总金库的基础上正式组建成立。大江银行的主要业务是：发行货币（大江币），收兑日伪币和法币；代理金库；发放农业贷款和工商业贷款；掌握、调剂市场金融。

（五）淮南银行

淮南银行是淮南抗日根据地的金融机构。1941年末淮南银行在淮南行政公署的领导下开始筹备，1942年2月正式成立。最初淮南银行附设在公署财政科内，业务开展后才独立出来。其主要业务是在"发展生产、保障供给"的前提下，印制和发行淮南银行币，代理金库，发放农业贷款和工商业贷款。

（六）惠农银行和江南银行

惠农银行和江南银行是苏南抗日根据地的金融机构。

惠农银行于1942年10月在中共江南区党委的领导下，由苏南地区抗日民主政权江南行政委员会财经办事处创建，行址在丹阳县，行长由江南财经办事处主任李建模兼任。惠农银行成立后发行惠农银行币。1943年10月，由于斗争形势紧张，中共江南区党委决定收回惠农银行币，惠农银行停止工作。

江南银行是抗日战争后期苏南抗日根据地的金融机构。江南银行成立于1945年4月，发行江南银行币。1945年8月抗日战争胜利后，新四军北撤，江南银行停止工作，所发行的江南银行币由有关部门全部收回。

（七）浙东银行

1945年1月，在浙东抗日根据地成立了浙东行政公署，同时决定设立浙东银行，并制定了《浙东银行条例》和《浙东行政区抗币条例》。1945年4月，浙东银行在余姚梁弄正式成立，并开始营业。浙东银行的最高权力机构是董事会，吴山民为董事长兼总经理。其主要业务是：发行浙东银行抗币，经理政府金库收支。1945年9月，因浙东抗日根据地奉中共中央命令北撤，浙东银行停止工作，银行及印钞厂随部队北撤，所发货币停止流通，并从群众中兑回。

（八）豫鄂边区建设银行

豫鄂边区建设银行是豫鄂边区抗日根据地的金融机构。1941年4月，豫鄂边区第二次代表大会决定，为了支援抗战，打破敌人封锁，发展边区经济，尽快创建边区建设银行。1941年七八月，豫鄂边区建设银行成立，受豫鄂边区行政公署财政处领导，行长为左中修。其主要业务是：印制和发行豫鄂边区建设银行币，经理财政金库，发放各种生产性贷款和投资，代理边区公债的发行和收兑，以及少量汇兑。

第四节 抗日根据地银行的任务与组织建设

一、抗日根据地银行的任务

抗日根据地的银行是边区政府领导并出资设立的边区银行,是边区政府组织机构不可缺少的一个组成部分,是政府的金融机关,也是边区全体人民的银行。边区银行除经营存款,发放农贷,投资工商业,办理汇款外,还接受政府委托,发行本币,代理财政金库,经理公债,买卖金银,开展对敌货币斗争。

抗日根据地银行的基本任务是贯彻执行中国共产党和抗日民主政府的政治经济政策,发行货币,开展货币斗争,保护人民财富,稳定物价,支持财政,发展生产,从而巩固抗日根据地,支援抗日战争。

随着抗日战争形势和边区环境的变化,在不同时期,边区的中心任务也有所不同,作为边区政府的银行,其任务也是有变化的。例如,陕甘宁边区银行在三个不同时期就有不同的任务。在抗日战争初期,边区银行为了解决市场流通辅币缺乏的问题,发行了辅币——光华商店代价券,但数量有限。在"皖南事变"后,国民党政府停发军饷,对边区实行经济封锁,外援断绝。边区经济发生突然变化,财政困难,经济尚不能自给自足。在这种新形势下,银行的主要任务是解决财政困难,支持财政预算,扶持生产事业,发展公私经济,发行边币,调剂货币流通。以货币发行来支持财政预算,发展国民经济,奠定了自力更生的基础。在

"发展经济，保障供给"的财经总方针指导下，1943年，全边区生产开始全面大发展，公营经济和私人经济逐步增长，但由于国民党调动大军包围边区，出口几乎停顿，边区政府不得不大量储备物资，保证部队持久抗战的需要。因此，银行的任务一方面继续放款，支持生产，支持贸易，另一方面是稳定金融，集中各单位的法币于银行，适当收缩边币。

二、抗日根据地银行的组织建设

抗日根据地银行的组织建设，是和它所处的地位和担负的任务联系在一起的，受战争环境影响，具有明显的战争痕迹。抗日根据地的银行一般是先建立总行，以便开展工作，然后逐步建立分支机构。例如，晋察冀边区银行在边区政府所在地设总行，在冀晋、冀察、冀东、冀中行署所在地设分行，在县政府所在地设支行或办事处，县以下根据需要设立营业所或兑换所。由于敌后抗日根据地是处在被分割包围的战争环境，总行由边区政府领导，分支机构既由总行也由所在地的行署和县政府领导。1941年，各抗日根据地为了克服财政困难，生息民力，根据中共中央指示实行"精兵简政"，切实整顿各级组织，抗日根据地银行的组织领导也进行了调整。陕甘宁边区银行改由财政厅领导，晋绥边区的银行也与贸易局合并，改由财政厅领导，山东、太行、冀南、冀鲁豫等地的银行与工商局合署办公。这种在特定历史条件下的组织形式是完全必要的，使银行工作与边区政府中心工作、货币信贷与行政管理、金融与贸易进一步密切结合起来，这更加适合战争的情况，发挥了银行应有的作用。但是，这种组织形式，即使在当时，银行与地方政府在资金使用、货币斗争等问题上有时也存在一些矛盾。

另外，苏北抗日根据地银行机构设置一开始就和行政公署财经处在一起。例如，1942年4月10日成立的盐阜银行附属财经处内，除东坎设有办事处外，其他各县并无银行专门机构。金库主任由财经局局长兼任，发放农贷、收兑金银和伪"中储券"等业务由财税机关代办。又如，淮海银行的机构设置是在政府财经处（局）内设银行科（课），对外则以淮海银行及其支行或办事处名义开展活动，配备必要的工作人员。当然，这种更为特殊的组织形式，是在已经实行精兵简政、环境极为艰苦，而银行业务又不易开展的历史条件下产生的，具有明显的战争痕迹。

抗日根据地的银行内部一般均不设董事会与监事会，重要事项的决定，一种是由边区政府决定，另一种是由边区政府指派若干人组成的银行委员会决定。例如，陕甘宁边区银行委员会就是该行最高权力机关，1943年以后，由西北财经办事处兼任。有关业务方针的拟订与监督，货币发行数量的确定与检查，资金的增减，分支行的废立，大额放款和投资，利率的规定，收益的分配等，均由西北财经办事处决定。边区银行设行长、副行长各一人，领导若干，处、科分别负责货币管理、发行、贷款、金库和营业、会计、出纳以及人事总务等工作。

抗日根据地银行在加强组织建设的同时，还加强了制度建设。陕甘宁边区银行从1942年开始先后制定了农业贷款章程，定期、活期存款章程，信用、抵押放款章程和货币交换所章程共10多种。会计出纳制度也进一步健全。江淮银行成立初期没有一套完整的会计制度，其会计制度是在借鉴旧银行的会计制度基础上，在实践中逐步完善。

第五节　抗日根据地银行的货币发行与货币斗争

一、抗日根据地的货币发行

"卢沟桥事变"后，平、津等城市主要银行携带资金内迁，造成当时华北金融紧缩、货币缺乏、市场萧条、商业停滞。同时，在市场上充斥着各种形形色色的杂钞和日伪银行发行的纸币，市场货币流通也异常混乱。

根据《抗日救国十大纲领》中的战时经济政策，面对极为混乱的货币流通市场，敌后抗日根据地先后建立起自己的银行，发行了边区人民自己的货币。如 1938 年晋察冀边区银行发行的边币，山东北海银行发行的北海银行币，1939 年晋察鲁豫边区冀南银行发行的冀南银行币，1940 年晋绥边区西北农民银行发行的西北农民银行钞票。另外，陕甘宁边区银行在 1941 年 2 月也发行了边币（以前只有光华商店发行的辅币——光华商店代价券）。1941—1945 年，华中各抗日根据地的江淮银行、淮北地方银号、淮南银行、盐阜银行、大江银行、浙东银行、淮海银行和豫鄂边区建设银行，均发行了货币。华南琼崖东北边区政府于 1941 年成立，发行了光洋代价券，流通在文昌、琼山一带。各抗日根据地发行的货币，既有面额壹元、伍元、拾元的主币，也有面额壹角、贰角、伍角的辅币。这些货币投放市场后，在与敌伪货币开展不同形式的斗争中，建立起区域性的独立自主的货币制度，为对敌斗争和发展抗日根据地经济作出了贡献。

二、建立与扩大抗日根据地货币流通市场

抗日根据地银行发行的货币也是一种信用货币性质的纸币，开始都是通过与法币等价投放市场的。货币发行与货币斗争是交织进行的，建立抗日根据地银行货币流通市场的过程，也就是开展货币斗争的过程。经过肃清敌伪货币，并加强对法币的斗争，抗日根据地货币流通逐渐扩大，在抗日民主政府管辖区内建立起统一的本币市场。以陕甘宁边区为例，从中可略见一斑。

陕甘宁边区地处西北黄土高原，生产水平较低，1941年2月边区银行开始发行边币，至1945年8月日本宣布投降，边币经历了跌落和稳定两个时期。边币发行初期，面临着严重的财政困难，一方面要开辟财源，解决当时供给问题；另一方面又要筹集资金，发展边区自给工业，以解决长期供给问题。因此，1941年上半年，边币发行不仅量大，发行速度也快，造成金融波动，物价上涨，边币与法币比价由1∶1跌到2∶1。这时边区银行实行"紧缩通货、提高边币币值"的方针。边区政府内部对边币发行也有争论：一种主张大量发行，认为边币有政治保证，财政上有需要，市场物价上涨，应该增加筹码；另一种主张少发行或不发行，认为一发票子，物价就涨，边区已是商品少，货币多，对外贸易不平衡，边币不能再发行。这两种主张都是不利于发展生产的，前者会引起恶性通货膨胀打击生产，后者又限制和束缚边区生产的发展。因为只有发展生产，才能从根本上解决经济与财政的矛盾，即有限的经济力量与负担10万军政人员供给的矛盾。1942年，在西北高级干部会议上，毛泽东同志提出发展经济、保障供给是一切财政经济工作的总方针，此后的边币发行工作是按照生产和财政的需要并结合金融的可能进行的，支持了农业生产和物资局购存物

资以及财政开支的资金需要。1943年下半年，由于时局紧张，国民党企图进攻边区，边区进行反内战动员，加强战备物资的储备，造成金融波动。这一年，边区货币发行数量增加10多倍，物价上涨20多倍。最后采取了果断措施，暂停边币发行，经费停发3个月，积极组织土特产出口，所有法币都要到边区银行兑换成边币，公营商店统一管理支持边币，金融物价才逐渐稳定。从1944年3月起，边币进入稳定时期。这时财政收支好转，贸易出超，生产有较大发展，主要工业品已实现半自给，边币由12元兑换法币1元，提高到边币8元兑换法币1元。为了继续稳定边币，缩小票额，融通市场，发展生产，西北财经办事处决定自1944年7月1日起发行陕甘宁边区贸易公司商业流通券，实际上贸易公司商业流通券仍由边区银行发行，流通券与边币比价是1∶20，完粮纳税、商业交易一律通行，并为一切计价、支付、记账的本位币。陕甘宁边区在抗战期间先后发行了光华商店代价券、陕甘宁边区银行券和陕甘宁边区贸易公司流通券共计30多种版别的货币。

三、抗日根据地的货币斗争

抗日根据地的货币斗争包括两个方面：一方面同敌伪货币，如伪"联银券"、伪"中储券"和各种杂钞作斗争，坚决禁止敌伪货币在根据地内流通；另一方面，又要在统一战线内部和国民党政府发行的法币既有联合，又有斗争。联合就是在一定条件下，允许法币在抗日根据地流通；斗争就是在必要时限制或禁止法币在抗日根据地流通，根据不同的时间、条件和地点，分别采取不同的对策。

（一）对敌伪的货币斗争

1. 对伪"联银券"的斗争。"卢沟桥事变"前后，敌伪在华北相继成立伪冀东银行、伪蒙疆银行和伪中国联合准备银行,大量印发伪钞,其中以伪中国联合准备银行发行的伪"联银券"在华北流通最广,是日本帝国主义在华北掠夺资源、进行经济侵略的一个重要工具。各敌后抗日根据地民主政府对伪"联银券"严禁使用,政策是非常明确的,斗争却是长期的、艰巨的。

以晋冀鲁豫边区冀南银行币与伪"联银券"的斗争过程为例。冀南银行币与伪"联银券"的斗争经历了两个阶段,第一阶段是以行政打击为主。例如,公布执行打击伪钞办法,要求在近敌区、游击区和基本区分别在半年内、一个季度内立即禁止伪钞流通。在禁用前,分别不同金额、不同折扣行使流通,逾期没收、处罚。第二阶段除行政上禁用外,还采取经济手段,利用伪"联银券"为我服务。主要采取三种经济办法:

(1)实行汇价管理。在一定时期内将伪币视同"外汇",加以利用和管理。主动掌握汇价,积极组织出口,扩大"外汇"来源。使用"外汇"到敌占区购进军民必需的物资,以解决抗日根据地物资来源问题。并设置"外汇"交易所,一切"外汇"买卖均要在交易所内进行。

(2)实行进出口贸易管理。由贸易统制局公布贸易管理办法,将进出口货物按奖励、许可、限制、禁止分类,区别对待,并随情况变化进行调整。在出口方式上,由政府掌握物资集中出口,也可以是组织群众零星出口,还有以货易货,方式灵活多样。

(3)实行市场管理。在一些集市上进行严格监控管理,变分散成交为集中成交,防止暗中行使流通伪"联银券"。

此外,有的地方组织群众运销,有的地方争取小商贩使用冀南银行币,有的地方为敌我两区小贩代购代销,在肃清敌伪货币、让抗日根据地货币占领市场方面均起了一定的作用。

2. 对伪"中储券"的斗争。1937年8月13日，日本侵略军进攻上海，同年11月22日，日军登陆杭州湾开始发军用票，1939年5月16日开始发行伪"华兴银行券"。1940年12月21日成立伪中央储备银行，接着发行了伪"中储券"，流通领域在长江中下游日伪控制区。地处苏皖的华中各抗日根据地，对敌货币斗争的主要对象是伪"中储券"。华中抗日根据地政府对伪"中储券"的政策是始终坚持禁止使用。在具体掌握上，对不同地区、不同时期有所区别。如在抗日根据地内，对伪币一律没收，严格取缔黑市。在边沿区和游击区则从实际出发，对小额"中储券"暂时不加没收，以免给这些地区的人民生活增加困难。但严格禁止内流，限期肃清。在一定时期内，为了方便边沿区和游击区群众向抗日根据地政府交纳税款和充实对外支付手段，也曾用贬值办法，征收部分伪"中储券"，后因伪币日益贬值，人民拒绝使用，也就不再征收伪币了。待到日本投降，汪伪政权垮台，伪币失去依托，华中抗日根据地边沿区的伪"中储券"很快就被新成立的华中银行肃清了。

3. 对杂钞和土票的斗争。敌伪在推行伪"联银券"的同时，还将大量省钞、杂钞以及各种土票推向边区，套购边区物资，扰乱边区金融。各边区区别不同情况，采用不同办法肃清土票杂钞。以晋察冀边区为例：随着边币信用的巩固，对区内杂钞土票采取了有先有后、逐步肃清的办法。在1938年5月首先将敌伪印发的河北省银行5元券和小票以及河北官钱局的铜元票禁止流通。接着，在1939年1月，鉴于敌人禁止北洋保商银行钞票流通，边区针锋相对，也宣布停止使用。同年5月又宣布停用平津杂钞，同时将数量较多的河北省银行钞票（冀钞）贬值行使，敌区九折，边区七折，使冀钞纷纷流向敌区，9000万冀钞至同年8月全部排出。1939年末至1940年初，政府令各县整理土票，凡发行人仍在边区境内者，限期自行收回；如发行人逃亡，由政府贬值兑成边币，以照顾群众利益。1940年初，对在山西省流通的晋钞和土票杂券加以肃清。此后结束了边区货币流通的混乱状况，出现了边币独占市场的新局面。

（二）对法币的既联合又斗争

各边区抗日民主政府对法币的政策，大体上抗日根据地货币发行初期，对法币采取联合或维护的政策，后期采取限制和禁用的政策，但具体步骤也不完全一致。

1. 晋察冀边区在建立初期，对法币采取联合的政策，允许法币在边区流通。1938年6月，开始禁止法币流通，但允许边区居民持有和保存法币，如欲使用必须在交易前到边区的兑换机关兑换边币；如果需要携带法币出边区，也可到边区银行兑换法币，严禁不法商人私运法币出境。"皖南事变"后，边区政府为使边币完全获得独立自主，决定边区银行和与之有关的税收贸易机关不再收受法币。边区银行对法币只兑出，不兑入。抗日根据地银行发行的边币成为了独立自主的货币。

2. 在陕甘宁边区，由于地处抗战后方，抗战初期法币曾居主币地位，原在革命根据地流通的苏维埃货币，根据国共两党协议由边区收回。后因辅币缺乏，陕甘宁边区银行以公营商店延安光华商店名义发行了"元"以下作为辅币的代价券。"皖南事变"后，国民党对边区实行经济封锁，停发了对八路军的军饷。党中央决定自力更生地发展边区经济。1941年1月30日，陕甘宁边区政府颁布禁止法币在边区行使的法令。同年2月18日，陕甘宁边区政府授权边区银行发行陕甘宁边区银行券（即边币），规定边区境内只准使用边币。对采购边区必需物资或有正常用途要求兑换法币者，经有关机关核准，可向银行兑换法币。由于边区一些必需品还要进口，贸易入超，需要法币，致使法币在边区一些县仍然流通。为使边币迅速占领市场，陕甘宁边区政府于1941年12月再次发出布告，重申一切交易、计价均以边币为准，除货币交换所外，任何人不得买卖货币从中渔利，违者以破坏边币罪严惩。1942年7月，边区党政军负责人致电县团级以上同志，重申禁止法币流通法令，集中区内法币向国民党统治区换购物资。此后，边币流通扩大，币值相对稳定，信用大为提高。1943年6月，边区银行结合物资管理政策，公布了《管理外汇办法》，将法币视同外汇，由货币交换所进行管理和兑换，进而推广边币流通，缩小法币市场，平衡进出口贸易。

3. 华中抗日根据地对法币的斗争，随着军事政治形势的变化而采取相应的政策。1941年初江淮银行成立，受敌人"扫荡"影响，江淮银行券未及时发行，市场上主要流通的是法币。同年12月太平洋战争爆发，上海国民党官僚资本银行被敌伪接收，法币在长江下游和华中敌后已无法更新，市场上出现按法币票面新旧程度折扣使用的情况，从根本上动摇了法币的优势地位。对此，华中局决定成立盐阜银行，发行盐阜银行券，逐渐代替一部分法币流通。对法币继续采取听其自流的态度，即对人民按票面新旧分等使用法币，既不鼓励，也不限制。1942年6月，汪伪政权宣布分地区先后禁止使用法币，敌后抗日根据地人民遭受很大损失。在这种情况下，苏北抗日根据地银行除增加货币发行外，还采取了三项措施：第一，将票面1元的根据地货币当做法币5元使用；第二，将13种大宗出口物资，实行易货办法；第三，停用中国农民银行钞票，限用中央银行、中国银行、交通银行三家银行法币。1943年3月反"扫荡"结束，对法币实行进一步的限制。征收税款、回收贷款一律收受抗日根据地货币,继续压低法币价格,中央银行、中国银行、交通银行三家银行发行的法币,票面完整的每10元合根据地货币1元5角;政府对外债权债务亦按上述比价以根据地货币清偿,压缩市场法币流通数量,减少人民的损失。

(三)货币发行和货币斗争的经验总结

在战争环境里,各抗日根据地处于敌占区、国民党统治区夹缝中,在当时犬牙交错的情况下,彼此既有商品物资的贸易联系,也有货币金融的交往。当时抗日根据地发行货币的政策是,保持货币的相对稳定,以利于稳定物价。而根据地货币、物价的稳定,主要决定于军事斗争、政治斗争和经济斗争的胜利。为此,抗日根据地银行认真执行中共中央制定的一系列经济政策措施:

1. 建立独立自主的边区货币制度。在抗日根据地扩大时,动员群众迅速排挤敌伪货币,建立抗日根据地的货币市场,同时组织主要物资的调剂,以物资支持抗日根据地货币的流通,保持物价稳定;在敌人进攻时,抗日根据地的区域暂时缩小,主动收缩边区货币流通范围,抛售退却地区积存的物资,同时本着有利于抗日根据地货币币值的稳定,有利于抗日根据地重要物资(粮食、棉花等)的生产和收购,有利于军民必需品的输入,并兼顾多余土产品输出的原则,根据两种货币购买力的高低和地区之间物资输出入的实际情况,适时确定和灵活调整货币的比价。

2. 贯彻"发展经济,保障供给"的财经工作总方针,为生产贸易的发展提供资金支持,以生产贸易的发展支持财政收支的平衡,从而保障战争供给和稳定市场物价。处于战争条件下的抗日根据地,特别是接近敌占区的抗日根据地,在战争时期往往不得不以货币发行来弥补财政支出的不足,直接支持战争的需要。

3. 实行开源节流的方针,力争减少财政性的货币发行。

4. 通过公营部门掌握重要物资，增强稳定货币的物质力量。抗日根据地在进行货币斗争的过程中，实行集中统一领导，组织财政、银行、贸易各部门力量，以公营经济为骨干，把合作经济、私人经济力量组织起来，把货币斗争、贸易斗争和扶助生产、保证供给结合起来，统一步调，密切配合，广泛发动群众，以取得货币斗争的胜利。

第六节　抗日根据地银行的信贷活动及利率政策

一、抗日根据地银行信贷活动的基本情况

抗日战争期间，各边区银行建立初期，首要任务是发行货币，开展对敌货币斗争。其次是根据需要和可能，陆续办理信贷业务。一般是先办理机关性往来存款和农业贷款，后办理其他贷款和存款。例如晋察冀边区银行，1938—1940年，主要是发行边币，肃清伪券杂钞，停止法币流通，确立边币市场，代理金库，垫付财政款；1941年，开始办理水利贷款和农工商业贷款以及合作、救灾贷款，发挥银行调剂金融，支持生产的作用。

地处后方环境相对稳定的陕甘宁边区银行，从1937年到1940年，其主要业务是吸收机关的部分存款，经营光华商店，积累和壮大资金力量。后来建公营工厂后，陕甘宁边区银行直接投资各公营工厂，并随时给予资金周转。"皖南事变"后，边区遭受经济封锁，财政困难，陕甘宁边区银行贯彻执行中央提出的边区经济自力更生、自给自足的方针，随着边币发行的增加，陕甘宁边区

银行放款也在不断扩大。放款主要是对财政、机关单位放款，生产建设放款和商业物资放款三大类。1941—1943年，财政性放款占第一位，主要是弥补财政赤字，解决经费问题；生产建设放款占第二位，主要是配合大生产运动，奠定边区生产建设的基础。1943年以后，生产建设放款居第一位，说明边区财政好转，经济已基本实现了自给自足。在扩大贷款的同时，陕甘宁边区银行还积极吸收存款，开办了储蓄存款。1941年，边区政府为发展储蓄事业发表了"告边区同胞书"，号召边区各界同胞，一面加紧生产，一面购买有奖储蓄券，养成节约储蓄的美德，使边区的钱分分都用到抗战的事业上。有奖储蓄券前后发行过两次，合计150万元，实收券款不足130万元。因不适应边区农民的习惯，以后未再发行。

据现有资料分析，当时陕甘宁边区银行信贷业务有三个明显特点：一是存款占放款比例小，1941年末的比例是4%，1942年末的比例是10%（如按平均余额计算也只有4%）。二是存款依靠放款（放款未用之前的暂存款），放款依靠发行。三是放款中大部分是对公营企业和财政部门，具有向企业投资和为财政弥补赤字的性质。因此这种放款收回少，和拨款差不多。这种情况，一方面反映了当时的条件下，银行资金来源与资金需要的矛盾，另一方面也说明银行运用放款和发行这种手段，支持生产，支持抗战，贯彻执行"发展经济、保障供给"的财政经济工作总方针，是完全有必要的。

二、信贷支持边区农业的发展

边区银行在贷款中以生产贷款为重点，把支援农业放在首位。据不完全统计，1939—1945年，冀南银行放款总额中农业放款占

38.09%。北海银行放款总额中农业放款占62.5%，晋察冀边区银行放款总额中农业放款占34.9%。这对发展边区的农业生产、活跃市场、稳定物价、保障军民需要和支持抗日战争，都起了积极作用。

边区银行生产贷款中农业放款占第一位，是由边区的经济条件决定的。因为边区农业占抗日根据地经济总产值的绝大部分，边区人口90%以上从事农业生产，边区军民的吃、穿、用和军政费用主要靠农业。因此，发展农业生产是边区党政军民的首要任务。1941年，中共中央西北局为农业放款给各分委、县委的信中提出："陕甘宁建设方针，是发展农业生产为第一位。"当时边区农业生产的特点是"不患无地可耕，而患无力去耕。"边区三分之一的农民缺乏耕牛和农具。为此，中共中央西北局在信里对贷款对象作了具体规定："第一是贫民，如确有人力而没有耕牛的农家；第二是中农，如只有一头牛……或牛力不够的农家；第三是已由政府安置妥当，解决了衣食稍有基础的移民和难民"。陕甘宁边区银行在1942年发放农贷404.27万元，其中，耕牛、农具占39.1%，青苗占28.5%，植棉占23.5%，纺织等副业占8.6%。在贷款对象上，据子长、延长两县和安塞一个区的调查，贫农占92.5%，雇农占5.6%，中农占1.8%，富农占0.2%。

在1942年12月召开的西北高级干部会议上，毛泽东同志作了关于经济问题与财政问题的报告，对农贷工作提出了七项原则：农贷要放给有劳力无耕牛或农具的新老移民、难民和贫农；举办实物贷款，做到钱物结合；贷款要有计划地放在荒地多、需款迫切，又能生产获利的县区；改善放款组织；简化贷款手续；棉、麦青苗贷款要专款贷放；贷款要不违农时。延安《解放日报》根据这个讲话精神，于1943年1月19日发表了《迅速发放农贷》

的社论，论述了农贷的意义、原则、对象、办法后，要求各级党政机关应把此事当做自己的重要工作之一，使农贷发挥更大作用，促进边区经济的进一步发展。

在各地党政领导下，各边区银行对过去农贷工作进行了检查总结，纠正了一些地区在农贷工作中存在的缺点错误，如强调贷款保证，贷款手续繁杂，把农贷视同赈款的恩赐观点，以及平均分配不能解决生产中的问题等，做到农贷发放及时，手续简化，保证了重点，提高了农贷的经济效果。特别是大生产运动全面开展以后，农贷数量逐年增加。1942—1945年，陕甘宁边区农业贷款由500万元边币增长为34589万元，增长68倍。晋察冀边区和晋冀鲁豫边区农业贷款也有大量的增长。事实充分说明，农贷在帮助农民解决生产资料缺乏方面，在扶持贫困农民发展副业方面，在组织灾区生产度荒方面，在打击高利贷方面，都发挥了重要的作用。1942年，陕甘宁边区延安、子长等7县8025户贷款158万元，结合自有资金103万元，买耕牛2672头，农具4980件，开荒地10万余亩，估计增产粗粮26000余石。1944年，晋察冀边区发放牲畜贷款2000万元，实物贷款18000石粮食，并发动群众开展资金互助，从而补充牲畜22000余头，这样，对实现该区经济会议提出的生产不低于上年水平的目标，有了切实可靠的物质保证。同时，各地在实际工作中，也总结出不少农贷工作的经验和做法。

第一，在贷款对象和贷款用途上，坚持了生产观点与阶级观点相结合，防止把两者对立起来，或是只强调生产，贫雇农有生活困难借不到款，结果生活困难不能很好解决；或是只强调阶级路线，贷款变成救济，与生产完全脱节，生产搞不好。

第二，在解决农村资金问题上，要坚持农贷资金与群众资金相结合，以动员社会力量，结合生产互助运动，解决银行资金有限的问题。但要防止硬性规定带动群众资金的比例，否则就不给贷款的机械做法。

第三，农贷发放要有重点、有计划地逐步解决一些农村生产中的重大困难，防止平均主义、"撒胡椒面"的做法。农贷发放必须在党政统一领导下，结合中心工作，不违农时，简化手续，贯彻群众路线。防止少数负责人把持利用，营私舞弊。

第四，农贷偿还期限，要从实际出发，要考虑生产季节与农民偿还能力两个方面。在有条件的地方，举办实物贷款，使贷款与实物相结合，既有利于发挥贷款效益，又减少货币发行，有利于稳定物价，使银行有限的农贷资金得以保本保值周转使用。

三、抗日根据地的利率政策

抗日战争时期抗日根据地的利率政策，与土地革命时期一样，禁止封建性高利贷剥削，实行低利政策，为发展生产服务，为贫雇农服务。减租减息后，在抗日根据地借贷关系中，居于主导地位的是银行和信用合作社的低利借贷。原有的高利贷受到打击，但并未根绝，还有残余存在。剥削比较重的商业借贷也还存在。正常的民间借贷，实际上发生不多。

农村民间借贷不能开展，一个重要原因是各地对抗战中农村资金呆滞、农民借贷无门的情况认识不足。为了改变这种情况，1942年发布的《中央关于如何执行土地政策决定的指示》中强调指出："抗战以后是借不到钱的问题，不是限制息额的问题。各根据地均未认清这个道理，强制规定今天息额不得超过一分或一分半，这是害己的政策。今后应听任农村自由处理，不应规定息额。"晋察冀边区行政委员会根据中央精神，于1943年发出《关于贯彻减租政策的指示》，明确规定，新成立之债务除高利贷应予禁止外，利息不加限定。目的是为了恢复农村借贷关系，活跃金融，刺激私人资本投入生产贸易部门，这对政府、对人民都是有利的，各地不应限制利率，并着重指出："有的地区对新债利息规定不得超过二分或三分是不对的，应当纠正。"

边区银行的利率政策一贯采取低利政策，不以盈利而以扶持生产为目的。晋察冀边区银行规定，农业贷款最低为四厘，工业为五厘，商业为六厘。1942年，陕甘宁边区银行放款利率为一分二厘，最高为一分五厘。在战时物价上涨的情况下，低利政策是政府对得到贷款的贫农一种贴补，用于提高农民生产的积极性，促进农业的恢复和发展。因此，低利政策，不仅仅是中国共产党的一项经济政策，也具有中国共产党的阶级路线的内容。但利率问题终归是经济问题。由于战时通货膨胀、货币贬值，利率过低也造成一些不利的影响：一是妨碍农村私人正常借贷的开展，群众有困难，既不能从私人之间得到融通，又不能从银行农贷中完全解决，形成告贷无门，给高利贷者以可乘之机。二是银行农贷资金逐年贴赔，实际数量减少。冀南银行1944年发放农业贷款16400多万元，为1940年680万元的24倍，但以冀南银行币的购买力计算，实际上1944年的农贷还低于1940年的水平。三是不利于银行吸收存款。1942年，陕甘宁边区银行资金来源中存款只占5%左右，而存款中绝大部分是机关存款，私人和商家存款不到5%，存款少而货币发行增多，形成通货膨胀，物价上涨，刺激商业投机；商业利润过高，反过来更不愿向银行存款。总之，在战时物价上涨情况下，低利政策并不是完全有利于社会生产。这种情况到解放战争时期才有明显改变。

第四章　解放战争时期新民主主义金融事业的胜利（1945—1949年）

第一节　解放区的扩大与统一

1945年8月，日本宣布无条件投降。中国抗日战争取得伟大的胜利。全国人民在欢庆胜利的同时，迫切要求和平、民主。但是国民党政府却在积极准备发动内战，中国人民面临着内战的严重威胁。中国共产党为了团结教育全国人民，争取实现和平与民主，制止和推迟内战的爆发，于1945年8月25日发表了《对于目前时局的宣言》。8月28日，毛泽东亲赴重庆，与国民党谈判，签订了《双十协定》，主动撤出广东、浙江、苏南、皖南等八个解放区，表现出了中国共产党对国内和平，团结愿望的诚意，揭穿了蒋介石伪装和平、准备内战的阴谋。1946年1月，国共两党签订了《停战协定》。

1946年6月26日，国民政府悍然撕毁《停战协定》，大举围攻中原解放区，从此开始了对解放区的全面进攻。在中共中央领导下，解放区军民坚决回击了国民党的军事进攻，第三次国内革命战争从此爆发。战争第一年，解放区军民采取了战略防御，粉碎了敌人的全面进攻和重点进攻。战争第二年就转入战略反攻，实行外线作战，恢复和扩大了中原解放区。战争第三年实行了战略决战，进行了举世闻名的辽沈、平津、淮海三大战役，长江以北广大地区获得解放。1949年4月，人民解放军举行了中国有史以来的大进军，迅速解放了西北、长江流域和华南广大地区。1949年10月1日成立了中华人民共和国，同年年末，全国除西藏、台湾外，均已宣告解放。

早在第三次国内革命战争尚未全面爆发时，中共中央就及时指示全党，抓紧练兵、减租、生产三项中心工作，放手发动群众，壮大人民力量。号召共产党员学习技术和管理方法，掌握城市经济，发展工业、商业和金融业。强调解决财政的方针必须贯彻"发展生产，保障供给，集中领导，分散经营，军民兼顾，公私兼顾，生产和节约并重等项原则"。并反复告诫全党，爱惜人力、物力，一切从长期打算。1946年，中共中央又发布"五四指示"，根据国内形势，将党在抗战时期的减租减息政策改变为没收地主土地分配给农民的政策。1947年7—9月，中共中央召开了全国土地会议，10月公布了《中国土地法大纲》，彻底废除封建剥削，实行"耕者有其田"的土地制度。同年，党中央在米脂召开了"十二月会议"，毛泽东在《目前形势和我们的任务》的报告中分析了形势，并对军事、土改、整党、经济、统战等一系列方针、政策作了纲领性说明。该报告提出了三大经济纲领，即"没收封建阶级的土地归农民所有；没收蒋介石、宋子文、孔祥熙、陈立夫为首的垄断官僚资本归新民主主义国家所有；保护民族工商业"。该报告指出，新民主主义国家经济的构成是，"（1）国营经济，这是领导的成分；（2）由个体逐步地向着集体方向发展的农业经济；（3）独立小工商业者的经济和小的、中等的私人资本主义经济"。该报告指出，党的基本政治纲领是，"联合工农兵学商各被压迫阶级、各人民团体、各民主党派、各少数民族、各地华侨和其他爱国分子，组成民族统一战线，打倒蒋介石独裁政府，成立民主联合政府"。

从"十二月会议"到1948年春，中共中央用了很大精力纠正党内出现的"左"的和右的、主要是"左"的错误倾向，发布了一系列的指示，明确规定：无产阶级领导的，人民大众的，反对帝国主义、封建主义和反对官僚资本主义的革命，就是中国新民主主义革命的总路线和总政策。同时又规定了土地改革、工商业、统一战线、整党和新区工作的具体政策。这些政策和策略的实施，推动了全国革命迅速发展。

第二节 解放区金融机构的发展与中国人民银行的建立

一、新解放区银行机构的设置

1945年8月，苏联对日本宣战，党中央命令冀热辽、山东、华中等地主力部队十万人挺进东北，与东北抗日联军会合，建立了东北解放区。同年11月，在沈阳成立了东北银行，最初资本为5亿元的物资。在东北银行成立的前后，地方上也设立了自己的银行，如合江银行、牡丹江实业银行、吉林省银行、嫩江省银行和辽东银行等。这些银行在1947年内分别并入东北银行各分支机构。大连市民主政府成立于1945年11月，同年年末，在接收敌伪银行的基础上成立了大连工业、农业、商业三家银行；半年后，又将这三家银行合并，成立大连银行；1947年4月改名为关东银行，发行关东币；1949年春并入东北银行。冀热辽地区原是晋察冀边区的一个行政区，抗日战争胜利后，设有晋察冀边区银行冀热辽分行，冀热辽地区改由东北行政委员会领导后，先设立了热河省银行，1948年2月又成立了长城银行，热河省银行随之结束；1949年长城银行并入东北银行。

在华中解放区，1945年8月，华中银行在江苏省盱眙县成立。原华中根据地的江淮银行、淮南银行、盐阜银行、淮海地方银行、淮北银行、江南银行、浙东银行、大江银行和豫鄂边区建设银行九家银行并入华中银行。华中银行统一发行华中币，同时收回原九家银行发行的货币。

1947年5月1日，内蒙古自治区成立。不久将东蒙银行改组为内蒙银行，在自治区内设有三个办事处。1948年6月1日，内蒙古自治区人民政府决定停办内蒙银行，设立内蒙古人民银行，发行内蒙古人民银行新币。

1947年夏季，我军举行了战略反攻，强渡黄河，恢复和扩大了中原解放区和苏皖解放区。1948年5月中原军区成立，同时中州农民银行也正式成立，发行中州币，并在豫西、豫陕鄂、江汉、桐柏等地区设立机构。随着解放战争的胜利发展，一度随新四军军部转移到山东与北海银行合并办公的华中银行，于1948年迁回苏北，恢复并扩大了分支机构。

位于广东东部的潮汕解放区和东江解放区，两区人民政府于1948年末和1949年春分别设立裕民行（裕民银行）和新陆行。同年7月，南方人民银行成立，并在潮汕和梅州设立分行，发行南方人民银行币。裕民行和新陆行随即被撤销，两行发行的流通券停止发行。

二、中国人民银行的建立

随着解放战争的进展,解放区不断扩大,分散的解放区逐渐连成大片,解放区的金融工作也从分散逐渐走向集中统一。

根据解放战争胜利发展的形势,1947年上半年召开了华北财政经济工作会议,参加会议的有晋察冀、晋冀鲁豫、山东、晋绥、陕甘宁五个解放区的财政经济部门的负责人,会议在交流工作经验的基础上,就反攻时期各解放区财政经济工作如何统一、财政如何保证军费开支和货币如何统一以支持野战军作战的需要做了研究。中共中央批准了会议的决定,决议的内容包括各解放区货币兑换比价。

在新区银行建立的同时,老区银行开始走向合并和统一。1947年11月石家庄解放,晋察冀边区和晋冀鲁豫边区完全连成一片;1948年5月,两区合并为华北解放区,成立华北人民政府,同时,两区银行晋察冀边区银行和冀南银行合并设立华北银行。1948年1月,陕甘宁边区与晋绥边区合并为西北解放区,陕甘宁边区银行和晋西北农民银行合并为西北农民银行。

随着已经解放地区经济的恢复和发展,物资交流日益频繁,经济往来更加密切。各解放区流通的货币种类繁多、版别复杂、比价不一等问题,阻碍了全国走向统一的进程。由于解放战争的节节胜利,已经解放的城市越来越多,中国共产党面临着城市经济管理的新任务。统一各解放区的货币、建立全国统一的银行,已经成为刻不容缓的当务之急。

早在1947年中共中央成立华北财办时,华北财办的重要任务之一就是筹建全国性银行。1947年9月14日,中共华东局工委致电华北财办:"建议立即成立'联合银行'或'解放银行',以适应战争，越快越好。"1947年10月2日，华北财办根据这个建议致电中共中央，建议组建中央银行，发行统一货币，银行的名称拟订为中国人民银行。中共中央于1947年10月8日复电称，"目前建立统一的银行是否有点过早。进行准备工作是必要的。至于银行名称，可以用中国人民银行"。华北财办接到中共中央的复电后，经研究决定成立中国人民银行筹备处，进行各项相关的准备工作。

1948年上半年，根据中共中央的指示，召开了华北金融贸易工作会议。当时由于解放军胜利反攻，华北各解放区已经连成一片，贸易往来和物资交流日益发展，统一各解放区的货币尤其迫切，会议就金融贸易工作的方针和发行新的全国统一的货币问题做了研究。会议分析了当时的政治、军事、经济形势，认为立即成立中国人民银行、发行统一货币的条件尚不成熟。在中国人民银行尚未成立的情况下，决定"总的原则是先统一本区之货币（东北、华北、西北、中原、华西、华南），然后由北而南，先是东北和华北，其次是西北和中原，然后是华西和华南，最后以中国人民银行之本位币之发行实现全国之大统一"。随后，各个解放区先后相继进行了货币关系的调整，实现了不同解放区的货币按固定比价混合流通。

华北金融贸易工作会议后不久，解放战争的形势发展很快，东北全境解放，淮海战役取得胜利，东北野战军进关，平津解放在即。为了适应政治、经济、军事形势的大发展，1948年11月18日，华北人民政府第三次政务会议作出决议，"发行统一的货币，现已刻不容缓，应立即成立中国人民银行，并任命南汉宸为中国人民银行总经理，一面电商各区，一面加速准备。"为了促进解放区工农业生产和商品流通的发展，支援大兵团作战，支持新区城市工商业的恢复，华北人民政府于1948年11月22日发布命令，统一华北、华东、西北三区货币，决定把华北银行、北海银行、西北农民银行合并成立中国人民银行，并于1948年12月1日发行人民币（即第一套人民币），作为华北、华东、西北三区的本位币，统一流通，为建立全国统一的人民币市场奠定基础。

1948年12月1日，中国人民银行成立。中国人民银行的建立，是新中国集中、统一的金融体系形成的开端。

到1949年年末，除东北地区的东北银行和内蒙古人民银行暂时保留外，其他各解放区的银行，都先后改组为人民银行所属机构。如北海银行改组为中国人民银行山东省分行；中州农民银行改组为中国人民银行中原区行，后又改称为中国人民银行中南区行；西北农民银行改组为中国人民银行西北区行；华中银行改组为中国人民银行华东区行；南方人民银行改组为中国人民银行华南区分行。1949年年末，在重庆成立了中国人民银行西南区行。各区行下设省、市分行、地区中心支行、县支行和街道办事处、营业所、储蓄所。从此，统一、覆盖面广的国家银行机构网已经初步形成。

三、解放区对国民党政府金融体系的接收管理

中国人民银行成立后，首先面临的重要任务就是，随着解放战争的胜利步伐，走向大城市，走向全中国。

在新解放的大城市，如何接管城市中的国民党政府金融体系，是摆在中国共产党人面前的新课题。1948年12月，中共中央批转陈云关于接管沈阳的经验，根据陈云向中央提出的各战略区均应组织接管大城市的专门班子的建议，中国人民银行组织了接管北平、天津等大城市国民党政府金融机构的队伍，随军进城，在城

市军事管制委员会领导下，对国民党政府金融机构进行了迅速、完整的接管。凡属国民党中央政府、省政府、市县政府直接经营者，如四行二局一库，各省、市、县银行，一律没收接管。凡资本属于四大家族及大官僚、大战犯所经营的商业银行如山西裕华银行、亚东商业银行，经查实后全部没收。这两种被没收接管的银行，其中有民族工商业家私人股份，经调查属实者，即承认其所有权。凡属官商合办者，如中国通商银行、中国实业银行、四明银行、新华信托储蓄银行，由人民政府派员监理，继续营业。在接管过程中，不断发现国民党政府金融机构少数顽固分子在国民党政府覆灭前夕，非法外逃资金、转移隐匿财产、私分物资、涂改焚毁账册。这说明把官僚资本转变为人民所有，也是一场严重的阶级斗争。

各地进城接管和建行人员，在完成接管国民党政府金融机构的同时，在集中统一原则下，首先建立大城市金融的中枢，即中国人民银行的市分行，然后根据业务需要和尽可能普遍地设立机构的原则，逐步建立中国人民银行市分行所属各级机构，以便加强金融行政管理，开展业务，肃清旧的金融势力，建立起新的金融秩序。在原官僚资本银行供职的人员，在银行被接管后，凡愿继续服务者，根据量才录用的原则，分别分配在中国人民银行工作或安排学习。

没收官僚资本银行使之转归全民所有，是我国银行国有化的一项基本措施。中国银行和交通银行在被接管后，仍保留原名称、原机构，继续营业，成为新中国专营外汇业务和长期投资的银行。对两行中的私人资本的股份，继续承认其所有权。对官商合办银行的官僚资本，没收后转为公股，成为半社会主义性质的公私合营银行。

对私人资本主义银行和钱庄,在贯彻执行利用、限制、改造的政策下,采取严格管理的方针。这是因为在长期通货膨胀下畸形发展起来的私营金融业,资力薄弱,家数过多,投机性大。因此,解放军进城之初,就限制其业务范围,宣布只准经营存款、放款和汇兑业务。1949年4月华北人民政府公布华北区《私营银钱业管理暂行办法》,依法对私营银钱业进行管理和整顿,限制与打击其投机活动,教育与疏导其与生产相结合,促使其走上为正当工商业服务的经营轨道。

四、农村信用合作社的发展

抗战期间,各抗日根据地普遍开展了减租减息和大生产运动,旧的高利贷剥削的借贷关系被取缔,虽然有的地区出现了一种新的自由借贷关系,但为数很少,银行农贷又不能完全满足需要,广大农民仍苦于资金缺乏。农村中比较富裕的农民阶层,对政府的政策不了解,不敢将闲置的资金借出去,造成这些闲置的资金没有使用的渠道。广大新解放区由于遭受了八年战争的破坏,农村资金枯竭,生产停滞,农民生活很困难。虽然随着土地问题的解决这种状况有所缓和,但农村生产和农民生活仍迫切需要资金支持。因此,开办农村信用合作组织,发动群众自己动手,建立新的借贷关系,建立农村金融,发展农业生产,是完全有必要的。

抗日战争后期,陕甘宁边区就已经有了信用合作社。1946年晋冀鲁豫边区也试办了信用合作社。这两个边区分别推广了延安南区沟门信用合作社和太行涉县索堡信用合作社的经验,因而信用合作社在解放区有了较大发展。据1947年的调查,陕甘宁边区和太行、太岳两区当时有信用合作社(部)800多个。在信用合作事业发展的过程中,曾出现过三种组织形式:一是独立的信用合作社，即资金、组织核算都是独立的，专门从事农村信贷业务；二是综合业务社下设信用部，成为综合业务社的一部分，与山货部、运输部、营业部处于同样的地位，实行"业务专营，资金独立，整体分红"的原则；三是一般合作社（如生产合作社或消费合作社）兼办信用业务，在资金上和组织上都没有被划分出来，信用资金缺乏必要保证，影响业务的开展。在这三种组织形式中，第一种是专业的组织形式，第二种因可以和其他业务调剂利润，在当时更有利于信用合作组织的巩固。

信用合作社在建立并得到初步发展之后，在农村金融领域里就显示出它的优越性来。信用合作社在动员和集中农村游资、解决社员生产和生活的资金困难，抵制高利贷剥削和发展边区生产等方面均起了积极的作用。如1947年下半年冀南银行对太行区14个县、太岳区两个县的统计，当时有信用合作社（部）526个，资金为17448万元（冀南银行币），较1947年上半年分别增加66%和230%；对邢台、黎城、沁源、沙河4个县80个信用合作社的统计，80个信用合作社共放出贷款10752万元，帮助群众购买牲口620头、农具19232件、肥料249斤、纺车989辆、布机546架、羊989只，打井32眼，运输获利7025万元，工业获利480万元。陕甘宁边区延安沟门信用合作社从1943年3月至1944年2月的一年时间里，社员人数由128人发展到648人，股金由11万元发展到359万元，存款由1.9万元增加到609万元，放款由8.7万元增至1427万元。在信用合作社放款影响下，群众间的借贷关系也有所发展，因而当时暗中活动的高利贷受到抵制，如剥削最重的每集（五天）每万元出利1500～2000元跌为500～1000元，并且这种高利贷很少见到了，群众对发展农村信用合作组织表示热烈欢迎。

农村信用合作社是以贫雇农和手工业工人为骨干、团结中农的群众性的资金互助组织。各地在领导和发展信用合作社的过程中，不断总结经验，解决发展中存在的问题，使信用合作社沿着正确的轨道前进。在依靠谁的问题上，坚持面向农村、依靠农民，动员农民自己组织起来；在入社、退社和入股多少的问题上，坚持自愿原则；在业务经营上，从组织生产中吸收存款，保证存取自愿，放款用途以生产为主，医药、婚丧均可，保证借还两便。在组织形式上，坚持从实际出发，多种组织形式并存和不断总结经验、稳步发展的方针；在与银行关系上，是两个独立的、不同所有制的金融组织，业务上可以协作，银行对信用合作社可给予资金支持，信用合作社可为银行代理兑换破票、识别假票等业务，但不能视信用合作社为银行的基层机构。

第三节 解放区的货币发行与货币斗争

一、解放区的货币发行

抗日战争胜利后，解放区扩大了，还开辟了一些新的解放区，如东北解放区。解放战争转入战略反攻后，解放区又有进一步的扩大，如恢复和发展了中原解放区，扩大了华南解放区。为了驱逐法币，保护物资，扶植生产，繁荣经济，这些地区先后成立了银行，发行了货币。如东北解放区在1945年至1946年发行了东北银行币和旅大关东银行币以及吉林省银行币、嫩江银行币、牡丹江实业银行币等。冀热辽解放区在1947年至1948年发行了热河省银行币和长城银行币，内蒙古解放区发行了东蒙银行币、内蒙古银行币和内蒙古人民银行币。中原解放区1948年发行了中州农民银行币，华南解放区1949年发行了裕民行币、新陆行币和南方人民银行币。此外，各地还印制了不同名称的流通券。这些新区发行的货币和流通券对于建立本币市场、促进生产发展、保护人民财富、支援解放战争起了重大作用。

以中原解放区的货币发行为例，1947年下半年，刘邓大军南下开辟了中原解放区，经过平分土地，建立民主政权，解放区日益得到巩固。但是中原解放区的市场上流通的基本上是法币。为了阻止国民党通过法币掠夺解放区资源，排除法币对市场的干扰，恢复和发展解放区的经济，中共中央中原局决定发行中州农民银行钞票。1948年夏，中原野战军、华东野战军和豫皖苏行政公署发布布告，发行中州币，规定中州币为中原解放区单一本位币，一切交易和公私往来均以中州币为计算单位。中州币的发行以政府全部收入和财产为担保。中州币200元值银元1元，各级银行均可兑现。中州币发行后被迅速投入市场。同年8月，国民党政府宣布币制改革，发行金圆券，面对这种情况，中州币发行规模迅速扩大。至同年9月末，在62个县1300万人口的地区内，市场已为中州币所独占。另有600万人口的地区，市场上中州币流通数量也占据了明显的优势。

二、解放区的货币斗争

（一）彻底肃清日伪货币

抗战胜利后，人民军队解放了东北三省和原热河、察哈尔两省。当时货币斗争的对象，华北解放区主要是伪联银币、伪蒙币和法币；东北解放区主要是伪满币，还有后来国民党政府发行的东北九省流通券；华中解放区主要是伪联银币和法币。除法币外，其他几种日伪货币因政权垮台，无人信任，短时期内就被肃清了。

1. 肃清伪"联银币"。抗战后期，伪"联银币"迅速膨胀，日本宣布投降前后，伪"联银币"更是大肆发行，发行量达1951亿元，币值急速下跌：伪"联银币"50元兑换山东北海币1元，20元到30元兑换晋察冀边币1元。但是国民党政府为了阻止边区货币在收复区占领流通市场，竟利用伪"联银币"为其维持市场，宣布以伪"联银币"5元兑换法币1元的比价仍可合法流通，并继续大量发行伪"联银币"，向解放区掠夺物资，使伪"联银币"不断挤占边币流通市场。针对国民党政府这种阴谋，各解放区采取了行政手段与经济手段相结合的办法，开展了肃清伪"联银币"的工作。至1948年6月，基本肃清了伪"联银币"。但有的地区如冀东区因边币不足，逐出伪"联银币"后，市场却被法币占领，以致后来不得不再去打击法币，这是对情况估计不足、准备工作不充分的缘故。

2. 肃清伪蒙币。伪蒙币是伪蒙政权所控制的蒙疆银行发行的纸币，共42亿元，流通在原察哈尔、绥远两省和晋北地区。抗战胜利后，这些地区先后解放，张家口的蒙疆银行被晋察冀边区银行接收。肃清伪蒙币工作是从1945年10月开始的。采取的方针是，逐步压低价格，最后全部收回。在肃清过程中，人民政府鉴于伪蒙币流通地区已全部解放，如宣布禁用，人民的利益会受到损失。由于当时边币发行数量不足，可能影响市场流通。因此采取慎重步骤，先划分禁止使用区域和准予流通区域。在禁用区域内用边币收兑伪蒙币，并通过农产品收购放款投放边币；在流通区域内，则打击黑市，使之按牌价流通。经过一段时间后，通告普遍用边币收兑伪蒙币，边区银行为此专门作了工作安排。最后，肃清伪蒙币的工作全部完成。

3. 肃清伪满币。东北解放后，市场流通的货币主要是伪满币、苏联红军票和东北各省银行发行的地方流通券。国民党政府在东北发动对我解放区军事进攻的同时，发行了东北九省流通券，登记并限制兑换红军票。解放区针锋相对，哈尔滨市首先宣布停用红军票，粉碎了国民党政府企图让红军票流进解放区的阴谋。对伪满币及东北九省流通券，首先是有计划地将其推向敌占区，换回军民需要的物资；其次通过压低伪满币与东北解放区币的比价，使伪满币逐渐流向国民党统治区；1947年1月15日，东北解放区宣布停用伪满币。

4. 肃清伪"中储币"。汪伪政权的中央储备银行发行的伪"中储币"，其中一小部分在苏皖解放区的新区流通，这是华中各行署为照顾新区群众的困难而采取的暂时措施，但是，5000元以上的大面额伪"中储币"则被禁止使用。华中各行署规定华中币为市场计价货币，使用伪"中储币"要按华中银行公布的比价折成华中币进行计算。银行不收兑伪"中储币"。华中各行署还动员群众将伪"中储币"封包运出，购回物资，以减少损失。经过一段时间，伪"中储币"就被完全肃清了。

(二) 深入开展对法币的斗争

日伪货币被肃清后，法币成了解放区货币斗争的主要对象。当时国民党政府妄图把法币推进解放区，借以掠夺解放区的物资，破坏解放区经济，削弱解放区的物质力量。针对这种情况，解放区各地银行在中国共产党的领导下，依靠军事、政治的优势，物资的支持和正确的货币政策指导，对法币开展了多种形式的斗争，取得了巨大的胜利。国民党政府崩溃前夕发行的金圆券、银圆券，也只是其失败前的昙花一现。

1. 货币的阵地斗争，就是解放区本币与法币争夺流通市场的斗争。通过货币的阵地斗争，排挤法币，缩小法币的流通范围，建立解放区本币市场，扩大解放区本币流通范围，进而达到维护解放区本币币值、稳定物价、发展生产、保障供给、支援革命战争的目的。新解放区的货币阵地斗争的方针是，坚决肃清法币，使解放区本币迅速占领流通市场。也就是说，城镇一经解放，立即宣布停止法币流通或法币仅能限期流通，确立解放区本币一元化地位。在边沿游击区，货币的阵地斗争的方针是，缩小法币市场，扩大解放区本币市场（即解放区本币占优势的市场），争取彻底肃清法币；对法币占优势的市场，采取措施争取解放区本币占优势。边沿游击区是共产党与国民党军事经常拉锯的地区，关键在于军事力量和经济力量的支持，根据不同情况采取不同的措施。在敌人进攻开始前，抛售一部分积存物资以收缩货币；在游击区被敌人侵占后，结合武装斗争，加强缉查活动，尽量控制市场；在解放军反攻时，对法币禁止流通，限期兑换，坚决肃清，使解放区本币迅速占领市场。

1949年4月，人民解放军胜利渡过长江，国民党政府土崩瓦解，人民手中的金圆券已无处可以兑换。因此，上海解放时，中国共产党对金圆券采取无限制、无差别的兑换方针，迅速建立了人民币的流通市场。随着全国解放战争的胜利，国民党政府发行的金圆券、银圆券就被迅速、彻底、全部地肃清了。

2. 货币比价的斗争。解放区本币与法币比价是国民党统治区与解放区物价和货币购买力的反映，在一定意义上，也是国民党统治区与解放区政治、经济、军事力量的反映。货币比价斗争的意义，首先是提高解放区本币购买力，巩固和扩大解放区本币市场，使解放区物价保持相对稳定，不受或少受国民党占领区物价的影响。其次是结合贸易斗争，争取以对解放区本币有利的价格，购进解放区的必需品，出口解放区的农产品，实现进出口平衡。总之，通过货币比价斗争达到经济上稳定物价、平衡贸易的目的。掌握货币比价的基本原则是，有利于争夺物资，稳定物价。在这个前提下，态度应是既慎重又主动，即全面衡量利弊，慎重调整货币比价，根据情况的变化，主动掌握货币比价。确定货币比价的主要依据，首先是国民党统治区与解放区物价水平，即货币购买力的高低和未来的变化；其次是国民党统治区与解放区进出口贸易的实际情况和发展趋势，这两点是基本的依据。同时考虑两区的其他因素，如政治、经济、军事上的重要变化，等等。

在掌握货币比价的过程中，必须从实际出发，加强调查研究，及时掌握和正确分析各种情况和问题，知己知彼，心中有数，使比价变动适应客观情况的变化。

具体的操作中，把比价斗争与贸易斗争、税收政策结合起来，统一步调，才能获胜。因为比价变动只能照顾到一般物价和大宗进出口物资，对个别物资则影响较小，而税率恰好能弥补这个不足。根据贸易政策，对个别进出口物资征收不同的税率，以示奖励或限制。贸易斗争是与敌人争夺物资，既要争取有利的价格，又要使出口货物能够换回必要的物资，平抑物价，支持军需民用。

3. 实行"外汇"（区外汇兑）管理政策。解放区将国民党区域的法币及其票据视同于外汇加以管理。这是中国国内两个对立政权发行两种货币和执行两种不同货币政策的产物，是货币斗争的一种形式。"外汇"管理的目的在于掌握货币比价，减少黑市交易，调节供求，稳定物价，支持采购，扶助出口，保证解放区本币的独立自主，并使人民财富免受法币贬值的影响。1946年晋察冀边区和晋冀鲁豫边区先后颁布了"外汇"管理办法，禁止法币在解放区流通，进出口实行结汇和供汇制度。禁止私自买卖"外汇"。"外汇"管理是结合进出口贸易管理进行的。在供汇上重点保证军需，适当照顾民用。

解放区设立的"外汇"交易所是一种短期票据市场，一般设在有进出口贸易的城镇上。由银行领导和管理。"外汇"交易所实行集中买卖，自由议价，公开成交，银行发挥调剂作用。银行在管理"外汇"的同时，还经营"外汇"。根据不同时期的需要，采取不同的经营方针。1948年8月10日，华北工商局、银行和贸易公司联合向所属机构发出《关于迅速推出蒋币的决定》。当时已积存中原区送来的法币17000亿元。当国民党政府宣布废止法币、发行金圆券时，银行对所存法币外汇迅速推出，不再吸收。对金圆券量出为入，不作积存，以积存物资和黄金为主。

（三）反假票斗争

反假票斗争是对敌经济斗争和货币斗争的一项重要内容。

抗日战争时期建立的敌后抗日根据地是被分割封锁的，抗日根据地的货币只能是分散发行，故货币种类多，票版复杂，印制技术较差，敌人则借机伪造，以破坏抗日根据地的金融和经济。早在1940年日本侵略者就开始印制假票。1943—1945年，华北主要大、中城市均有敌人的印制机关，假票种类多，数量大，因此，边区反假斗争成为金融与经济工作的重要任务。抗日战争胜利后，国民党政府在向解放区发动军事进攻的同时，沿袭了日本侵略者的做法，由国民党政府国防部"剿总"及特务机关大量印制和推行假票，范围和数量远远超过日伪时期，晋察冀、晋冀鲁豫和苏北解放区均不断发现假票。

国民党推行假票的方式很多。有公开的，有秘密的；有直接的，也有间接的；有通过商业活动推行的，也有通过战场推行的；

有强制兑换的，也有诱以小利的。敌人推行假票的多样性，增加了反假斗争的艰巨性和复杂性。既要对敌人印制和推行假票给予坚决打击，又要对有意推行假票和因不识真伪误收、误用假票两种情况加以区别。在反假票的实际斗争中，也采取了多种办法：例如，在假票流通严重的地区，向群众广泛宣传假票的危害性和开展反假票斗争的重要性，教育人民识别假票、拒用假票，检举揭发贩运假票的罪行。在边沿地区，组织有民兵参加的缉查活动，凡自敌区带入的解放区钞票，均须严密检查，辨别真伪，相邻两区要互通情况，协同动作，防止假票流入解放区，把反假票斗争与阵地斗争结合起来。城镇的银行、贸易、税务部门，将假票票样张贴出来或设立假票识别所。有的成立集市交易所，集中成交、集中点款，使敌特无法使用假票。经常深入集镇农村，开展检查，发现使用假票者，即追根究底，如属有意贩运，图取非法之财或进行破坏者，由政府依法惩处；如属无意使用者，除进行教育外，对使用的假币加盖戳记后予以没收，并出具证明。银行加强对假票的研究，从字迹、图案、颜色、版别等方面认真对照研究，找出特征，不断提高识别能力，以对流入不同版样的假票均能及时识别。由于发动群众充分，措施有力，破获了不少假票案件，没收了相当数量的假票，反假斗争取得了很大胜利。

三、货币的逐步统一

（一）货币发行走向统一的最初步骤

抗战时期的敌后抗日根据地，处在被敌人分割、封锁形势下，彼此在经济上不能互相联系，因此，抗日根据地的货币也是分散发行的。抗日战争胜利后，解放区被分割封锁的状态被逐步打破，各解放区之间的贸易往来有所恢复，货币统一工作便提到日程上来了。当时各解放区民主政府采取了两种方式作为统一货币的最初步骤：一是在一个大的解放区内，将过去各分区发行在版面上注有分区地名的同一种货币，在全区统一流通。如北海银行分区发行的注有鲁中、滨海、渤海、胶东字样的北海币，冀南银行分区发行注有太行、太岳、平原字样的冀南币，经过调剂发行数量，使各分区的物价和货币币值逐步趋于一致，然后宣布全区统一流通。二是成立新的银行，发行新的统一的货币。如苏皖解放区在抗战胜利前夕，成立了华中银行，发行了华中币，将抗战时期江淮银行、盐阜银行、淮南银行、淮北地方银号、大江银行和淮海银行发行的货币全部用华中币收回。但未等货币的统一工作完成，国民党反动派就发动内战，向解放区大举进攻，占领了解放区许多地方，货币统一工作不得不被停顿下来。

（二）建立不同解放区之间货币的兑换和汇兑

起初各解放区的货币互不流通，也不准私相兑换。对一般群众带入的相邻解放区的货币，有的采取说服教育让他们再行带出或到银行兑换，银行兑换时加收3%的手续费；有的采取在接壤地区按低于市价20%至30%兑换，群众对此意见很大。对相邻解放区的野战部队跨区机动作战或过境而带入的相邻解放区的货币，因为数量大而造成兑换不及时，其在本解放区使用，因而在一定地区和一定时间市场上出现了两种货币同时流通的情况，干扰了正常的市场秩序。

随着解放战争的胜利，解放区逐步连成一片。为发展解放区贸易，便利群众，促进生产，需要解决相邻地区的货币流通问题。1947年，在邯郸召开的中共华北财经会议确定了关于解放区货币"互不流通，相互支持"和"一致对敌"的原则。1947年下半年，冀南银行、晋察冀边区银行和晋西北农民银行经过协商，确定在接壤地区建立货币混合市场。规定在货币混合市场内，均有行使、携带、兑换、保存不同解放区货币的自由；规定设立若干区际货币兑换所，牌价根据主要商品价格指数、市场比价和供求情况确定，并建立通汇关系，汇差实行定期、定额清偿。

1948年，华北金融贸易工作会议召开，要求解放区在货币走向统一以前，从整体思想出发，使相邻解放区货币关系进一步协调与改善。同年5月13日，华北银行、北海银行、西北农民银行先后签订了华北、山东两区货币工作协定（同年7月又签了泰安协议）和华北与西北两区货币工作协定。协议规定在两区接连的城市，成立两区银行联合办事处，并吸收工商贸易部门代表参加，受华北银行直接领导。联合办事处负责货币比价、货币兑换和汇兑工作。联合办事处的成立，为日后固定货币比价、货币混合流通提供了必要条件。

（三）固定比价、混合流通

固定比价、混合流通是相邻解放区在行政区划合并时，货币向统一发行的过渡办法。如陕甘宁边区与晋绥边区合并为西北解放区后，1948年初，陕贸券与西农币按1:1的比价混合流通。同年5月，晋察冀边区与晋冀鲁豫边区合并为华北解放区，边币与冀南币按10:1的比价互相通用。华北、华东、西北三大解放区连成一片后，三大解放区的人民政府研究决定，首先统一三大解放区的财政和货币发行，固定货币比价，混合流通。同年10月和11月，冀南币与北海币等价流通，冀南币与西农币按1:2固定比价互相流通。北海币与华中币也等价流通。

各解放区经济、财政和战争情况的不同，加上发行情况的差别，到统一货币时，各解放区货币所代表的价值量也不一致。因此，要混合流通，先要按照两区实际物价水平，规定合理的比价。

如果解放区接壤地带实际比价与将要实行的固定比价相差较大，就需要对固定比价进行调整，使两者一致。华北人民政府与山东省政府决定冀南币与北海币于1948年10月开始按1:1的比价互相流通，但市场实际比值是北海币1元比冀南币0.77元或0.78元，相差20%以上。9月下旬，华北人民政府和山东省政府金融贸易部门在德州开会，决定从华北区和山东人民的利益出发，调整华北区和山东的物价，使货币比价逐步趋于一致。冀南银行贷款给公营商店，增加冀南币的投放；北海银行则冻结公营存款，停止贷款和透支，通过征收田赋、贸易公司抛售物资回笼北海币等措施使冀南币与北海币的比价达到1:0.98或1:0.99，接近固定比价1:1的水平，顺利实现了华北区和山东货币的等价流通。华北区与西北区在货币固定比价、统一流通前，曾有类似情况，也是采取调整华北区、西北区物价的办法，使之达到固定比价的水平。如果解放区货币的实际比价与固定比价一致，也要加强工作，防止可能发生的波动。1948年4月15日，冀南币与晋察冀边币按1:10固定比价互相流通时，山东省和晋察冀解放区的银行和贸易部门均要求基层准备力量，稳定物价，减少发行，紧缩通货；加强宣传教育，无限制兑换。一系列措施的实施使山东省和晋察冀解放区的物价和货币比价逐步调整一致，因而山东省和晋察冀解放区的货币顺利地实现了统一。

为了减少市场货币的种类，各地在货币混合流通开始后，均采取只发一种货币，停发另一种或另几种货币的措施。如东北区以东北银行券为主要通货，华北区以冀南银行券为主要通货，西北区以西北农民银行券为主要通货，华东区以北海银行券为主要通货，中原区统一流通中州农民银行券。其他如长城银行券、关东银行券，晋察冀边区银行券、陕甘宁贸易公司流通券和华中银行券均停止发行。

（四）人民币发行，逐渐成为全国统一的货币

1948年冬，辽沈、淮海、平津三大战役相继展开，全国解放在际，迫切需要有统一的货币，以为争取解放战争的彻底胜利提供保障。同时，冀南币、边币、北海币、西农币先后固定比价、统一流通，但货币种类复杂，折算麻烦，面额太小，不便使用。为适应形势发展的需要，中国人民银行于1948年12月1日成立，同时开始发行人民币，新的人民币与各解放区的货币固定比价，同时流通。人民币1元等于冀南币或北海币100元、晋察冀边币1000元、西农币或陕甘宁流通券2000元，兑换数量无限制。以后又以人民币1元兑换华中币100元、中州币3元的比价，在华东与中原两解放区混合流通。

随着解放战争的胜利步伐，人民币逐渐走向全国，成为全国统一的货币。为此，1949年，中国人民银行总行先后两次向所属机构发出收回旧币的指令，要求各级银行通过业务收回各个解放区银行发行的货币，对应收回的旧币只进不出，全部送交银行。这样，到新中国成立时，流通中的各解放区发行的地方货币，已经不多了，人民币的统一市场开始形成。对所遗留的东北、内蒙古和新疆的地方货币，推迟至1951年收回，这只是出于考虑地方特点的暂时措施。

第四节 城市金融业务与金融管理

一、开展城市金融业务

抗日战争胜利以后，解放区已经拥有一批中小城市。银行的

城市业务也随之展开。银行城市业务的任务在不同时期有不同内容：例如，1946年上半年，冀南银行工作任务之一是加强城市工作，开展汇兑存放业务，活跃金融，扶助工商业的发展，促进各区物资交流；北海银行的主要任务是，掌握城市、口岸等经济重地，开展汇兑存放业务，调整金融，扶助生产，繁荣市场，改善生活。1946年下半年，国民党军队向解放区发动全面进攻，中共中央发出"以自卫战争粉碎蒋介石的进攻"的号令，要求解放区必须十分节省地使用人力物力，必须努力生产，使一切必要品，首先是粮、布等，完全自给。因此，重新调整了城市银行工作任务：冀南银行着重扶助手工业和合作运输的发展，以短期小本贷款为主，商业贷款少贷，机关生产不贷，以稳定市场；北海银行也紧缩了机关生产贷款和商业贷款，主要扶持军需民用的生产，一般也以扶助小规模群众生产为重点。进入1948年，形势发展很快，解放了一批拥有机器工业的中等城市、矿区和交通枢纽，银行开始把城市金融工作提到重要地位：华北银行确定当时城市银行的任务是，在稳定物价的前提下，大力开展业务，组织力量，扶植和推动公私营大小工商业，在已有的基础上提高一步，达到发展生产、繁荣经济的目的。

1949年，各大城市陆续解放，城市金融市场管理开始被提到重要地位。银行城市业务的方针是，稳定物价，严格管理金融市场，积极支持工业生产的恢复和发展，以支援解放战争。

解放战争时期，各地银行开始注意吸收存款，把吸收存款看成是开展城市金融业务的重要工作，扭转过去依靠发行支持工商业的做法。东北银行1948年末存款余额为3253亿元东北币，其中公营单位存款占91.5%，私人存款占8.5%。1948年，华北银行太行、冀中、晋中、石家庄等九个分行统计，存款余额为9亿多元,放款余额为8亿余元,而存款中定期存款为3800万元,只占4%。说明在战时物价不稳的情况下,私营工商业存款和群众定期存款很少,而公营单位存款多,主要是这些单位从上级领取款项过于集中,一时闲置不用所致。

存款的这种情况,决定了这些资金不宜作长期的、大宗的放款或投资,只适宜进行工商业短期信用活动。当时放款有信用放款、质押放款、票据贴现、活存透支四种。凡对国计民生有益的工商业均可向银行贷款,银行根据市场情况和本身资金力量加以掌握。冀南银行1947年城市放款中,运销贷款占50%~60%,工业贷款占30%,低利贷款占15%~20%。运销贷款占第一位,反映了当时恢复发展城乡运输和物资交流的重要性。1948年开始转向以工业贷款为主。1949年更明确提出了贷款要贯彻"先公营后私营"、"先工业后商业"的原则。

此外,为保障城市职工的利益,大中城市的银行还开办了折实储蓄存款,选择与职工生活密切的米、面、油、布、煤等若干品种物资的平均价格为1折实单位,避免职工储蓄存款因物价的涨落起伏而影响职工的生活,实际上是一种保值储蓄。

根据市场的需要,解放区银行逐步开办了汇兑业务。一般是按照商品流通渠道、资金调拨路线、机构设置及业务经营情况,由中国人民银行总行指定或各行协商建立通汇点。汇差由通汇行定期直接清偿,汇差一般计息,以便加强核算。汇费采取低价多汇的方针,根据两地银行头寸、汇款用途、路途远近、交通条件等不同情况,确定汇费高低,最高不超过两地现金的运送费用。

为了改变过去银行贷款利息过低妨碍私人借贷开展,并造成贷款逐年贴赔和浪费的情况,正确发挥银行利息引导社会游资投向和调节各行业利润的作用,1948年华北银行利率普遍调高。银行确定利息的原则是，工业贷款利率低于商业贷款利率；工业中，生产军需民用必需品的贷款利率低于生产一般消费品的贷款利率；商业中，土产运销贷款利率低于一般进出口业贷款利率；城市贫民贷款根据经营性质，分别按工商业利率计算；公营企业存放利率原则上和私人存放款利率相同；在一定利率范围内，各地按照不同的时间、对象、业务关系和物价趋势加以具体掌握，以便更好地发挥利率应有的作用。

二、加强对私营银钱业的管理

解放战争时期，解放区一些中小城市有私营银钱业，晋冀鲁豫边区有各种行号23家，晋察冀边区的冀中区有27家、石家庄市有17家。私营银钱业具有两面性，一方面，它们与工商业保持联系，通过经营正当的存放业务，支持工商业的发展，代理边区银行购买"外汇"（法币汇票）；另一方面，在物价不稳定的时候，私营银钱业会利用存款，投机倒把，囤积居奇，造成金融波动，物价上涨，因此必须严格管理。为此各解放区人民政府先后颁布了银钱业管理办法，例如，《哈尔滨市私营银行业务管理办法》规定：私营银行要将存款50%送存国家银行作为付款保证，只准经营存款和放款，放款中工业要大于商业，不准向外埠汇款和划拨资金，统一存放款利率，严禁签发远期支票和空头支票，限定一个企业只能在一个银行开户，定期向国家银行报告业务情况，国家银行得随时进行检查。

1948年，华北银行也重新规定了对私营银钱业限制与管理的政策，要求各分行和城市行严格执行管理办法，与私营银钱业投机违法行为作斗争，并要求大力开展业务，压缩私营银钱业的业务范围。1948年7月，华北人民政府发出公家存款一律存入华北银行的通令，从而大大削弱了私营银钱业资金活动的力量，使一批专靠公家存款进行业务活动的私人银号停业。

1949年上半年，北平、天津、上海、武汉、西安等大城市相继解放，各大行政区又颁布了私营银钱业管理暂行办法。各大行政区颁布的私营银钱业管理办法都体现了这样的政策精神：对私营银钱业严格管理，促使并限制其只能向有益于国计民生的方向发展，取缔其一切非法投机的行为。如华东区管理私营银钱业暂行办法，就明确规定私营银钱业只准经营存款、放款、贴现、汇兑，代理收付、保管仓库等业务；不准经营商业、买卖金银外币、收受公家存款、设立暗账等，并规定资本额和资本中现金应占的比例。再如上海市的银行和信托公司资本额规定为1亿~2亿元，其现金资本不得少于1亿元；钱庄资本为6000万~12000万元，其现金资本不得少于6000万元；资本额不足者，在限期内补足；同时，规定向中国人民银行缴存的准备金，信用放款最高限额不得超过存款总额的一半；利率由钱业公会拟订，由中国人民银行核定，发现有违法行为的，给予处分。对地下钱庄和黑市拆放严加取缔，对行庄暗账和登记验资也公布了处理办法。总之，通过严格管理，打击其投机活动，疏导其走正当经营道路，以便稳定金融、支持生产。根据管理办法，多家行庄因无力增资被停业清理。同时全面检查了私营行庄投机违法情况，分别情节轻重给予警告、停止票据交换、罚款、撤换重要职员及停业等处分。这些措施对于改造私营银钱业、整顿金融市场有着重要的意义。

三、严格禁止金银计价流通

金银是货币商品。我国过去是用白银作货币的。1935年，国民党政府实行法币改革，禁止银元流通，强制将银元换成法币。

但在小城镇和农村银元存量仍不小，流通也未禁绝。1937年以后，抗日根据地的民主政府，对金、银一方面采取保护、吸收和掌握的政策，保护以防止其外流，吸收以充实发行基金和"外汇"基金；另一方面又采取管理政策，允许人民持有，但严禁金、银行使流通，以免破坏抗日根据地本币信用，妨碍抗日根据地本币流通。总的来看，在解放区，黄金对外支付作用比银元大，银元的流通范围比黄金广。由于历史原因，在晋北、晋中、陕晋交界、黄河两岸地区均有银元或明或暗地流通，直到全国解放后，才被彻底取缔。

抗战胜利初期，解放区物价下跌，金银价格也有所下降。银行为了增加金、银储备，一度允许金、银在货币兑换所自由买卖。1946年8月，晋察冀边区和晋冀鲁豫边区政府先后颁布《生金银管理办法》，停止金银自由买卖，以防止金银外流。1947年下半年，将金、银作为与国民党统治区贸易的"外汇"使用，改变过去只进不出的办法。1948年5月，对银元采取保护政策，大力掌握，以支援大军南下，不再作"外汇"使用。随着战争形势的发展，从1949年开始，各大城市先后解放。由于当时受国民党统治区恶性通货膨胀的影响，市场上金银计价流通和投机买卖的现象普遍存在。针对这种情况，一方面，各地人民政府颁布《金银管理暂行办法》，严格禁止金、银私相买卖、计价行使，违者依法处理；金银买卖，统一由国家银行管理，个人储藏、持有金银是被允许的，劳动人民如欲出售金银，银行以适当牌价收兑；由于当时对金、银采取低价冻结政策，迫使地主、资本家的金银不能出售；对金银饰品业则限定业务范围，只准代客加工首饰，登记存货，禁止其买卖生金、银。另一方面，发起拒用银元的群众运动，规定税收借款一律使用人民币，银行组织工作队深入市场农村，推动人民币下乡，协同财贸、公安部门开展拒银用币的宣传和缉私查禁工作，对银元黑市开展斗争。由于正确的政策，广大群众的支持，金银买卖和投机现象迅速得到了制止，金银计价流通的现象也被逐步肃清，人民币进一步占领了市场。

四、肃清外币，加强外汇管理

不少大城市在被解放以前有美钞流通，数量相当可观；华南一带有港元行使，有人估计有数亿港元；外商银行还享有种种特权。这些是旧中国半殖民地的标志之一。为扭转这种局面，城市一经解放，立即宣布禁止美钞流通，只准兑换人民币或作为外币存款。对港元，鉴于它渗入华南城乡历史较长，广东解放初期，暂准港元流通，压低其牌价，促其回流香港。两个半月后即禁止流通，调整牌价进行收兑。外商银行的货币发行权和外汇经营的垄断地位，也被取缔。外商银行必须遵守人民政府的各项法令和外汇管理制度。外商银行经批准为指定银行的，可以经营指定的外汇业务；申请停业的，必须依法将债权、债务清理完毕。

在肃清外币的同时，人民政府还颁布了《外汇管理暂行办法》。该办法规定：无论本国公民或外国侨民，凡持有外国货币和票据，或进入我国国境所携带的外币和票据以及从国外汇入的外汇，均应到中国银行或指定的兑换机构兑换人民币或作外汇存款。外汇存款到期提取时，一般按当时牌价折付人民币。入境时所存外汇存款，出境时可以带回外汇。公私外贸企业出口所得外汇必须卖给中国银行，进口及非贸易所需外汇经申请批准后，向中国银行购买。该办法还规定，中国银行是新中国的外汇专业银行，一切外汇业务，包括国际贸易结算、国际汇兑、外汇买卖，必须由中国银行办理，或由其指定银行经营。这些规定体现了独立自主的方针，有利于统一的人民币市场的建立，也有利于外汇的开源节流，使国家的外汇资源在国民经济的恢复和发展中发挥更大的作用。这些规定也获得了广大人民的支持，收到了良好的效果。

从1926年起至中华人民共和国成立前夕，二十多年来，各革命根据地、解放区建立的银行，在中国共产党的领导下，在长期的革命斗争中，发挥了它们的职能作用，不仅对巩固革命根据地、解放区和支援革命战争作出了很大贡献，而且为全国解放后迅速开展各项金融工作积累了经验，为在全国范围建立统一的社会主义国家银行奠定了基础。在中国大陆即将全部解放的形势下，正如毛泽东所指出的："我们熟悉的东西有些快要闲起来了，我们不熟悉的东西正在强迫我们去做。"如何把在战争年代主要是农村环境中积累起来的银行工作经验运用到和平建设时期全国城乡的新环境中去，这将是一场新的、更加复杂的考验。

第二部分

社会主义建设时期的金融事业
（1949—1978年）

第五章 新中国金融事业的开创（1949—1952 年）

第一节 新中国建立初期国民经济的恢复

1948 年 12 月 1 日，在解放战争即将取得全国胜利的前夕，中国人民银行正式宣告成立，并发行了人民币。这也是为建立新中国所作的准备之一，标志着新中国金融事业的奠基与起步。

1949 年 3 月，中国共产党召开了七届二中全会。会议指出，全党的工作重心由乡村转移到城市，号召全党、全军从接管的第一天起，就要重视生产事业的恢复和发展，用极大的努力去学习生产的技术和管理生产的方法，学习同生产有密切关系的商业工作、银行工作和其他工作。

1949 年 10 月 1 日，中华人民共和国的成立，开创了中国历史的新纪元，标志着中国半殖民地、半封建社会的结束。中国人民在中国共产党的领导下，终于推翻了帝国主义、封建主义和官僚资本主义的统治，中国人民从此站起来了，中国的金融事业也揭开了新的一页。

中华人民共和国成立时，人民政府面临的是国民党政府遗留下来的烂摊子。1949 年，全国工农业产值同历史上最高的年份

1936年比较，重工业下降70%，轻工业下降30%，农业产值下降约25%。国民党政府统治造成的恶性通货膨胀，使市场投机活动猖獗，物价不断上涨。当时战争仍在进行，军政费用开支巨大，财源短缺，1949年的中华人民共和国财政收入折合小米只有152.5亿公斤，而财政支出却达到283.5亿公斤。在财政、经济严重困难的情况下，中共中央号召全党全国人民，争取在1949—1952年三年的时间里，实现国家财政经济状况的根本好转。这一时期，旧的金融体系依然存在，新中国的金融体系正在形成过程中，作为新中国国家银行的中国人民银行，积极贯彻中共中央的号召，努力开创新中国的金融事业，配合有关部门在全国范围稳定金融物价，制止通货膨胀，建立起统一的人民币市场和金融体系，支持国营经济发展壮大，对私营银行和钱庄进行社会主义改造，为实现国家财政经济状况的根本好转贡献了力量。

第二节 新中国金融体系的建立

1949年2月，中国人民银行总行由石家庄迁入北平。1949年10月，中央人民政府任命南汉宸为中国人民银行行长。当时，中国人民银行的首要任务是，根据"边接管、边建行"的方针，接管官僚资本银行，迅速建立中国人民银行的各级分支机构。同时，按照人民政府对新解放区原有各类金融机构采取区别对待的方针，取消外商银行在华特权，整顿和改造私营金融业。

一、接管官僚资本金融业

以"四行二局一库"为主体的国民党官僚资本银行，形成了一个垄断体系,从资金上掌握了旧中国的经济命脉。根据中国人民政治协商会议第一届全体会议通过的《共同纲领》中关于没收官僚资本归人民的国家所有的规定,人民政府对官僚资本金融机构进行了接管。

为了做好接管工作,中国人民银行做了充分准备。在天津、北平解放之前就组织力量,分别在天津郊外的胜芳和北平郊外的良乡进行集训,学习有关方针、政策,拟订具体接管步骤,同时研究了对银钱业以及金银、外汇等的管理办法。由于国民党官僚资本主要银行的总行均设在上海,所以上海接管工作的好坏对整个接管工作影响较大。为此,在解放军进入上海前,有关领导机关又抽调一批干部,在江苏丹阳进行集训,以提高接管工作人员的政策水平,熟悉接管对象的情况,并拟定接管工作的实施方案。

接管官僚资本银行的队伍随同解放大军进入城市,在各地军事管制委员会(以下简称军管会)的统一领导下开展工作。天津、北平、上海、汉口、广州、重庆等大城市的接管工作人员,在当地中国共产党组织的协助下,发动和团结原在官僚资本银行工作的进步职工和爱国高级职员,为做好接管工作作出了努力。

在接管官僚资本银行的工作中,各地均采取不打乱原有机构、整体接管的方法,在方针政策上主要掌握以下几点:(1)对各官僚资本银行的资产按照资本性质分别处理。对国民党政府的中央银行及其省、市、县银行等,依法接管,并没收其官僚资本;对官商合办银行,没收其官股部分,派军事特派员监督审查其商股股权及资产负债情况。(2)对官僚资本金融机构,除中国银行和交通银行仍予保留外,其他均停业清理。(3)对官僚资本银行的人员经过接管清理,除对个别人进行处理外,实行"量才录用,原职原薪"的政策。凡是熟悉银行业务,愿意继续服务的人员,分别予以留用、调用或安排参加学习；对高级职员中学有专长、精通业务的，派任适当职务。

根据上述方针政策，对国民党政府设在各地方的中央银行及其省、市、县银行，虽然均停业清理，但并不立即解散，而是把接管工作与建立中国人民银行的各级分支机构结合起来，利用其原有的营业地点和人员办理业务，成为中国人民银行的业务部门。

接管中国银行以后，没收其官股，保留私股权益，改组董事会，南汉宸任董事长，龚饮冰任总经理，已在海外的原中国银行董事张公权、宋汉章等仍继续担任私股董事。职工全部留用，原职原薪，机构暂时不变，中国银行成为中国人民银行领导下经营外汇业务的专业银行。对交通银行也采取与中国银行同样的办法进行接管，后来成为中国人民银行领导下的经营工矿、交通事业长期信用业务的专业银行。改组后的中国银行和交通银行，于1950年1月7日，分别以其总管理处的名义向海外分支机构通电，号召员工安心工作，保护行产。1950年1月9日，中央人民政府政务院总理周恩来，对驻在香港的原属国民党政府的机构和员工发布命令，要他们"务须恪守岗位，保护国家财产档案，听候接收"，并且指出："原有员工均可量才录用。其保护国家财产有功者，将予以奖励，其有偷窃、破坏、转移、隐匿等知情者，必予究办。"上述命令，即由中国人民银行转达原国民党政府所属驻香港各金融机构。中国银行香港分行经理、著名银行家郑铁如首先响应号召，当日立即复电中国银行总管理处，表明"所有各项行产均经保存，已嘱员工安心工作，维持现状"。福建省银行香港分行早在福州解放时，就造具资产清册请求接管，这一爱国行动得到福建省人民政府主席张鼎丞的嘉奖；周恩来总理的命令在1月9日发布，1月10日，这个分行大门前就挂起了五星红旗。交通银行香港分行、中国农民银行香港分行、中央信托局香港分局、邮政储金汇业局香港分局、广东省银行香港分行、广西银行香港分行也于同年1月17日分别发表电文，表示保护财产，听候接收。中国银行伦敦分行也团结进步员工，护产护行，接受在北京的中国银行总管理处的领导。自中国银行、交通银行的总管理处发出通电后，在一个月左右时间里，除上述香港、伦敦分行之外，设在新加坡、巴基斯坦、印度、印度尼西亚、马来西亚和缅甸的中国银行分支行处和仰光的交通银行，也先后接受在北京的各该行总管理处的领导。这些驻海外银行机构领导人和进步员工的爱国行动，对新中国迅速恢复对外贸易、沟通侨汇和开展国际经济往来，具有重要的意义。

对新华信托储蓄银行、中国实业银行、四明商业储蓄银行、中国通商银行等官商合办的银行，被接管后没收其官股，实行公私合营，派出公股董事与私股推出的代表一起组成新的董事会，继续进行营业。这些公私合营银行，在中国人民银行的政策指导下，认真执行人民政府的法令，在国民经济恢复时期成为公、私营金融业之间的桥梁和中国人民银行在业务上的助手。

另外，还对北平、天津等地的国民党官僚资本保险公司进行了接管。旧中国，各种资本的保险公司绝大多数集中于上海。上海解放后，上海市军管会接管了官僚资本保险公司21家、监理2家，中国保险公司经军管会批准恢复了业务。

在天津、北京、上海三大城市，中国人民银行共接管官僚金融资本机构128个，接收工作人员9530名。

二、打破封锁、取消外资银行特权

中华人民共和国成立以后，中央政府宣布废除一切不平等条约，维护中华人民共和国应有的国际权利，并履行自己的义务。中国人民银行对清朝政府和国民党政府先后给予外资银行的一些特权，采取措施，予以取缔或依法限制，从而维护了中华人民共和国的主权利益。

1950年3月至12月，朝鲜战争爆发，美军在仁川登陆，美国对年轻的中华人民共和国进行了军事、经济封锁，中国人民银行向中央财经委员会提出了反冻结的建议。由于中央及时采取了措施，当美国国务院于12月16日公布"冻结中朝资产条例"时，我们遭受的损失被减小到了最低限度，实际被冻结的在美资产只有约4250万美元，其中仅6.5%是银行头寸。

1950年12月28日，政务院针对美国政府冻结我国海外资产的政令，发布了"关于管制美国在华财产，冻结美国在华存款的命令"，决定：（1）中华人民共和国境内的美国政府和美国企业的一切财产，即由当地人民政府加以管制，并进行清查，不得破坏。（2）中华人民共和国境内所有银行的一切美国公私存款，应即行冻结。

此外，为了打破美国纠集西方国家对中华人民共和国实行的贸易封锁，中国人民银行做了一些重要的对外交往工作。1952年4月，遵照周恩来总理的指示，中国人民银行行长南汉宸率中华人民共和国政府代表团出席莫斯科国际经济会议。该会议的宗旨是反对美国对中华人民共和国、苏联以及其他人民民主国家所采取的封锁和禁运政策。到会的有48个国家的471位代表。中华人民共和国代表团的发言和代表团举办的工农业建设成就展产生了非常积极的反响，东南亚一些国家的代表当即与我国签订了合同。更为重要的是，此次会议为我们打开对日本和英国贸易的突破口提供了一个机会。南汉宸在会议期间邀请三位日本议员访华。三位议员很快来华，毛泽东、周恩来亲自接见。经过谈判，双方签订了为数3000万英镑的民间贸易协定。这在当时的条件下是一个重大的突破。与会的英国剑桥大学讲师杰克·佩瑞先生，在南汉宸的鼓励下，他回国后很快组成了一个"48家集团公司"，成为当时我国最早的贸易伙伴。在对日、英贸易开展起来之后，法、意、德、比、荷等国工商界人士和团体也纷纷访华以及与我国洽谈贸易。美国对我国的封锁禁运政策遭到了失败。

三、对私营金融业的整顿和改造

中国的私营金融业对促进民族资本工商业发展曾起积极作用，但在国民党政府统治时期，由于长年战争和恶性通货膨胀的影响，存、放、汇业务难以正常经营，大多数私营行庄转向投机买卖。据天津、北平和沈阳的调查，在解放当地时，私营行庄的资金用于投机的占90%以上。投机活动造成了私营行庄的畸形发展，到中华人民共和国成立时，全国私营行庄包括分支机构共有1032家。在这些私营行庄中，许多大行庄已将资金抽逃到海外，较小的行庄则大多设立暗账，隐藏资产。

1949年4月27日，华北人民政府颁布了《华北区私营银钱业管理暂行办法》，明确规定了私营银钱业的业务范围、资本额标准、缴存存款准备金和付现准备金的比例，以及违反管理办法的处理等。接着，华东、华中、华南各地人民政府也先后颁布了私营银钱业管理办法，对私营行庄进行整顿和加强管理。一是要求私营行庄呈报组织状况和业务报表，办理登记，增加资本。凡是资本额低于私营银钱业管理办法规定标准的私营行庄，要由股东认股，限期补足，并由中国人民银行验收后批准登记营业；未经批准登记的私营行庄，一律停业进行清理。经过一系列的政策教育，一些私营行庄负责人主动将一部分资金由海外调回，进行增资；有的主动交出暗账，积极经营。经过增资，各地淘汰了一批资力小、信用差、投机性较大的私营行庄。例如，天津因无力增资而停业的私营行庄有29家，占全市私营行庄的10%；北平因无力增资而停业的私营行庄有15家，占全市私营行庄的23%。通过增资和整顿，大多数私营行庄的信用有所恢复，正当业务活动有所开展，对恢复发展生产、活跃城乡物资交流发挥了一定的作用。二是允许私营银钱业在遵守人民政府法令的条件下继续经营，并进一步规定了私营行庄的业务经营范围。如只许私营银钱业经营与私营工商业有关的存款、放款、汇兑业务和个人存款，禁止买卖金银外币、吸收公款和兼营商业或代客买卖股票等。各地中国人民银行通过执行这些规定，加上对私营行庄报表的审查、对违法活动的检查处理并依靠金融工会广大职工的日常监督，不仅加强了对私营行庄的管理，而且对促进金融市场的稳定起了积极作用。经过初步整顿，到1949年末，全国的私营行庄由1032家减为833家，淘汰了近20%。

在此期间，有一部分民族资本保险公司经过整顿后，也陆续恢复了营业。

中国人民政治协商会议通过的《共同纲领》指出："国家资本与私人资本合作的经济为国家资本主义性质的经济，在必要和可能的条件下，应鼓励私人资本向国家资本主义方向过渡。"中华人民共和国成立后，根据资金融通对经济运转所具有的重要作用，确定私营金融业的改造要比其他私营工商业先走一步。1949年下半年，中国人民银行在对私营金融业整顿监督、恢复业务的基础上，对私营行庄的资金加强了管理，引导它们用于支持工商业的贷款需要，限制私营行庄不正当的经营。1950年，在全国调整公私关系的统一安排下，为了解决社会上高利率逐渐消失后私营行庄机构臃肿、人浮于事的问题，中国人民银行通过公私合营银行的典型示范，鼓励私营行庄走国家资本主义的道路，推动大行庄从合营走向联营，组织较小的行庄实行联营。

1950年3月全国统一了财政经济工作后，金融物价趋于稳定，利率也大幅度下降，市场交易一度呈现不景气。有些私营行庄由于放款成为呆账，存款不敢贷放而坐赔利息，再加上管理不善和开支庞大等因素，发生了资金周转不灵和经营亏损，规模较小的行庄因此而成批倒闭。1950年五六月，全国私营行庄由原来的833家减为431家，从业人员由3万人减为1.8万人。在这种情况下，中国人民银行倡导私营行庄组成联营集团，与国家银行签订业务联系合同，私营行庄也希望通过联营方式来争取社会信用。最早试办联营的是天津市，当地私营行庄先后成立了4个信用联合会；上海市也先后成立了4个联营集团，参加的私营行庄共42家，基本上将较小的私营行庄都纳入了联营。全国其他地区也相继出现类似的组织。这时，中国人民银行对私营行庄的政策，从单纯的行政管理转为行政管理与业务竞争相结合，通过迅速开展私人业务使中国人民银行的私营工商业存款与个人储蓄存款剧增。新华、中国实业、四明、中国通商4家公私合营银行，因为有国家银行信用的支持，声誉提高，业务大量开展，接替了很大一部分私营行庄原有的业务。到1950年5月，全国私人存款总额为1400余万元，其中，国家银行所占比重为44.6%，公私合营银行所占比重为23.8%；私营行庄所占比重由原来的71.1%降为31.6%，国家银行在金融市场上的领导权已经确定。

1950年8月1日，中国人民银行召开全国金融业联席会议，根据中共中央关于调整工商业的总方针，研究调整金融业中的公私关系、金融业与工商业的关系以及金融业中的劳资关系，以达到团结合营行庄和私营行庄力量、扶持生产的目的。这次会议确定对私营行庄实行"团结、领导、运用、改造"的方针，批评一部分私营行庄负责人存在的"分疆而治"的错误认识，指出私营行庄只有进行整顿改造、精简节约、服务于工商业，才能得以生存和发展，并倡导与鼓励私营行庄联营合并，以求共同扶助生产。会上，中国人民银行决定给私营行庄以转抵押、委托、调拨资金、汇兑折扣等业务支持。通过这次联席会议，许多私营行庄负责人感到政府调整了公私关系，指明了道路，受到了很大鼓舞。金融界的知名人士周作民先生毅然从香港返回大陆，代表金城银行要求国家银行加强领导。除金城银行以外，中南、大陆、联合、浙江兴业、国华、和成、聚兴诚等银行也再三要求国家银行接收其官股，指派公股董事，实行公私合营。

这次会议以后，私营中小行庄积极联营合并，大行庄则向国家银行靠拢，纷纷改组为公私合营银行，并联合经营。中国人民银行加强了对这些联营集团、合营银行的领导，与它们签订了业务合同，同时帮助它们清理呆账，扭转亏损，组织它们扩大联合放款。另外，国家对合营银行的私股实行赎买政策，照顾其合法利益，按时发给股息；对原有经理人员适当安排职务，打消了股东和经理人员的顾虑。在国家政策的引导下，在中国人民银行的帮助和领导下，私营行庄中存在的某些企图摆脱国家银行、谋求自由发展的倾向得到纠正，走上了服务于生产的正当经营道路，业务有了一定的发展。

1951年5月，中国人民银行召开区行行长会议，分析了前一时期对私营行庄加强管理的情况和上海等7个城市公私合营银行在同业中所起到的示范作用，认为进一步加强对公私合营银行的领导，组织联合管理总处的时机已经成熟。在中国人民银行的领导下，1951年5月27日，新华、中国实业、四明、中国通商、建业5家银行组成公私合营银行联合总管理处，为私营行庄联合经营树立了榜样。接着，聚兴诚、浙江兴业、浙江第一、国华、和成、源源长6家银行，加入了新华等5家银行原已成立的联合总管理处；盐业、金城、中南、大陆、联合等银行增加公股后，另组"北五行"联合总管理处；上海商业储蓄银行在北京与久安信托公司成立联合管理委员会，正式宣告为公私合营。另外，上海市中小行庄归并为两个联营集团，汉口15家钱庄改组成1个商业银行，其他地方性行庄也纷纷酝酿联营与合并。从此，私营金融业进入了联合经营时期，并基本走上了国家资本主义轨道。

1952年5月，中国人民银行鉴于"五反"运动后私营、合营金融业存款业务下降，银行资本家怕长期赔累，迫切要求实行大联营、由国家直接领导的新情况，召开区行行长会议进行研究，提出为了迎接1953年国家即将开展的大规模经济建设，解决私营、合营银行中存在的问题，必须加强国家金融体系，成立统一的公私合营银行。

从1952年下半年开始，中国人民银行根据中央财经委员会关于整顿行庄的指示，对全国金融业进行了全面的改造。在实际工作中，适当照顾了对整个资产阶级的影响，以及对在国外的公私银行的影响，淘汰了在17个城市中尚存的50家钱庄。根据不同的情况，对私营银行分别予以合并或淘汰。资产能抵负债的可并入合营银行，取消原名号；资产不能抵负债的予以淘汰；自愿停业的也可准许。对华侨商业银行、东亚银行、中兴银行3家侨资银行，仍然保留和继续营业。已经实行公私合营的银行，在其劳资双方酝酿成熟后，对原已合并的5个系统、60家行庄，首先对其进行人员整编，然后实行机构合并，于 1952 年 12 月 1 日成立了统一的公私合营银行总管理处，组成新的联合董事会，由中国人民银行副行长胡景沄兼任董事长，董事会下设财务委员会、设计委员会和研究室；这些银行在各省会所在地的机构，除被撤销的外，一律合并为公私合营银行的分行；其余的机构，除按当地需要适当保留的外，一律予以撤销；各行在海外的机构，仍然各自保留。合并或撤销后的多余职工约 2 万人，由中国人民银行进行整编，除留用、调用者外，其余视具体情况予以训练、转业或退休养老。国家对私营金融业进行全行业社会主义改造的政策，得到了金融业广大职工的拥护。

由于中国金融业的发展在地区上极不平衡，机构分布集中在沿海城市，因而广大内地特别是西北地区金融人才十分缺乏。在成立公私合营银行的过程中，国家动员上海、天津等地金融业中年富力强、有业务才能的职工支援西北、东北建设。上海私营行庄数以千计的职工，在共产党员的带头下，踊跃报名，举家内迁，扎根西北，为建设西北洒下了汗水。他们的高尚情操和献身精神，受到了政府和人民的赞扬，赢得了广大金融职工的敬意。

私营金融业实行全行业公私合营后，对金融资本家除定期发给股息外，某一行庄或某一系统的代表人员，均在联合董事会及其下设的财务、设计委员会和研究室给予一定的地位。如周作民、项叔翔、王志莘为联合董事会副董事长，陈朵如、资耀华、黄钦书、沈日新为公私合营银行总管理处副主任，仍保留留在海外的陈光甫、李铭、钱新之董事职位。中国人民银行派华东区行行长陈穆兼任公私合营银行总管理处主任，王伟才为公私合营银行总管理处副主任。

在中共中央和政务院的领导下，比较顺利地改造了私营金融业，成立了统一的公私合营银行。它总共拥有300多个机构、1万余人员、1亿元存款、5000万元放款、1.6亿元投资。经过公平、合理地清估财产，实事求是地核定资本，按规定发给年息5厘的固定股息；对少数资不抵债的单位，由行业包下来，仍然给予股额，付给定息。至此，公私合营银行成为中国人民银行领导下的、对私营工商业办理存放款业务的专业银行，实现了国家对金融业的统一管理。

由于金融事业与国民经济的关系十分密切，中国的私营金融业改造工作走在其他行业之前。中国人民银行对这项重大任务抱着既积极又十分慎重的态度，认真进行调查研究，不断总结经验教训。在对私营金融业进行社会主义改造的各个环节里，特别是在准备实行重大措施或作出重大决定时，都事先邀集金融资本家或其代理人员举行座谈，一面征求意见，一面宣传政策。1950年8月全国金融业联席会议以后，中国人民银行把公私合营银行几个系统的负责人组织起来，每两周举行一次座谈会，加强宣传教育，使他们更能认清形势，自觉接受改造，从而有助于各阶段工作的顺利进行。金融资本家中的进步人士，在私营金融业的社会主义改造过程中，做了许多公私营金融业之间的联系、推动和筹备工作，起到了桥梁的作用。

1952年12月，中国的私营金融业比其他私营工商业提前四年实现了全行业的社会主义改造。中国仅用三年时间就基本上完成了对私营金融业社会主义改造，使社会信贷资金全部掌握在国家银行手中，切断了资本主义工商业与私营金融业的联系。这对于促进私营工商业的社会主义改造，对于有计划地进行社会主义建设，都有着十分重要的意义。公私合营银行的清产核资、固定股息和人事安排等工作，对全国的资本主义工商业进行全行业社会主义改造提供了一定的经验。在改造私营金融业工作中，也存在着不足之处，主要是有的措施急了一些，对私营金融业在经营上有利于发展商品经济的一些业务做法和制度，没有很好地加以利用，对有些专业人员的使用也有不够适当的地方。

四、建立新的保险体系

1949年8月，在上海举行的全国财经会议根据恢复国民经济的要求和各地区保险业务发展状况，作出了筹建全国性的国营保险公司的决定，并责成中国人民银行负责筹建工作。同年9月25日，中国人民银行召开了第一次全国保险工作会议，讨论了如何发展新中国保险事业的一系列重大问题。这次会议得到中共中央和中央财经委员会的充分肯定，并批准建立全国统一的保险公司。1949年10月20日，新中国第一家保险企业——中国人民保险公司正式成立，并陆续在全国各地设立分支机构。中国人民银行副行长胡景沄兼任中国人民保险公司总经理。到1952年末，中国人民保险公司的各级机构有4416个，职工人数34000余人。

五、建立中国人民银行的机构网络

根据"边接管、边建行"的方针，中国人民银行在接管官僚资本银行的同时，迅速建立了各地中国人民银行的分支机构。按照行政区划，中国人民银行先后建立起总行、区行、分行、支行四级机构。在大行政区设区行，省、自治区、直辖市设分行，县设支行。在城市中，按城市规模和业务需要设立分行或支行，下设办事处、分理处；在农村的集镇设立营业所，办理各种具体业务。

中国银行和交通银行经过改组后，均采取总管理处、分行、支行三级制，总管理处下属的行处受本行总管理处和当地中国人民银行的双重领导。1949年12月，中国银行总管理处由上海迁到北京。

截止到1949年12月，中国人民银行建立了华东、中南、西北、西南4个区行，40个省、市分行，1200多个县（市）分行及办事处。加上中国银行、交通银行和中国人民保险公司，在全国设有金融机构1380个，职工8万余人。1951年4月1日，东北银行改组为中国人民银行东北区行，内蒙古人民银行改组为中国人民银行内蒙古自治区分行。同年11月，新疆省银行改组为中国人民银行新疆自治区分行。至此，除了西藏自治区和台湾省以外，全国都已建立了中国人民银行的机构。1951年8月，为了加强农村金融工作，经政务院批准，成立了农业合作银行，但农村合作银行在各地没有设立分支机构。

在全国广大农村试办了信用合作组织，主要是信用互助组、供销社附设信用合作部和信用合作社三种形式，前两种信用合作组织在条件成熟时过渡为独立经营的信用合作社。到1952年，全国共有信用合作社1766个，信用互助组5239个，供销社附设信用部1126个。这些信用合作组织依靠群众的力量，占领农村金融阵地，同高利贷进行斗争，成为银行在农村的有力助手。

1952年，全国金融机构的情况发生了一些变化：中国银行与中国人民银行的国外业务局合署办公，交通银行划归财政部领导，中国人民保险公司也改由财政部领导，精简撤销了农业合作银行，成立了全行业的公私合营银行总管理处。这样，到1952年国民经济恢复时期结束时，一个由中国人民银行统一领导的银行管理体制已初步建立，并在社会主义建设中发挥了重要作用。

第三节 建立人民币体制

人民币发行之时，只是统一的货币制度建立的开始。当时，国内货币制度混乱，通货膨胀严重，新解放区深受国民党遗留的通货膨胀之苦，民间盛行以货易货的实物交易，银元、黄金和外币成为金融投机的主要对象。为了保证人民币顺利发行和流通，保证人民币本位制度的顺利建立，各级人民政府采取了一系列措施，迅速建立人民币本位制，以人民币取代一切货币，使人民币成为唯一的法定货币。

一、彻底肃清国民党政府发行的货币

国民党政府1935年实行法币制度以后，不到两年就出现通货膨胀，法币连连贬值、民不聊生。国民党在崩溃之前发行金圆券，残酷掠夺，搜刮民财，人民政权对此进行坚决抵制，实行坚决、迅速、彻底肃清的方针。每解放一地，人民政府就明令禁止"法币"和金圆券流通。1949年7月，国民党政府又在广州、重庆发行所谓银元券。中国人民解放军宣告，在新解放区，一律禁止银元券流通，并号召人民群众在解放之前就坚决拒用银元券。这样，随着国民党政权的溃败，银元券出笼不到3个月就垮台了。到1949年冬，国民党政府发行的货币在解放区内已被基本肃清。

二、禁止金银计价流通和私相买卖

由于国民党政府发行的货币急剧贬值，失去了人民的信任，

于是银元重新加入流通,在广大农村还使用铜钱和实物进行交易,黄金也在城市大宗交易中计价使用,市场上普遍存在金银买卖和金银投机,严重阻碍着商品贸易的正常发展,扰乱了金融物价的稳定。各地解放后,人民政府当即颁布法规,取缔金银市场,禁止金银计价流通,不许私相买卖金银和外汇;整顿金银饰品行业,国家对金银的生产和销售实行严格的计划管理;由中国人民银行统一经营金银的收售和兑换,所有国营经济单位保存的金银,一律要售予或存入中国人民银行。这些政策措施的实施,割断了长期以来形成的金银与物价的联系,基本肃清了金银计价流通的现象;把分散的金银集中到了国家手中,增加了国家的外汇储备,保证了生产建设对金银的需要;迫使金银退出市场领域,为人民币的统一流通创造了条件。

三、禁止外国货币流通,统一管理和经营外汇

从清末直到国民党政府垮台前,除外国银元、钞票自然流入中国外,外国银行还在中国大量发行纸币,中国成为货币主权受到列强侵犯的典型国家。禁止外币在市场上流通,防止外币控制中国的货币市场,是我国实行统一的、独立自主的货币制度,维护国家货币主权,肃清帝国主义金融势力控制经济的一项重要措施。各地解放后,政府颁布了外汇管理办法,对外币实行坚决限制流通的方针,采取合理比价、限期兑换的措施。主要措施有:禁止一切外国货币在中国市场上流通、买卖和计价结算;规定无论中国公民或外国侨民,凡持有外币者,必须在规定时间内,到中国人民银行或其指定的机构按牌价兑换成人民币,或作为外币存款换取外汇存单;因公务或旅行进入中国境内者,所持有的外币,必须在入境时兑成人民币或作为外币存款,离境时可以兑回

外币；中国人民银行为外汇管理机构，统一外汇管理。由于措施得力，收兑外币工作进展顺利。后来，中国人民银行修改了外币存款暂行办法，鼓励人民群众将外币存到银行。至1950年上半年，全国基本上制止了外币流通，为实行统一的货币制度、实行人民币的统一流通又扫除了一大障碍。

四、逐步收回各解放区发行的货币

人民政府对在土地革命时期、抗日战争时期和解放战争时期各革命根据地、各解放区发行的货币，采取了"固定比价、混合流通、逐步收回、负责到底"的方针，宣布按规定比价收兑各解放区的货币，直到最后一张为止。至1950年4月已收回的旧币合人民币239.5亿元，占发行总额的82.95%，收兑工作基本结束。

人民币是随着解放战争的节节胜利而走向全国的。到1950年，人民币已成为全国大部分地区的本位货币。东北地区解放较早，工业基础较好，物价比较稳定。解放前夕，为使其不受关内战争和物价的影响，当时中央决定暂时保持东北区原来的货币制度。至1951年3月20日，政务院发布命令，责成中国人民银行限期以人民币收回东北银行和内蒙古人民银行发行的地方流通券；自1951年4月1日起，东北地区和内蒙古地区一切计价、记账、契约等均统一改用人民币。

五、收兑新疆、西藏流通的地方货币

新疆于1949年9月和平解放，当时中央决定暂时保留新疆的银元票币制，且特意把银元票兑换人民币的比率提高为1:500，之后几经调整，至1951年9月定为1:350。1951年10月1日，政务院发布命令，责成中国人民银行自1951年10月1日起限期以带

维吾尔文的人民币，收回新疆省银行发行的银元票；收兑期为3个月；收兑期后，新疆省内一切计价、记账、契约等，均改用人民币。

西藏和平解放时，按协议规定，民主改革前可以保留藏钞。但由于1959年3月西藏反动分子叛乱，同年8月10日，西藏自治区筹备委员会发布《宣告"藏币"作废的布告》（59筹布字第003号），宣布"藏币"为非法货币，自即日起作废，禁止使用，由各级地方政府和军事管制委员会以人民币限期收兑"藏币"。至1959年10月底基本收兑完毕，从此，人民币成为西藏地区流通的本位货币。

人民币制度的确立，结束了近百年来中国货币制度混乱的历史，真正实现了货币主权的完整和货币制度的统一；告别了国民党政府遗留的恶性通货膨胀时代，开创了货币稳定、经济振兴的新时期。

第四节　制止通货膨胀，促进国民经济的恢复和发展

一、制止通货膨胀，稳定金融物价

中华人民共和国成立时，财政经济十分困难。金融面临的是长期的通货膨胀和物价上涨，利率畸高，市场紊乱，人民生活不安定。稳定金融、抑制通货膨胀成为新中国金融业的重要任务。1950年3月3日，政务院发出了《关于统一国家财政经济工作的

决定》，采取一系列有力措施，迅速做到"三平"，即统一全国财政工作，实现全国财政收支平衡；统一全国国营贸易工作，实现全国物资调拨平衡；统一全国金融工作，实现全国现金收支平衡。为贯彻政务院的决定，中国人民银行与财政、贸易部门统一行动，采取了一系列重要措施以平抑物价，稳定金融。

（一）打击投机倒把

各大城市解放初期，利用金银进行投机的活动十分猖獗。由于受国民党政府长期恶性通货膨胀的影响，一批投机商人和一部分私营行庄专靠投机倒把来追逐暴利，不少私营工厂主也从事商业投机，市场拆息高达100%～200%。为打击投机、稳定物价，各地对金银投机活动进行查缉，惩处首要分子，取缔投机据点，并发动群众参加打击金银投机，坚决拒用银元，取缔银元黑市。在打击投机倒把过程中，许多投机资本转入地下，地下钱庄异常活跃，大量游资通过地下钱庄从事金银和外币投机以及进行高利拆放。这些投机活动既增加了市场压力，又助长了物价涨风。中国人民银行会同公安部门对地下钱庄给予严厉打击，上海、广州等地查获地下钱庄等近700家。其他城市的地下钱庄也先后被查封。与此同时，北京、天津开放了原已被查封的证券交易所，对一部分游资进行疏导，以减轻对商品市场的压力，调动一些私营企业生产的积极性。

（二）加强现金管理

1950年4月7日，政务院颁布了《关于实行国家机关现金管理的决定》，规定，中国人民银行为现金管理的执行机关，凡一切国营企业、国家机关、部队及合作社的现金，除经批准保留规定的限额外，必须一律存入中国人民银行；上述单位之间的交易往来和货币收付一律不用现金，须使用转账支票，通过中国人民银行结算；埠际之间的经济往来须经中国人民银行汇拨；上述单位除发放工资、向农村采购农副产品及在城市零星开支等可以使用现金外，其余均应使用中国人民银行支票，不得以现金支付，中国人民银行应负责检查监督。同时，责成中国人民银行逐步编制综合的现金收支计划，并要求上述单位凡具备条件的须按期编制现金平衡收支计划，交中国人民银行执行。根据政务院的决定，中国人民银行在很短的时间内完成了各单位开立账户的工作，帮助各单位尽量减少库存现金，使这些单位的大量现金流回银行。中国人民银行还选择重点地区、重点部门试编现金收支计划，要求按计划收支。

（三）举办保本保值储蓄

中华人民共和国刚成立时，中国人民银行在全国推广折实储蓄，1949年12月国家还发行了"人民胜利折实公债"。这种储蓄和公债对于减少社会游资、稳定金融物价起了很好的作用。1950年3月，全国物价开始下跌，折实储蓄的数额随之剧减，到1950年5月中旬，折实储蓄余额仅占储蓄总余额的8.259%，表明折实储蓄的作用在逐渐消失。针对这一情况，中国人民银行于当年5月举办了保本保值储蓄，即比照折实储蓄办法，按折实单位牌价折成货币额存入，到期支取时，如果折实牌价上升，就按折实储蓄支付；如果折实牌价不变或下跌，则按原存入货币额保本付款。这种储蓄充分照顾了储户的利益，很受群众欢迎，开办初期，收储余额即占全国储蓄总余额的36.3%。

（四）代理各级财政金库

1950年3月，政务院公布了《中央金库条例》，规定中央政府、各大行政区、各省（市）、各县（市）分级设置中央总金库、中央区金库、中央分金库、中央支金库，各级金库均由中国人民银行代理，各级的金库主任由同级中国人民银行行长兼任，各地的财政收入，均须在限期内全数缴纳同级金库，经收机关不得坐支或自行保管，金库款非经中央财政部批准不得动用。自此，全国形成了一个完整的财政金库体系。中国人民银行还同中央贸易部协商，在各级人民银行建立贸易金库，规定各地国营贸易公司的现金收入必须当日上交贸易金库，经贸易金库批准后才能使用。这一措施的实施，保证了国家财政收支和调度的统一，回笼了现金，有利于实现"三平"（财政收支平衡、信贷收支平衡和物资供求平衡）和保持金融稳定。

（五）普遍建立发行库，灵活调拨现金

1949年11月，中国人民银行已实现了全面通汇。为继续做好此项工作，做到廉价多汇，中国人民银行普遍建立了发行库，总行设总库，各省、自治区、直辖市分行设分库，地区中心支行设支库，县支行设保管库，分别办理辖地内的现金调拨，非经批准任何人不得动用发行库款。同时制定了联行清算由发行库统一货币资金调拨的制度，改变了以前运送现金清算的办法。发行库的建立，使现金得以集中使用，银行得以灵活调拨，减少了货币发行。上述一系列措施使大量现金集中到了银行，全国现金收支迅速实现了平衡，加上贸易、财政部门的协调配合，通货膨胀得到了制止，金融和物价都趋于稳定。到1950年10月，全国实现了财政、物资、现金的平衡。

二、促进国民经济的恢复和发展

中华人民共和国成立后，按照中国人民政治协商会议制定的《共同纲领》，国家经济建设的根本方针是以公私兼顾、劳资两利、城乡互助、内外交流的政策，达到发展生产、繁荣经济的目的。

据此，中国人民银行在建立机构、稳定金融物价的同时，还运用信贷、结算、利率等经济手段支持生产，促进国民经济的恢复和发展。

（一）发放贷款，支持恢复生产、发展经济

银行在资金上着重支持国营经济，以增强国营经济领导和稳定市场的力量。例如，在北京，其贷款的80%用于支持国营企业，使一批企业恢复了生产，还增添了设备；在天津，200多家国营企业因得到银行的信贷支持而得以恢复生产和开展业务。为了支持对外贸易，带动城乡经济的恢复和发展，银行还用资金支持国营贸易公司组织进出口。1950—1952年，银行对国营工业的贷款增长了3倍，对国营商业部门的贷款增长了5.5倍。在积极支持国营经济的同时，银行信贷资金也用于扶植有利于国计民生的私营企业。私营企业因长期的战争和通货膨胀以及部分资金外逃而处于困境之中。针对这种情况，中国人民银行根据当时市场物价和私营企业的资信，分别采取折实定货贷款、折实抵押贷款和信用贷款的方式，帮助它们解决资金困难，有的还在贷款利率上给予优惠，使它们能迅速恢复生产。

（二）配合工商业调整，活跃物资交流

1950年6月，中共中央召开了七届三中全会。会后，在全国范围内进行了工商业调整，确立国营经济的领导地位，统筹兼顾其他经济成分。中国人民银行灵活运用信贷和利率杠杆，积极配合支持工商业的调整和改组。银行以数量较大、利率较低、条件较宽的贷款大力支持国营经济，其中又以国营贸易部门和供销合作社为重点，充分供应其资金需求，而对需要由国营商业取代和给予淘汰的私营批发商，银行则收回贷款，停止发放新贷款。银行的大量贷款，为国营贸易部门掌握货源、充实库存、吞吐物资提供了重要的资金，壮大和加强了国营贸易的领导地位。过去由私营工商业盲目购销和垄断投机的商品被逐步纳入国营贸易经营的渠道，增加了市场供应和出口，带动了城乡内外物资的交流。与此同时，银行也注意公私兼顾，扶植私营工商业：一是用大量贷款支持国营贸易扩大加工订货、统购包销，以解决私营工商业的原材料供应和产品销售的困难；二是增加对私营工商业的贷款，支持它们按期完成国家下达的任务；三是普遍开办押汇业务，既解决私营工商业资金的困难，又促进了城乡物资交流；四是降低对私营工商业的放款利率，减轻它们的利息负担。此外，中国人民银行还扩大国内通汇网点，使资金流动更加畅通，以有利于活跃物资交流；还利用国营贸易部门收购农副产品等渠道推动人民币下乡，以发挥货币调节经济的作用，为发展农村金融事业创造条件。

（三）配合土地改革，支持农业生产

1950年6月，中央人民政府颁布了《中华人民共和国土地改革法》，在全国新解放区，分期、分批地开展了大规模的土地改革运动。为配合土地改革，中国人民银行大力组织农村资金，解决农民的困难。刚刚获得土地的农民在生产上和生活上还存在不少困难。中国人民银行采取在农村开展储蓄的办法，运用储蓄存款发放贷款，调剂一部分农民的钱来解决另一部分农民对资金的需要；采取举办农村保险的办法，保障农民的生产收入，调动农民的生产积极性。1951年5月，中国人民银行召开了第一届全国农村金融工作会议，提出了省、县银行工作应以主要力量开展农村金融工作，贯彻"深入农村、帮助农民、解决困难、发展生产"的方针，为恢复和发展农业生产而努力。会后，中国人民银行利用遍布农村区镇的营业所举办了多种农业贷款。举办个人生产贷款和生活贷款，帮助新获得土地的贫下中农恢复和发展生产。发放周转性贷款，帮助农民推销农副产品，活跃农村经济。贷款给国营贸易部门和供销合作社，支持这些部门开办合作货栈和运销业。在没有国营贸易部门和供销合作社的地方，向私商发放贷款，推动私商把农产品运销出去，或者帮助农民发展自己的运输业。广大农民由于有银行贷款的扶助，农业生产得到快速恢复和发展。同时，中国人民银行在全国农村试办信用合作社，成为银行在农村建设中的有力助手。

第六章　社会主义金融事业的巩固和发展（1953—1957年）

从"一五"时期到改革前的1978年，中国处于计划经济时期，与之相适应的是"大一统"的中国人民银行体制。也就是说，基本上全国只有一家银行，中国人民银行既是中央银行，也是商业银行；既承担发行货币、金融管理等国家银行职责，也办理为整个经济服务的各种商业银行业务。

1952年末，中国胜利完成了恢复国民经济的艰巨任务，实现了国家财政经济状况的根本好转，为有计划地进行大规模经济建设和社会主义改造创造了条件。1953年，中国共产党提出了过渡时期的总路线，同时国家制定了《1953—1957年国民经济和社会发展的第一个五年计划》（"一五"计划）。"一五"时期，中国在进行大规模经济建设中，建立了集中统一的计划经济管理体制，与此相适应，形成了集中统一的中国人民银行体制。这一时期，中国的金融业以过渡时期总路线为指针，围绕着实施"一五"计划规定的基本任务而积极开展工作，通过各项业务活动，广泛聚集社会资金，大力支持全民所有制经济发展，促进国家的社会主义工业化，促进对农业、手工业和资本主义工商业的社会主义改造，加强货币信贷管理，有计划地调节货币流通，稳定市场物价，为国民经济的发展创造良好的经济环境。

第一节　高度集中的金融体制的建立

一、"大一统"中国人民银行体制的形成

1952年末，随着全行业公私合营银行的建立和对私营金融业社会主义改造的完成，中国开始确立了高度集中的银行体制的雏形。进入"一五"时期，由于所有制结构趋向单一，银行体制的集中统一进一步加强。

第一，撤销了"大区"行，进一步加强了中国人民银行总行对全国金融活动的统一领导和管理。1954年6月，中央人民政府决定撤销大区一级行政机构，中国人民银行在各大区的区行也随之撤销。这样，中国人民银行总行对全国金融活动的统一领导和集中管理得到了加强，形成了银行部门垂直管理的体制。

第二，在完成对旧金融业的社会主义改造以后，将公私合营银行纳入中国人民银行体系。公私合营银行成立之初主要是经营对私营工商业的金融业务，由于私营工商业逐步走上国家资本主义道路，加强了与中国人民银行的业务联系，公私合营银行就转为代理中国人民银行办理储蓄业务。1955年2月1日，全国14个城市的公私合营银行与当地中国人民银行储蓄部合署办公；1956年7月，公私合营银行总管理处与中国人民银行总行私人业务管理局合署办公，这样就使合营银行纳入了中国人民银行体系。

第三，中国农业银行的建立和撤销。"一五"计划开始实施后，中国的城乡经济发展很快，对资金的需求十分旺盛，银行筹集资金、调节货币流通的任务日益加重。为了更好地支援农业生产，促进农业的社会主义改造，同时也为了便于中国人民银行集中力量搞好工商信贷、城镇储蓄和其他金融业务，1954年8月，中国人民银行向政务院提议成立中国农业银行。1955年3月，国务院批准成立中国农业银行，并确定其主要任务是办理农村的短期贷款，贷款对象是农业生产合作组织和个体农民，贷款用途限于农业生产，除此以外的农村金融业务仍由中国人民银行办理。经过一段时期的实践，由于农村商品经济的水平很低，金融业务量不大，客观上缺乏建立专业银行的经济基础；加上中国农业银行办理的农村短期贷款与农副产品的收购、农业生产资料的供应以及城乡之间的非现金结算等关系十分密切，而这方面的业务仍由中国人民银行办理，这就增加了资金周转环节，引起工作上的诸多不便。因此，国务院于1957年4月12日决定撤销中国农业银行，农村信贷工作由中国人民银行统一负责办理。1957年8月1日，中国农业银行被撤销后，在中国人民银行设立了农村金融管理局，管理全国的农村金融业务。

中国的银行体制，经过"一五"时期的强化和集中，中国人民银行成了既是国家金融管理和货币发行的机构，又是统一经营全国金融业务的经济组织。

二、建立纵向型的信贷资金管理体制

在形成高度集中的银行体制的同时，中国人民银行建立了纵向型的信贷资金管理体制，即全国银行的信贷资金，不论是资金来源还是资金用途，都由中国人民银行总行统一掌握，实行"统存统贷"的管理办法。

1952年9月，中国人民银行召开各大区行行长会议和银行计划工作会议，强调在有计划的经济建设时期，要建立和加强银行系统的计划管理体制；指出各级管辖行的基本任务是了解情况，掌握计划，贯彻政策，一切营业部门的业务活动都要有计划地进行。这次会议通过的《中国人民银行综合信贷计划编制办法（草案）》，第一次比较全面地提出了信贷计划管理的一整套做法，包括信贷计划编制的依据、内容、管理体系、权限划分、审批程序和检查制度等。

根据这个办法，全国各级银行从1953年起开始编制信贷计划，并普遍建立了信贷计划管理机构和执行信贷计划管理制度。各级银行负责编制各自的年度（分季）和季度（分月）信贷计划，并逐级上报审批，最后由中国人民银行统一平衡全国的信贷收支指标，下达到各地贯彻执行。在这种纵向型信贷资金管理体制下，实行的是"统存统贷"的管理办法；各级银行发放各项贷款，由总行分别核定计划指标，逐级下达，各级银行只能在指标范围内掌握贷款发放。这样，从"一五"时期起，便确立了高度集中的信贷计划管理体制。

三、取消商业信用，集中信用于国家银行

"一五"时期，国家开始进行大规模经济建设，要求对资金实行高度集中管理的计划分配，而在1953年、1954年两年中，社会主义企业之间的商业信用一般仍占企业流动资金的10%~20%。当时认为，商业信用扩大了企业流动资金的占用，不利于国家对流动资金的集中管理和资金分配计划的贯彻执行，不利于银行对生产和商品流转计划执行情况的监督，因此有必要取消商业信用，

集中信用于国家银行。

1954年3月,中国人民银行和商业部共同清理了国营商业系统内部的商业信用,规定国营商业企业的商品购销货款和资金往来一律通过中国人民银行办理结算。1955年3月,根据国务院指示,中国人民银行和财政部通过与有关部门共同研究,一致同意统一步调,取消商业信用。1955年5月6日,国务院批转中国人民银行的报告,同意取消国营工业间以及国营工业和其他国营企业间的商业信用,代之以银行结算,认为这对于节约国家资金使用和巩固经济核算有很大的好处。

为了加强信用管理和便于工商企业转账结算,中国人民银行进一步健全了银行结算制度。1952年末,中国人民银行在苏联专家的帮助下,制定了八种结算方式,并从1953年3月开始,首先在国营商业系统试行,之后,逐步推广。到1955年末以前,国营商业系统内部的大部分商品调拨和国营工业中的一部分购销收付,都已通过银行办理托收承付结算。

1955年上半年,中国人民银行在总结八种结算方式试行经验的基础上,对这些结算方式作了进一步修改,并制定了《国营企业、供销合作社、国家机关、部队、团体间非现金结算暂行办法》,于1955年9月在全国实行。随着商业信用的取消和八种结算方式的推行,到"一五"计划后期,基本实现了一切信用集中于国家银行,从而进一步加强了中国人民银行对资金管理的集中统一。

四、建立现金出纳计划制度,加强对货币发行的管理

随着国家对私营经济社会主义改造的逐步深入和大规模经济建设的开始,反映在市场货币流通上不仅规模扩大,在流通渠道、

地点分布，以及货币投放与回笼的季节性等方面，都发生了一些变化。为了适应这种新的情况，中国人民银行于1952年10月召开全国货币管理会议，强调加强货币流通计划管理工作的重要性，拟订了《现金出纳计划编制办法（草案）》，上报中央财经委员会。1953年9月13日，中央财经委员会发布《关于加强现金出纳计划工作的指示》，要求各大区和各省、直辖市、自治区财经委员会"把现金出纳计划工作建立与掌握起来，组织有关部门结合市场情况，对收购的投放和物资供应、税收等的回笼进行适当安排"。根据中财委的指示精神，中国人民银行向各级银行发布了《现金出纳计划编制办法（草案）》，规定国营企业、供销合作社、国家机关及团体等货币管理单位，应编制本单位的现金出纳计划；省级主要财经主管部门，应编制包括所属机构的系统的现金出纳计划或提供有关计划材料。中国人民银行总行和各省（自治区、直辖市）分行以及各县（市）支行，应分别编制全国的、全省（自治区、直辖市）的、全县（市）的综合现金出纳计划。到1953年末，中国人民银行各级机构均已开始编制现金出纳计划，按计划组织现金的投放和回笼。

在实行现金出纳计划编制办法之前，各级银行在现金调拨上，是按照汇兑业务的差额来出库或入库的，即汇出款项大于汇入款项，就入库；反之，汇入款项大于汇出款项，就出库。当时把这种做法叫做汇差出入库制。实行这个制度，各级银行可以主动按汇差出库或入库。1953年，在苏联专家的具体帮助下，中国人民银行制定了《银行现金调拨暂行办法》。这个办法的基本精神是，贯彻货币发行统一政策，使现金调拨与现金出纳计划密切结合，各级银行只能在中国人民银行总行批准的现金出纳计划发行数字内动支发行库款。这个办法先在几个地区试行，1954年7月开始全面推行。从此，汇差出入库制即为现金计划调拨制所取代。

第二节　集中资金支持国民经济的发展

一、运用多种手段聚集资金

中国进行大规模的经济建设过程中面临的一个突出矛盾是资金不足。"一五"时期，单是国家确定的以 156 个重点建设项目为中心、由 694 个大型建设单位组成的工业基本建设，其固定资产投资就需要 600 多亿元。同时，国营工商企业还需要大量的流动资金，而且随着建设项目的陆续投产，对流动资金的需求量迅速增加。能否及时、有效地解决各方面的资金需要，关系到"一五"计划的实现，也关系到人民生活水平的提高。在"一五"时期的五年间，银行各项存款余额，从 1952 年末的 93.3 亿元增加到 1957 年末的 165.5 亿元，这对于解决经济建设资金的不足具有重要作用。

（一）继续加强现金管理

1950 年 4 月，中央人民政府政务院颁布的《关于实行国家机关现金管理的决定》，对统一国家的财政经济工作起了重要的作用。进入"一五"时期，随着大规模经济建设的开始，货币支付数额急剧扩大，国家责成中国人民银行进一步运用现金管理的行政手段集中资金，普遍核定各单位的库存现金限额，各单位超过限额的现金必须及时交存银行。在整个"一五"时期，银行主要依靠运用行政手段来管理现金和集中资金，国家机关、团体、企事业等单位的存款，一般占银行存款总额的60%左右。

（二）大力发展储蓄和保险业务

中华人民共和国成立以后，人民政府一直实行鼓励和保护人民储蓄的政策。1954年9月，第一届全国人民代表大会第一次会议制定的《中华人民共和国宪法》明文规定"国家保护公民的合法收入、储蓄、房屋和各种生活资料的所有权。"由于新中国实行了正确的储蓄政策，在生产发展、人民收入增加的基础上，经过银行的努力，"一五"时期储蓄事业出现了蓬勃发展的势头。

中共中央和中央人民政府非常关心储蓄工作的开展。1955年11月，国务院在批转中国人民银行《关于进一步发展人民储蓄事业的报告》时指出："鼓励人民节约储蓄是国家的一项重要经济政策。几年来国家银行所吸收的储蓄存款已成为积累国家建设资金的重要源泉，而且在积蓄人民购买力，调剂商品供应和稳定市场等方面都起了一定的作用。"

"一五"时期，中国人民银行在发展人民储蓄事业方面，主要采取了以下措施：一是在合理确定利率水平的条件下，对储蓄存款的利率给予优惠。新中国建立初期，在物价还不稳定的情况下，规定了较高的储蓄利率；随着物价稳定而逐步降低利率时，储蓄利率仍然高于一般存款利率，对华侨汇款转存储蓄的利率还给予更多的优惠，使广大储户的利益得到了维护。二是增设储蓄网点，方便群众存取。1955年3月，中国人民银行决定在各级银行设立储蓄工作管理机构，并确定按照"小型多设"原则发展城市储蓄基层服务网点，统一定名为"储蓄所"，以取代原来的流动服务组。同时，在机关、企业、学校等单位建立储蓄代办所，便利储户存取。三是在1956年制定了"存款自愿、取款自由、为储户保密"的储蓄原则，并一直作为指导人民储蓄事业健康发展的基本原则。

积极开展保险业务是支持和保障社会生产力发展的需要，也是积聚社会资金的一条重要渠道。在"一五"时期，新中国的保险工作经历了整顿、巩固到稳步发展的过程，取得了显著成绩。1957年，全国公民财产保险承保户达332万余户，简易人身保险的承保人数从1952年的10余万人增加到80余万人，团体人身保险的承保人数也从1952年的100余万人增加到200余万人。在江苏、四川、辽宁等省农村开办了养猪保险。与此同时，保险公司积极开展涉外保险业务，支持对外贸易与远洋航运业的发展。国内外保险业务的开展，不仅为国家、集体和个人财产提供了经济补偿，有利于发展国民经济和安定人民生活，也减轻了国家财政负担，并为国家积聚资金作出了贡献。

（三）不断补充信贷基金

"一五"时期，国家在经济工作中比较注意财政、信贷的各自平衡和综合平衡。除了银行积极吸收储蓄存款、扩大信贷资金来源以外，国家财政每年都增拨信贷基金，并把大部分的银行结益留给银行用于补充信贷资金。例如，1953年到1955年的三年间，银行共有结益22.4亿元，其中上缴财政7.1亿元，留给银行补充信贷资金的有15.3亿元，占银行结益总额的68.3%。1956年、1957年两年，银行共有结益17.8亿元，其中上缴财政14.5亿元，占银行结益总额的81.5%，上缴的比例虽然大一些，但这两年国家财政共拨给银行信贷基金25.5亿元。从整个"一五"时期的情况看，银行共向国家财政上缴利润21.6亿元，财政给银行增拨信贷基金25.5亿元。这就是说，除了银行的结益留用于补充信贷基金以外，国家财政还给银行增拨了3.9亿元信贷基金。这一时期，国家开始大规模经济建设，在资金十分紧张的情况下，银行扩大信贷资金来源主要是靠多吸收存款和增加自有资金。1953—1957年，银行自有资金从11亿元增加到54.3亿元，增加43.3亿元；各项存款从93.3亿元增加到165.5亿元，增加72.2亿元；而五年只增发票子25.3亿元，市场货币流通量从27.5亿元增加到52.8亿元。这说明，"一五"时期保持信贷收支平衡，不是靠多发票子。

（四）积聚外汇资金

"一五"时期，中国银行积极支持对外贸易部门扩大出口创汇，大力沟通侨汇汇路，并加强非贸易外汇的管理，从多方面积聚外汇资金，为经济建设服务。1954年，中国银行建立了对国营企业的外贸信贷制度，进一步支持外贸部门扩大出口，按计划组织进口。到1957年末，银行发放的外贸贷款从1952年末的7.4亿元增加到14.9亿元，增长了1倍多，积极支持了进出口贸易的发展。遵照《中华人民共和国宪法》中关于"保护国外华侨、国内侨眷正当权利和权益"的规定和国务院《关于贯彻保护侨汇政策的命令》，中国银行采取多种方式，广泛宣传国家保护侨汇的政策，发挥海外联行和代理行的作用，广泛设立解付侨汇的网点，从多方面为便利侨汇和服务侨胞创造条件；同时加强非贸易外汇的管理，努力增收节支，为国家经济建设积聚了宝贵的外汇资金。在整个"一五"时期，国家共收入贸易外汇68亿美元，平均每年13.6亿美元，比1952年的8亿美元增长了70%，非贸易外汇收入也有一定的增长。

二、集中资金支持国营经济的发展壮大

全民所有制的国营经济是实现国家工业化、搞好城乡物资供应、繁荣经济的主导力量。在1952年国民经济恢复时期结束时，新中国的社会主义经济成分在国民经济中的比重虽然有了很大增长，但私营工商业的力量仍然不小。据统计，1952年私营商业在商业企业商品批发额中仍占36.3%，在商业企业商品零售额中的比重则高达57.2%；私营工业的产值占工业总产值的比重为30.6%，全民所有制工业产值只占工业总产值的41.5%。这种状况表明，国营经济在国民经济中的主导地位尚未形成。因此，集中资金力量支持国营经济的发展，尽快壮大国营经济实力，具有重要的意义。

（一）重点支持国营和供销合作商业的发展

"一五"时期，银行支持国营经济的发展，重点是支持国营和供销合作商业的发展壮大。

1. 配合商业部门"建站核资"，对商业经营单位直接发放贷款，促使其扩大购销。1952年，随着国民经济恢复任务的基本完成和大规模经济建设的即将开始，原来实行的对平抑物价起过积极作用的、以物资统一调度、资金集中管理为内容的贸易金库制，已经不能适应形势发展的要求。1952年9月，政务院决定撤销贸易部，分别设立商业部和对外贸易部，同时将原来贸易部粮食公司和财政部粮食局合并设立粮食部。同年10月，商业部和中国人民银行在河北省部分地区百货系统就取消贸易金库、核定资金、实行经济核算制试点，并在邯郸地区百货系统进行"建站核资"。在试点的基础上，1953年2月，中国人民银行和商业部联合颁发《中国人民银行办理国营商业短期贷款暂行办法》，确定将原来由中国人民银行总行统一掌管、向中央主管部门集中发放贷款的做法，改为将贷款下放到各省（自治区、直辖市）分行分级管理，由各级银行向当地实行独立核算的商业企业按其财务收支差额发放贷款。这样，使基层银行与商业经营企业建立起直接的信贷关系，便于银行了解企业的资金运用情况，更好地发挥信贷的服务和监督作用；可以减少在上交、下拨过程中的资金占用，增强企业的责任感，节约资金的使用；有利于国营商业企业根据市场情况灵活营运资金，扩大购销业务。《中国人民银行办理国营商业短期贷款暂行办法》施行的结果，国营商业和合作商业在社会商品批发总额中所占的比重明显上升，从1952年的63.2%，上升到1957年的95.3%。

2. 支持国营商业部门落实统购统销政策，搞好市场供应。1953年大规模的经济建设开始以后，社会购买力迅速提高，市场开始出现某些商品供不应求的情况，粮食等重要农产品的供应更为紧张。为了解决供需之间的矛盾，国家除了狠抓发展生产这个根本环节外，还从分配和流通上采取了有力措施。1953年11月起，国家相继对粮食、食油、棉花、棉布实行了计划收购和计划供应（以下简称统购统销）的政策；1953年下半年，国营商业和供销合作社扩大了对国营工业产品的包销，同时有计划、有步骤地扩大了对私营工业的加工订货和统购包销。这样，不仅使国营商业部门掌握了重要工农产品的货源，增强了市场供应能力，也促进了对私营经济的社会主义改造。为了支持国营商业部门贯彻落实统购统销政策，中国人民银行对国营商业和供销合作社统购统销物资的收购，采取了充分供应资金的信贷方针。由于银行在资金上给予大力的支持，"一五"时期国营商业发展迅速，力量显著壮大。

3. 协助国营商业部门开展对资本主义工商业的社会主义改造工作。"一五"时期，中国人民银行一方面以大量的资金，及时解决国营商业部门对私营企业实行加工订货、统购包销的资金需要；另一方面，又对资本主义工商业的不同行业和不同企业，通过贷款的贷与不贷、贷多贷少、期限长短、利率高低等，鼓励和促使它们接受社会主义改造。由于银行和国营商业部门的紧密配合，使对私营企业的改造工作进展快，成效显著。加工订货、统购包销和一次性收购占私营工业产值的比重逐年上升，1956年实现全行业公私合营后，全部工业品基本上为国营商业部门所掌握。

（二）大力支持国营工业的发展

在完成国民经济恢复的1952年，中国的现代工业产值在工农业总产值中只占26.7%；在工业总产值中，生产资料的产值只占39.7%，当时中国还不能制造汽车、拖拉机、飞机以及重型机械和精密机器。"一五"时期，银行有计划地增加了对工业特别是对国营工业的贷款，积极支持国营工业的流动资金需要。在五年中，银行工业贷款增长了2.3倍；工业贷款在银行贷款总额中的比重，由1952年的9.8%增加到1957年的12%。同时银行对国营工业贷款的利率，下降了20%~50%。

"一五"时期，银行发放的工业贷款主要用于企业的超定额物资储备。对生产企业完成生产任务的正常储备需要，按信贷计划供应资金；对工业供销企业在储备、供应原料和成品方面所需占用的流动资金，采取与批发商业相同的方针，按进货计划掌握资金供应。根据国家优先发展重工业的方针，"一五"时期，银行对重工业的贷款在工业贷款总额中始终占最大比重（44%~60%）。据统计，"一五"时期，中国工业总产值增长了1.3倍，其中重工业产值增长了2.1倍。银行对国营工业的信贷支持，对于发展工业特别是推动以重工业为中心的经济建设，发挥了积极作用。

（三）促进国营企业改善经营管理

"一五"时期，银行在及时解决国营工商企业发展生产、扩大流通所需资金的同时，还通过信贷活动促进企业改善经营管理，加速资金周转，提高资金使用的经济效益。

1. 取消按企业财务收支差额发放贷款的做法

取消贸易金库制后，实行按企业财务收支差额发放贷款的办法，但这种办法在推行中产生了一些弊端，主要是企业财务收不抵支，有差额就由银行贷款弥补，而企业的财务收支计划是由各种收付因素构成的，因而银行难以掌握贷款的正常用途，难以保证贷款的合理性。这样，不利于促进企业改善经营管理，搞好经济核算。

1954年7月和1955年5月，中国人民银行和商业部先后联合下达通知，重新制定国营商业短期贷款暂行办法；1955年6月，中国人民银行下达《国营工业生产企业短期放款办法》，决定从1955年第二季度起在燃料工业部、轻工业部、第一机械工业部、纺织工业部、交通部、林业部、重工业部、铁道部等企业推行。新的贷款办法取消了按企业财务收支差额发放贷款的做法，明确提出了银行要根据国家批准的生产计划和商品流转计划编制信贷计划，按照企业在完成国家计划过程中的实际需要，有计划、有目的地发放贷款；贷款的增减要与企业商品库存的增减相适应；同时规定，企业必须按期归还贷款，否则银行将主动从企业的结算账户中扣收；借款单位要定期向银行提供财务报表，银行应对企业的资金运用情况进行检查分析和提出意见，促进企业改善管理。新的贷款办法在总结过去经验的基础上，明确提出了"贷款要按计划发放，贷款要有适销对路的物资作保证，贷款要按期归还"三项信贷基本原则。从"一五"时期起，银行信贷办法虽几经更改，但始终坚持这三项信贷基本原则。

2. 区别不同情况，灵活掌握贷款的发放

在执行新的贷款办法过程中，银行还根据不同的商品、不同的经营环节和贷款的不同投向对贷款加以区别对待。一是区别对待不同商品的采购资金需要：对与市场供应、对外贸易、人民生活密切相关的粮食、棉花、油料等国家统购统销的农产品和主要工业产品，银行根据实际需要充分供应资金；对一般的农产品和工业产品，银行则根据信贷计划掌握发放贷款，防止盲目生产和盲目收购。二是区别对待批发和零售环节的资金需要：为了避免出现批发商业因资金不足而拖欠工厂货款，或者为了满足批发商业资金需要而频繁调剂贷款指标，从1957年起，对批发商业由原来的按照下达的贷款指标掌握贷款改为按信贷计划和国家批准的进货计划掌握贷款，在进货计划超过贷款计划时，经银行审查同意后也可给予贷款，这样有利于更好地发挥批发商业的"蓄水池"作用；对零售商业，根据其"以销定进"的经营特点，银行按照信贷计划掌握贷款的发放，以促进其勤进快销，合理储备。三是区别对待不同贷款用途：对企业用于正常的采购、储备和销售，能够掌握相应物资的贷款，银行积极给予支持；对用于农产品预购定金、向私营企业订货预付定金、预付运费及其他经指定的特种用途的特种贷款，银行严格控制在批准的信贷计划内，按规定的额度和用途掌握，以防止因多发放贷款而扩大社会购买力，增加对市场供应的压力。

3. 改变流动资金管理制度

"一五"计划实施初期，国家对企业流动资金的管理，除了商业、外贸、粮食以及农业部门以外，所有国营企业的流动资金定额均按其生产销售过程中所需全部资金核定，定额的85%由财政部门拨款，其余15%由银行发放定额贷款；企业超定额的资金需要由银行贷款解决。由于对企业的流动资金定额是按企业生产、销售的最高需要核定的，而在计划年度内的不同时期，企业对流动资金的需要量是不一样的，除了资金需要的高峰时期外，企业有相当一部分资金经常处于闲置状态，这与加速资金周转、加强经济核算的要求是相违背的。

1954年下半年，财政部、中国人民银行联合向政务院报告，建议取消银行对国营企业流动资金的定额贷款，实行银行对企业季节性资金、超定额资金和结算资金进行贷款的办法。将企业生产和流通中的流动资金划分为企业自有资金和借入资金两部分，前者由财政拨付，后者由银行贷款。1954年12月17日，政务院在批准这个报告时指出，报告中所提的办法"对合理地使用国家建设资金，促进企业的经济核算，均有一定好处"。

1955年3月，中国人民银行全国分行行长会议就实行这个新的流动资金管理体制作了进一步部署，确定了财政拨款与银行贷款的分工、企业自有资金和银行贷款的范围和使用的方法。国营工业企业的定额资金、国营商业企业的非商品资金和一部分商品资金由财政拨款解决。银行贷款只解决工业季节性的、在途的、临时的资金需要以及商业的大部分商品资金和在途资金的需要。

总的来看，"一五"时期，银行为国营经济的发展筹集了大量的资金，对壮大社会主义经济实力发挥了重要作用；同时，银行通过加强信贷管理和改进贷款办法，促进国营工商企业加强经济核算，提高了资金使用的经济效益。但是，由于缺乏经验和对实际情况缺乏具体分析，在银行工作中也存在缺点和问题，主要是有些计划管理要求过高、过严，有些制度办法过细、过死，不利于灵活、有效地调度资金，未能充分发挥资金在生产、流通中的促进作用。

1957年，中国人民银行根据中共中央和国务院的指示精神，经过认真调查研究，对信贷、结算办法中那些机械、繁杂的规定作了修改，力求做到简单、明了、适用，符合社会主义改造基本完成以后新的形势需要。但由于"左"倾思潮的冲击，这些改革措施未能得到实施。

三、促进社会主义改造

"一五"时期，根据过渡时期总路线的要求，中国人民银行灵活运用信贷、利率等经济杠杆，为实现对农业、手工业和资本主义工商业的社会主义改造作出了自己的贡献。

（一）促进农业和手工业的社会主义改造

1953年8月31日，政务院在其发布的《关于发放农业贷款的指示》中明确指出，中国人民银行在农村的主要任务，就是通过农业贷款及组织信用合作等农村金融活动，来扶持贫困农民，发展生产，并和高利贷者作经济斗争。根据上述决议和指示要求，"一五"时期，农村金融工作主要抓了两个基本环节：一是以大量的信贷资金帮助农民解决生产、生活困难，促进农业合作化运动的发展；二是建立和发展信用合作社，组织农民进行资金互助，打击高利贷活动。

1. 帮助贫困农民解决生产、生活困难

"一五"时期，银行针对土地改革后农民生产、生活中仍不时发生困难的情况，在支援农业中把帮助贫困农民解决生产、生活中临时困难所需资金作为一个重要内容来抓。据统计，从1953年到1957年，银行累计发放农民生活贷款12.8亿多元，这些贷款除帮助农民解决购买口粮款的临时困难外，主要是帮助农民发展家庭副业，增加收入，逐步改善其经济状况。同时，银行还发放巨额贷款支持移民垦荒。

2. 加强对农业生产合作社的资金支持

中国共产党引导亿万农民走社会主义合作化的道路,这是中国农村几千年来生产关系的巨大变革,是一场异常深刻的革命。1953年12月16日,中共中央在《关于发展农业生产合作社的决议》中指出,"工人阶级领导的国家必须根据需要与可能,照顾到互助合作农民和单干农民的关系,给农业生产合作社以适当的物资援助,例如农业的低利贷款。"根据中共中央的指示精神,随着农业合作化运动的发展,银行农业信贷工作的重点逐步转向对农业生产合作社的支持。1953年到1957年,银行累计发放农业贷款84.2亿元。"一五"时期银行对农业生产合作社贷款的利率降低了40%~52%。

3. 发放贫农合作基金贷款,帮助贫农解决交纳入社基金的困难

农业生产合作社是农民根据自愿互利原则联合起来的合作经济组织。农业生产合作社的生产基金由社员以生产资料入股的形式筹集。为了帮助贫农和部分下中农解决无力交纳入社股份基金的困难,保证农业生产合作社的健康发展,中共中央于1955年6月决定,由银行举办贫农合作基金贷款,期限5年,月息4‰,贷款本利由个人负责归还。到1956年末,银行发放这项贷款共7.4亿元,帮助4000多万户贫农和部分下中农解决了交纳入社股份基金的困难,因而受到广大农民的热烈欢迎。

4. 举办农业基本建设贷款,帮助农业生产合作社解决扩大再生产的资金需要

1955年,农业生产合作化运动进入了高潮。针对农业生产合作社建立起来以后迫切需要添置和更新设备以扩大再生产,而因其刚刚建立无力承担全部投资费用的情况,国家除了运用财政手

段增加对农业的投资以外,还决定运用信贷手段对农业生产合作社发放基本建设贷款。1955年10月,中共中央在《关于农业合作化问题的决议》中强调指出,"人民银行和农业银行,除了设立贫农合作基金贷款,以便帮助解决贫农入社基金的困难,而有利于贫农同中农的合作以外,应该逐步地增加对于农业生产合作社的基本建设投资的贷款,恰当地降低利率,并且延长偿还期限,可以规定为三到五年。"根据该决议的精神,中国人民银行随即举办了对农业生产合作社的基本建设投资贷款(简称设备贷款)。在"一五"时期银行发放的农业贷款中,用于生产费用的贷款约占43.1%,用于基本建设的贷款约占21.8%。这对于帮助农业生产合作社解决基本建设投资的资金困难、发展农业生产力和巩固集体经济起了重要作用。

5. 大力发展农村信用合作社

1953年12月,中共中央在《关于发展农业生产合作社的决议》中指出:"农业生产互助合作、农村供销合作和农村信用合作社这三种分工而又互相联系和互相促进,从而逐步地把农村的经济活动与国家的经济建设计划联结起来,逐步地在生产合作的基础上改造小农经济。"该决议还指出:"农村信用合作社的发展,现在有各种不同的形式,例如,信用小组、信用合作社或供销合作社信用部。应该继续推广和改进这种形式并使其与农业生产互助合作进一步地密切联系起来,有系统地支持农业合作化的运动。"根据这个决议精神,中国人民银行加强了对农村信用合作社的组织领导,把它列为当时农村金融工作的一项中心任务。

1954年2月,中国人民银行召开全国第一次农村信用合作工作会议,会议总结了以往农村信用合作工作的经验教训,分析了当时开展农村信用合作的有利条件,确定了"积极领导,稳步前进"的发展方针。这次会议以后，在中国人民银行总行的积极领导和各级党政领导的重视与推动下，各地银行干部深入农村，开展宣传，具体帮助。

1955年3月召开的全国农村金融工作会议提出，要大力整顿农村信用合作社，把农村信用合作制度巩固下来。在整顿中，各地农村信用合作社一方面积极开展存放款业务，组织资金，支持生产；另一方面普遍训练干部，健全民主管理制度和财务管理制度。经过整顿的农村信用合作社，基本上具备了这样几个特点：第一，社务由群众当家做主，重大问题经过群众民主讨论，能够发挥群众办社的积极性；第二，账目清楚，存取方便，可以随时解决群众的生产生活困难；第三，制度比较健全，能够为存户保守秘密，易于解除群众"怕露富"的思想顾虑。同时，坚持实行分红制度，把农村信用合作社经营好坏同社员的经济利益联系起来。这种组织上的群众性、管理上的民主性和经营上的灵活性，保证了信用合作的健康发展，使农村信用合作社很快成为组织动员农村闲散资金、发展农村经济的一支重要力量。

在社会主义改造过程中，中国人民银行还积极支持了手工业合作化的发展。1954年6月，中共中央向各级党委发出指示，要求加强对手工业生产及其合作化工作的领导，明确了促进手工业合作化运动的发展是有关机关、企业、团体的共同责任。根据中共中央指示，中国人民银行及时加强并改进了这方面的信贷、结算工作。各地银行在当地党政统一领导下，积极支持手工业合作化的资金需要。在社会主义改造高潮中，中国人民银行对于工业合作社及时给予贷款支持，解决了它们在改造以后扩大生产的资金需要。

（二）促进资本主义工商业的社会主义改造

"一五"时期，国家在对资本主义工商业实行利用、限制、改造政策中，运用了法律手段和行政手段，而更多的是通过种种经济措施对资本主义工商业进行社会主义改造。在贯彻国家对资本主义工商业进行社会主义改造的政策中，中国人民银行运用信贷、利率等经济杠杆，采取多种金融措施，促进私营工商业社会主义改造的胜利完成。

1. 实行区别对待的信贷政策

在资本主义工商业社会主义改造的不同阶段，中国人民银行针对私营工商业的不同情况，实行了区别对待的信贷政策。

20世纪50年代初期，从当时生产和市场的实际情况出发，私营工业对满足人民需要、稳定市场有较为重要的作用，银行在贷款的掌握上，对私营工业企业的贷款优于私营商业企业，对私营工业企业贷款的利率也低于私营商业企业；当时银行对私营工业企业的贷款，以补充私营工业企业生产所需流动资金的不足为原则；对私营工业企业基本建设、添置设备等固定资金方面的需要，一般不给予贷款；对私营工业企业发放贷款，重点是接受加工订货的企业；对自产自销的私营工业企业，在贷款上从紧掌握；对生产生产资料和市场紧缺生活用品的私营工厂和运输业，则优先贷款；在对私营工业企业的贷款条件上，接受加工订货者优于未接受加工订货者，订有长期加工合同者又优于临时加工订货者。

国家对资本主义商业的社会主义改造，是按照先批发商业、后零售商业的步骤进行的。按照这个总的部署，中国人民银行从1953年下半年开始，严格控制私营大批发商业的贷款，并收回其到期的贷款。在私营批发商业国有化的改造过程中，国家准备对哪个私营批发商业实行国有化，银行便停止对其贷款，以促使其接受改造。当时，全国各地银行根据当地规定的公私商业经营比重，对私营商业只在其经营范围内自有资金不够周转时，才给予适当的贷款，并规定贷款原则上只能用于商品流转，并加强监督，防止贷款被挪用于其他用途。

2. 坚持"以存定贷"的信贷原则

在对资本主义工商业社会主义改造期间，中国人民银行一方面努力吸收私营工商业的存款；另一方面，在对私营工商业贷款的总规模上，贯彻"以存定贷"的信贷原则，即银行吸收的私营工商业存款额始终大于对它们的贷款额。实践表明，银行既支持资本主义工商业发挥其有利于国计民生的积极作用，同时又将这种支持保持在私营工商业存款量的限度以内，这种做法有利于促进私营工商业的社会主义改造，有利于银行以主要资金力量支持国营经济的发展壮大，也有利于货币流通和市场物价的稳定。

3. 加强由公到私资金流动的组织和监督

私营工商业的资金来源，除了它们的自有资本和银行贷款以外，主要来自国营企业支付的加工订货、经销代销等款项，这些款项大都是由银行贷给国营企业，再由国营企业支付给私人企业的。这些由公到私资金的流动，其资金数量大小、资金流向与资金运用情况，对银行的信贷收支，对货币的投放回笼和市场物价的稳定，以及对资本主义工商业的社会主义改造，都有重要的影响。因此，中国人民银行规定，凡是通过各种国家资本主义形式与国营经济发生联系的私营工商业，都要在中国人民银行开户，国营经济与私营工商业的一切资金往来都通过中国人民银行监督支付，以保证专款专用。

1956年，随着资本主义工商业全行业公私合营在全国范围实现，原来私营企业的性质发生了根本变化。在这种情况下，银行及时调整了信贷政策，积极支持合营企业进行合理改组，改善经营管理，充实这些企业在合营以后扩大生产经营的流动资金。

第三节　发行新人民币，完善人民币体制

一、发行新人民币的必要性和可行性

在建立新中国的货币制度时，中共中央考虑分两步走，即先实现货币的统一，后实现货币的稳定。1948年12月开始发行第一套人民币（也称之为"旧人民币"），是在中国历史上空前的恶性通货膨胀时期进行的，人民革命战争正在进行，城乡经济恢复工作尚在筹划之中。因此，当时的人民币还留存着通货膨胀的痕迹，是战争环境和恢复时期特定条件下的产物，只实现了战时货币整理与统一的任务。主要表现是：人民币面额很大，单位价值低，名义上以"元"为单位，实际上市场上没有标价1元的商品，即使100元面额也很少使用；在日常生产和商品流通中，经常要以亿、几十亿乃至百亿元计价和结算，给经济管理带来许多不便，并给人民币的形象带来不利的影响；货币的面额种类较多，版别复杂多达62种，人民群众不易识别；人民币纸质不佳，有的印制质量较差，流通中的人民币磨损残破较多，不利于人民币防伪反假；除少数几种人民币上印有蒙文、维吾尔文外，绝大部分只印有汉文一种文字，不便于人民币在少数民族地区流通。经过三年的经济恢复和"一五"计划的顺利实施，全国财经工作实现了统一，金融、物价基本稳定，财政实现了收支平衡并略有结余，国民经济出现了欣欣向荣的大好形势，钞票印制工业从分散走向集中统一，钞票印制技术有了提高。早在1950年3月制止通货膨胀

后，中国人民银行就开始发行第二套人民币（也称之为新人民币）的准备工作，到1955年，发行新人民币的条件基本成熟。

二、从实际国情出发，实现新旧人民币平稳兑换

在发行新人民币的准备过程中，对发行时机、新旧人民币比值，特别是应实行怎样的兑换政策，曾有过不同的主张。1953年8月2日，中央财经委员会向中共中央呈报《关于发行新人民币的请示报告》，为正确决策提供了科学依据。据此，中央作出了以下决策：

1. 确定符合国情的等值兑换政策

第二次世界大战后，西德、苏联等国家为了制止通货膨胀、消除过多的货币，在货币改革时，实行了按不同对象采取不同兑换比值的政策，以达到收缩货币总量的目的。我国1955年发行新人民币，主要是解决货币面值过大的问题，以消除战时通货膨胀的痕迹。当时大规模经济建设已经展开，经济开始繁荣、市场物价稳定，不存在必须收回的多余的货币；现钞持有者多是职工、农民、市民和小商人，兑换新人民币后不能让广大群众的利益受到损失；国家实行保护私人工商业政策，不能由于兑换新人民币而影响他们的生产经营活动和正当的财产收益。中共中央和国务院充分考虑到我国的具体国情，决定采取新旧人民币不分对象、等价划一的兑换政策，既保护了人民群众的利益，又防止了国家工资政策、物价政策、财政收支、市场物价和外汇牌价的波动，从而保证新人民币发行顺利进行。实践证明，兑换政策受到了全国人民的支持，使人民币制度有了更坚实的经济社会基础。

2. 确定合理的新旧人民币比值

发行新人民币，不改变人民币持有者的实际价值量，而只是

改变价格标度，缩小人民币面额，提高人民币单位"元"的价值含量，使新的货币单位符合社会、经济的实际，更好地发挥人民币在计价、流通和支付中的作用。根据当时的市场价格体系和抗日战争前国内黄金、银元价和美元的购买力水平，经过多方面的测算，认定1：10000的兑换比例比较恰当。当时人民币面额最大的为50000元，最小的为100元，把最小单位缩小到新辅币的1分，完全可以满足小商品交易的需要；新旧人民币按1：10000的比例兑换，符合市场实际购买力和价格状况。新人民币的兑换得到人民群众的拥护和称赞。

3. 选择适当的发行时机

发行新人民币，事前做好了周到的设计、印制、储存和运送等各项工作。当时市场流通的旧人民币面额种类较多、版别复杂。中国人民银行总行在1950年1月就提出了新人民币的设计方案，在得到政务院原则批准之后，于1951年拟定了新人民币的制作方案，毛泽东主席和周恩来总理对票面形象和图案设计提出了含义深远的建议。各项准备工作在1954年末基本就绪，若拖延发行时间过长，将不得不增印旧人民币，造成浪费；若过早发行新人民币，恐集中兑换过急，出现市场货币流通不畅。新人民币发行时间原拟定于1955年1月，为避开春节期间货币投放高峰，推迟到1955年3月1日正式发行。

三、周密组织，顺利地完成发行任务

为了使发行新人民币、收兑旧人民币工作在风平浪静的情况下进行，国务院决定提前公布发行新人民币的时间，并作了周密的部署。从1955年2月21日起，全国各地的宣传机构运用各种宣传工具，对发行新人民币展开了广泛的宣传。主要是针对旧中

国通货膨胀给广大人民留下的恶劣影响，针对部分群众"怕露富"、"怕人民政府摸自己财产底细"等顾虑，采取对比的方法用事实进行宣传，使广大人民群众很快了解了发行新人民币的意义和政策，并拥护国家这一重大措施。

1955年2月21日，周恩来总理发布《关于发行新的人民币和收回现行的人民币的命令》，责成中国人民银行自1955年3月1日起发行新人民币，收回当时流通的人民币。新人民币面额，主币分为一元、二元、三元、五元、十元五种，辅币分为一分、二分、五分、一角、二角、五角六种。每种券别版面均印有汉、藏、蒙古和维吾尔四种文字。自新人民币发行之日起，凡机关、团体、企业和个人的一切货币收付、交易计价、契约、合同、单据、凭证、账簿记载及国际间的清算等，均以新人民币为计算单位；所有在新人民币发行前的一切债权、债务，包括国家公债在内，亦自同一日起，按法定比率折合新人民币计算和清偿。所有旧人民币均由中国人民银行按法定比率全部收回。兑换办法规定：全国各地不分阶层，凡持有旧人民币者，自新人民币发行之日起，均可到中国人民银行或代理兑换机构按法定比率兑换新人民币。在兑换期间，旧人民币仍可按法定比率折合新人民币流通，1万元、5万元面额的大票可流通到当年3月31日，在当年4月30日以前兑换；5000元面额以下的票，流通时间还可以稍长一些。在兑换期间，旧人民币可以按法定比率折合新人民币与新人民币同时流通。从1955年5月1日起，中国人民银行停止收兑。票面5000元及5000元以下各种旧人民币停止流通使用的时间，中国人民银行视收兑情形另行规定。为了做好新人民币发行和旧人民币收兑工作，中国人民银行除在银行机构设立兑换专柜外，还在城乡增设了兑换站及流动兑换小组，并委托国营企业、供销社、信用社等兑换，全国共设立各种兑换机构7.3万多个。对工厂、机关、学校、团体等单位，采取有组织的集中预约办法，由各单位把旧人民币汇集起来，按预约时间到银行集中兑换。在农村，很多地方采取分片、定点、定时通知兑换；为照顾农民春耕生产，银行组织流动组登门兑换；有的地区由政府、银行和贸易部门联合组织流动小组下乡，把宣传、售货与收兑工作结合进行。因此，新人民币发行十分顺利，在最初10天内收回的旧币即达市场旧人民币流通量的80%，至6月10日，收回的旧人民币占市场旧人民币流通量的98.1%。兑换期间，市场繁荣，物价稳定，人心安定。

1955年3月1日，新人民币发行后，市场商品流通、文化娱乐服务行业以及各种经济往来，全都按新人民币标价、记账和办理收付。同时，中国人民银行挂出了按新人民币计算的外汇牌价，对外清算一律按新牌价计算。各地中国人民银行按照1:10000的比价，把银行所有存款、储蓄、贷款等账册的旧币数目折成了新人民币，并向各公私企业、国家机关、团体或城市内使用支票的存款户开出了对账单。从1955年3月1日起，新人民币成为中国社会上一切货币收付、债权债务、交易计算、契约合同、单据凭证、账簿记载以及国际清算等经济往来的唯一计算和标价单位。

新人民币发行以后，群众反映新币好看、好算、好使用、好记账，国内各阶层都普遍欢迎。不同金额的新人民币，票面的图案、颜色和大小都有区别，不识字的人也能比较容易地识别出来。兑换比率规定，新人民币1元等于旧人民币1万元，便利了计算，节约了许多人力和财力。国务院发行新人民币的命令公布后，银行在城镇、农村的储蓄存款普遍上升，其中城镇储蓄增加更加突出。1955年3月上旬，全国城镇储蓄增加4700万元，3月中旬增加1060万元，而1954年全国平均每旬仅增加555万元。这次城镇储蓄存款增加的特点是，金额大、存款长，新开户多，说明人民群众对人民币币值的稳定具有信心。

作为完善货币制度的措施，1957年11月19日，国务院又颁布了《国务院关于发行金属分币的命令》，决定自1957年12月1日起，发行1分、2分、5分三种硬分币，材质为铝镁合金，与同面额纸分币等值混合流通，形成了比较健全的人民币主辅币结构。

四、新人民币发行的意义

新人民币从1955年3月1日开始发行到6月10日，在市场上已全部取代旧人民币流通。在一个有几亿人口的国家，新政权刚刚建立几年，仅用一百天时间便在全国范围内顺利地完成了发行新人民币、收兑旧人民币的工作，这是一件非常了不起的事情。

这次发行新人民币工作进行得这么顺利，基本原因在于：第一，新人民币的发行，是在国民经济经济增长、商品流通日益扩大、市场繁荣、物价稳定的情况下进行的，社会经济环境较好。第二，这次发行新人民币，不是货币制度的根本改革，它只是在人民币制度原有的基础上改变价格标度，调整货币的面额，提高人民币单位"元"的价值量，使新的货币单位符合社会经济生活的实际，更好地发挥人民币在计价、流通和支付中的作用。这是人民币制度的自我完善。第三，这次以新人民币兑换旧人民币，不分阶层、不分现金或存款，也不论兑换数量多少，一律按照统一规定的比率，实现无区别的新旧人民币兑换政策。这与第二次世界大战后，有些国家为了解决通货膨胀问题，在以新币取代旧币流通时所采取的按阶层、按现金或存款，按兑换数量的不同而实行不同的兑换比率，以此来收缩通货和进行国民收入再分配的做法，是根本不同的。

人民政府决定按统一规定的比率，实行无区别的新旧人民币兑换政策，完全是从中国实际情况出发的。这主要是由于：货币流通正常，币值稳定，不存在通货过多的问题，没有必要实行差别兑换政策来减少流通中的货币量；流通中的货币绝大部分掌握在职工和农民手中（据若干地区的典型调查估算，1954年末市场货币流通量分布状况是：农民占有65.4%，职工占有16.5%，国家机关和国营企业占有13.9%，私营工商业占有4.2%），如果压低旧人民币的币值，提高新人民币的兑换比率，将会使老百姓吃亏，这是人民政府绝不能办的事情。另外，民族资产阶级是人民的一部分，不能通过差别兑换率来再分配资本家的手持货币。

第七章 在曲折中前进的金融事业（1958—1978年）

从"一五"时期到改革开放前的 1978 年，中国处于计划经济时期，与之相适应的是"大一统"的国家银行体制，这一时期的银行经历了"大跃进"、"文革"等时期的坎坎坷坷。

第一节 "大跃进"时期金融工作的挫折与调整

一、"大跃进"对金融的影响

1958 年至 1960 年的"大跃进"，在当时的历史背景下，银行的各级领导和广大职工同全国其他行业一样，政治热情高涨，对金融工作的政策进行了一些探索，想方设法地支持国民经济"大跃进"。1958 年 3 月至 11 月，中国人民银行先后召开三次会议，强调要紧跟"大跃进"的形势，对企业扩大生产和流通所需的流动资金，要大胆支持，充分供应，不要怕贷款多了；强调要在有利于国民经济"大跃进"的前提下谈节约流动资金，否则就是非政治化倾向，就是单纯业务观点。由于这种错误指导思想，金融工作中脱离实际的瞎指挥、浮夸风等大大膨胀，放松了金融管理，造成了信贷失控和大量增发货币，使国民经济比例失调问题更加突出。

1. 中国人民银行的职能被削弱，金融处于失控的状态

随着这种以下放权限为中心的管理体制的形成，追求大计划、高指标之风的盛行，中国人民银行的职能被削弱，业务骨干被调出。中国人民银行总行机关职工由1956年末的2088人锐减到1959年末的820人；内设机构只保留有办公厅、参事室、人事局、计划研究局、信贷管理局、农村金融管理局、会计发行局、印制局、国外业务局9个司局。全国银行职工减少了近10万人，特别是基层业务骨干成批被下放到农村或转到工商企业部门，银行的基本业务制度和资金管理体系受到严重冲击，几乎处于全面失控状态。在"大跃进"的形势下，国民经济的综合平衡流于形式，各种经济比例关系严重失控；加上当时有人提出废除商品生产和商品交换，取消货币，否定信贷、利率的作用，导致了一系列不良后果。货币供应失去控制，助长了各地自行其是、各搞一套、重复建设、盲目投资，损失浪费惊人。

2. 下放银行信贷管理权限

1958年，国家的经济管理体制进行改革，下放管理权限，实行中央和地方两级管理。从1959年起，银行也分别划分了中央和地方管理信贷的权限，实行"存贷下放，计划包干，差额管理，统一调度"的管理办法，规定除了中央财政存款和中央企业贷款仍由中国人民银行总行管理外，其余存贷款的管理权限全部下放给地方，实行差额包干，即贷款大于存款的差额由中央补助，在计划包干的差额范围内多吸收存款可以多发放贷款。与此同时，许多省（自治区、直辖市）又进一步把信贷管理权限下放到专区

和县，对专区和县实行"计划包干、差额管理"的办法。由于信贷管理权限的分散，给一些错误做法开了方便之门，造成了一些混乱现象：一是许多地区把商业和粮食部门归还的贷款大量挪用于工业，并随意抽出流动资金用于基本建设、商品赊销和预付货款。二是许多地区的银行存款等统计数字不实，盲目夸大。一方面，银行贷款的不合理占用大量增加；另一方面，储蓄存款数字又有很大虚假，结果必然使信贷收支不平衡，不得不大量增加货币发行。

3. 改变金融规章制度

银行部门历来以规章制度严密著称。从新中国成立到第一个五年计划时期，银行逐步建立了一套规章制度，基本上保证了国家的方针政策和信贷原则的贯彻执行。"大跃进"时期，实行"大破大立"、"先破后立"，把一些行之有效的规章制度视做束缚群众手脚的东西予以破除。有些基层银行对全国统一制定的一些基本制度说改就改，造成有章不循，无章可循；有些地方把贷款计划下放到企业，甚至不要计划，有的还推行"无账会计"；有的地方搞无人储蓄、无人换零钱柜台。其结果造成了银行工作的混乱。

4. 充分供应信贷资金

1958年8月，中国人民银行提出了"收购多少物资，银行就供应多少资金；在哪里收购就在哪里供应；什么时候收购就什么时候供应"的口号，并把银行信贷工作的一些基本原则当做"大跃进"的"绊脚石"而加以破除。"大撒把"似的供应资金的结果，造成银行流动资金贷款的大量增加，并有部分资金被挪用于搞基本建设。

5. 鼓励吸收存款和收回贷款"放卫星"

在紧跟"大跃进"形势的热潮中，当时认为，在"大跃进"的基础上，人民公社存款、人民储蓄存款、财政性存款都要大量增加，特别是人民公社的钱会越来越多，因此提出在农村要大量吸收存款，并鼓励各地在收回贷款和吸收存款工作中"放卫星"，搞"无贷县"、"无贷乡"。在"人有多大胆，地有多大产"思想的影响下，许多地方的银行部门提出了脱离实际的高指标，甚至弄虚作假。

6. 试行全额信贷

从1955年开始，国营企业的流动资金由财政和银行分口供应：定额部分由财政拨给，超定额部分由银行贷款支持。1958年12月，国务院决定国营企业的流动资金改由中国人民银行统一管理。为了贯彻执行国务院的这一决定，1959年2月，财政部和中国人民银行对国营企业流动资金的管理又作了一些具体的规定：自1959年1月起，国营企业、地方国营企业和已经实行定息的公私合营企业所需的流动资金，不分定额和超定额，一律由中国人民银行按信贷方式统一供应，统一管理；原来由财政拨给企业的自有流动资金，全部转作中国人民银行的贷款，统一计算利息；企业需要增加定额流动资金，由各级财政部门列入预算，全额拨交当地中国人民银行作为信贷基金；抽调企业自有流动资金用于基本建设或其他用途的，要进行清理和设法补足，不得冲减企业的法定基金，不得减少国家的流动资金；企业向银行借的流动资金贷款，只能用于生产周转和商品流转的需要，不得用于基本建设和其他用途。同时还规定，企业主管部门应当向财政部门和中国人民银行编报年度流动资金计划，由财政部门和银行部门共同审定，作为考核企业主管部门资金周转的依据。这种管理制度，习惯上称之为"全额信贷"。由于财政部门不能将企业所需增加的定额流动资金拨交人民银行,使银行无力承当"全额信贷"的重担,同时也由于银行放松信贷管理和敞开资金供应,造成了信贷失控,也使"全额信贷"的改革难以维持下去。两年后,又不得不重新实行财政与银行共管的办法。

7. 停办国内保险业务

1958年10月,在西安召开的全国财贸工作会议作出停办国内保险业务的决定,其理由是:国家和集体的经济力量已经十分雄厚,没有必要通过保险解决经济补偿问题。这使中国的保险事业受挫。当时在上海、广州、哈尔滨、天津等大城市,停办国内保险业务的决定迟迟不能执行,以后到"文革"期间才停办。

上述"大跃进"行为给本来就困难的国民经济"火上加油",带来了十分不利的影响:首先,货币发行增发过多,造成通货膨胀。1958—1960年,三年共增发票子43亿元,比"一五"计划时期五年间所增发的票子还多18亿元;1960年末的市场货币流通量为95.9亿元,比1957年末增长81.6%。其次,银行"大撒把"似的资金供应给挪用银行贷款搞计划外基本建设提供了方便。由于计划外基本建设大量增加,相应增加了计划外的购买力,造成市场物资匮乏,生活资料供应紧张,给经济建设和社会经济生活带来很大困难。最后,由于放松农村资金管理,使大量农业贷款变成了呆账。国家豁免的1961年以前包括农业贷款、信用社贷款等在内的欠款达91亿元,相当于1958年财政总收入的24%、1958年银行信贷基金总额的94%。

二、金融工作的调整

1960年8月,为了纠正"大跃进"时期发生的错误,克服国家财政、经济上存在的严重困难，中共中央作出重大决策，决定对国民经济进行全面调整。1960年9月30日，中共中央提出对国民经济调整实行"调整、巩固、充实、提高"的八字方针，这八字方针也是金融领域的调整方针。

（一）《银行工作"六条"》的出台与主要内容

为了有效地堵塞"大跃进"时期金融工作的漏洞，促进经济的加快调整，中共中央、国务院在深入调查研究的基础上，于1962年3月10日发出了《关于切实加强银行工作的集中统一，严格控制货币发行的决定》（即《银行工作"六条"》）。这是一个对金融工作进行调整的指导性文件。中共中央和国务院在这个文件中强调，"国家银行是国民经济各部门资金活动的中心和枢纽。抓紧银行这一环节，就可以有力地推动和监督各部门经济的调整和企业经营管理的改善"，要求人民银行在调整经济中发挥重要作用。

《银行工作"六条"》的主要内容：

（1）收回下放的权力，实行彻底的垂直领导。即中国人民银行各分支机构的各项业务受中国人民银行总行的垂直领导，经中国人民银行总行批准的信贷计划、现金计划、信贷结算办法、重要规章制度，必须坚决保证执行。非经中国人民银行总行同意，不得变更。

（2）加强信贷管理，严格执行计划。任何地方、部门和企业、事业单位，非经中国人民银行批准，不得突破计划指标，增加计划外贷款；各级党政机关不得强令银行增加贷款。遇有特殊情况，确实需要增加指标的，必须按程序上报中国人民银行总行批准，不得"先斩后奏"。

（3）严格划清信贷资金和财政资金界限。不准用银行贷款作财政性支出。不准将银行贷款用于基本建设、弥补企业亏损、发放工资、缴纳利润、职工福利等开支。

（4）加强现金管理、结算管理和工资基金管理。一切机关、团体、企业、事业、学校、部队都必须严格执行现金管理制度。一定数量以上的交易往来、货币收付都必须通过中国人民银行进行转账。并实行工资基金管理，银行根据批准的工资计划监督支付，不得超过。

（5）各级党委和各地政府要加强银行工作的领导，定期听取银行汇报，并对银行提出的情况和问题，采取具体措施予以处理。各级中国人民银行必须加强机构、充实人员、改进工作，加强监督，保证计划的执行，并同一切违反制度、违反国家计划的行为作斗争。银行人员不坚持制度，以失职论处。

（6）财政、银行都要按计划办事，谁的支出谁安排，谁的漏洞谁堵塞。真正做好财政预算和信贷收支的平衡。

（二）《银行工作"六条"》的实施

1962—1965年，银行在贯彻实施《银行工作"六条"》中，主要抓了以下各项工作：

（1）加强和改进信贷计划管理。在信贷计划管理上，收回"大跃进"中下放的一切权力，实行高度集中统一的计划管理制度。以后，随着国民经济情况的逐步好转，为了有利于信贷收支的平衡，于1965年4月，对信贷计划管理办法作了一些改进，适当扩大了地方的权力。

同时，加强现金管理，重新核定各受管单位的库存限额，压缩库存现金限额，控制大额现金支付；加强工资基金管理，各有关单位必须在银行开立工资基金专户，按批准工资基金计划监督支付。

（2）统一管理和安排农业资金，并加强对农村信用社的领导。强调农业生产资金必须贯彻"社队自力更生为主，国家支援为辅"的原则；财政拨付的投资、专项贷款、银行的短期农业贷款必须贯彻"分口管理，分别使用"的原则；农业资金的安排必须贯彻同农业生产资料供应紧密结合的原则；贷款要坚持谁借谁还、到期归还的原则。要求把有限的资金用于农业最需要的地方。

同时，根据国务院财贸办公室、农林办公室批转的《中国人民银行清理历年农业贷款的办法》，对农业贷款进行了清理。明确人民公社所欠的贷款，哪一级欠就由哪一级还。清理旧贷中，做到该收的收，该缓的缓，该免的免。并根据历年来发放农业贷款的经验教训和造成大量农业贷款豁免的原因，拟定了《关于加强农业贷款工作的几项规定》，对农业贷款的原则、农业资金的分配与安排以及加强贷款检查等作了具体规定。

按照中共中央、国务院批发的《中国人民银行关于农村信用社若干问题的规定（试行草案）的报告》，对农村信用社加强了领导。明确农村信用社是集体所有制的、农民的资金互助组织，是国家银行的助手，资金独立，自负盈亏；明确规定农村信用社的业务统一归银行领导，农村信用社的资金和存款，任何部门和个人都无权抽调和挪用，并通过整顿，更好地发挥农村信用社在组织农村资金、调剂余缺，帮助农民解决生产和生活上临时资金困难和打击高利贷活动等方面的作用。

（3）严格贷款管理、积极参与和推动清仓核资工作。对国营工商企业的信贷，抓住按计划放款和到期收回两个环节，贯彻从严管理，区别对待，紧中有活、活而不乱，过去从宽、今后从严，坚持按原则、按计划、按制度办事。同时，根据中共中央和国务院发布的《关于彻底清仓核资，充分发挥物资潜力的指示》，银行同财政部门和有关部门密切配合，推动企业清查物资，对超过合理储备的物资由国家统一调剂，用于生产和生活所需，变死为活。并在清仓基础上，核定企业流动资金定额，节约流动资金总额的占用。还帮助企业清理相互拖欠的贷款，解决一些长期未能解决的经济纠纷，促进经济秩序恢复正常。

（4）健全银行内部规章制度。为了彻底纠正"大跃进"中账务错乱严重的现象，恢复和健全了会计制度，并要求各级行加强对会计出纳工作的领导，帮助干部提高工作水平，更好地发挥国家"守计划、把口子"的监督作用。

此外，还明确了会计人员和信贷员的职责、权限，以更好地发挥会计和信贷的监督作用，并同一切违背国家方针、政策和违反财经纪律的行为作斗争。

在贯彻执行《银行工作"六条"》的过程中，有些同志曾产生过顾虑：银行信贷管理这样紧，是否有悖于生产发展？应该掌握什么"火候"才不致犯错误？过分严格了，会不会被人指责银行站在错误立场上，不为人民服务？针对这个问题，国务院有关领导指出：从当时的形势看，真正的生产观点就是制止通货膨胀，保证正常的生产、正常的商品流通和正常的货币流通，并要求银行干部不要"一手拿着尚方宝剑，一手捂着乌纱帽"，要坚持按原则、按计划、按制度办事。从而提高了大家的思想认识，使《银行工作"六条"》能够顺利地得到贯彻。

（三）金融机构的调整

"大跃进"时期，金融部门的工作也出现了瞎指挥、浮夸风，金融管理放松。这期间，停办国内保险业务；撤销中国人民建设银行；在农村，银行在农村机构的工作人员全部被下放到人民公社，机构也与农村信用社合并，成为人民公社的信用部。整个金融体系的薄弱与缺乏规范的管理对当时出现的经济问题也起到了一定的推波助澜作用，因此国家在对"大跃进"的经济失误进行治理的同时，也加强了金融体系的建设。

1. 强调中国人民银行在国民经济中的地位

1962年6月，中共中央、国务院发出《关于改变中国人民银行在国家组织中地位的通知》，指出，中国人民银行是国家管理金融的机关，是国家办理信用业务的经济组织。这个通知明确指出了中国人民银行具有双重职能的性质，是总结中国进入计划经济时期后特别是总结了"大跃进"中经济、金融工作经验教训而得出的认识，应该说在当时是比较科学、比较符合实际的。正是该项通知，明确了中国人民银行的性质、职能及任务，统一了人们的认识，使中国人民银行在抑制通货膨胀、克服经济困难、支持经济恢复发展中比较充分地发挥了作用。

2. 恢复农村中的金融机构

"大跃进"时期农村信贷权限的下放以及人民公社信用部的成立，加上当时对银行规章制度的废弃，给基层的公社干部随便动用企业流动资金和信贷资金创造了便利，形成资金使用上的混乱局面，严重削弱了中国人民银行信贷和货币流通的宏观管理和调节，成为国民经济产生严重信用膨胀的一个重要因素。对此，中共中央有所察觉，并同意了李先念副总理于1959年6月提出的收回下放到农村的财贸机构的建议。根据中共中央的指示，银行把下放的营业所收回重归银行管理，把农村信用社的人民公社信用部分离出来，下放给生产大队，变为生产大队的信用分部，信用分部的职工由生产大队管理，盈亏由生产大队统一核算，业务经营由生产大队和公社信用部双重领导，实现了银行营业所和人民公社信用部分离。1962年11月，中共中央、国务院同意并批转中国人民银行《关于农村信用合作社若干问题的规定（试行草案）的报告》，进一步明确农村信用社是农村人民资金互助组织，是国家银行的助手，是我国社会主义金融体系的重要组成部分。

3. 恢复专业银行

在国家对"大跃进"时期的失误进行调整的同时，加强了专业银行的建设。于1962年恢复了中国人民建设银行，明确其负责管理国家固定资产投资的国家专业银行的身份。1963年10月，党中央、国务院决定恢复1957年被撤销及并入中国人民银行农村金融管理局的中国农业银行，从上到下建立了中国农业银行的机构，管理全国的农村金融业务，统管国家支农资金。相关专业银行的恢复建设，充实了我国金融体系的构成。

在中共中央和国务院的领导下，经过各地区、各部门和全国人民的共同努力，国民经济调整取得成功，财政经济情况根本好转，银行工作恢复正常，这表现在：

（1）货币流通恢复正常。从1962年起，连续三年实现货币收支"当年平衡，略有回笼"的目标。1964年末，市场货币流通量比1961年减少了36%，货币发行过多的现象基本消除。市场货币流通状况趋于正常。

（2）信贷资金使用效益提高。通过加强信贷的计划和管理，信贷资金的使用情况有了明显好转。出现了工业生产增长、商业购销扩大而银行贷款下降的好现象，企业流动资金占用水平随之下降。

（3）城乡储蓄存款回升。由于市场物价趋于稳定，社会经济生活恢复正常，全国城市储蓄存款在1961年、1962年连续下降后，从1963年起回升，1963年至1965年，共增加储蓄存款166.4亿元。

（4）外汇收入增加。从1963年开始，我国对外贸易复苏，银行积极支持外贸扩大进出口业务所需资金。由于外贸业务发展，银行外汇收入迅速增加，超额完成外汇创汇计划。

在国民经济实行全面调整的背景下，随着《银行工作"六条"》的颁布实施，使银行端正了工作方向，完善了规章制度，也提高了银行职工队伍的素质，使被削弱了的银行作用又得到了增强，对支持国民经济的调整发挥了重要作用。

第二节 "文革"时期对金融工作的冲击与整顿

一、"文革"中金融工作的波折

1966年开始的"文化大革命"是一场全局性的，时间长达十年的内乱。它给党、国家和全国人民带来严重灾难。在这一时期，金融工作也受到猛烈冲击，遭到严重破坏。

1. 中国人民银行业务、职能以及机构被削弱

"文革"开始以后，党的各级组织和政府的各级机构受到冲击，陷入瘫痪、半瘫痪状态。银行的指挥体系大大削弱，中国人民银行总行的各职能司局被撤并，只保留政工和业务两个大组，艰难地维持工作。1969年，国务院所属各部委精简合并，中国人民银行总行与财政部于1969年7月合署办公，大批干部下放劳动，留在机关搞金融业务工作的只有87人，整个金融工作处于被动应付的状态。中国人民银行各级分支机构的精简合并，则是由各省（自治区、直辖市）自行决定，各地各搞一套，使银行的工

作系统、银行的指挥体系大大被削弱，金融工作的政策和制度难以贯彻到底，这使许多地方随意挪用银行信贷资金的错误做法变得合法化、公开化，使货币发行权集中于中央的原则不能得到切实的保证。

鉴于一些地区发生抢夺国家物资、冲击仓库、冲击国家银行、围攻银行干部的严重事件，1966年9月，国务院、中央军委为了维持银行系统的正常工作秩序，决定向中国人民银行派驻军代表，并于次年1月11日发出对各级银行一律实行军事管制的通知，上自中国人民银行总行、下至中国人民银行基层行一律派驻军事代表，对银行各项业务活动进行全面领导。但是，银行职能还是受到批判，业务指挥系统被削弱。

在这个过程中，由于银行部门大多数领导和职工对极"左"的做法，进行了不同程度的抵制和斗争，如坚持对不符合国家规定的支出一律拒绝支付；在支持生产发展的前提下，帮助企业合理安排使用资金，强调按计划贷款，按期归还贷款；严禁挪用流动资金搞计划外基本建设，加强工资基金监督支付，制止各单位之间相互拖欠资金；教育银行工作人员坚守工作岗位，坚持按政策和制度办事，反对浪费国家资财和违反财政纪律等，因而在一定程度上使"文革"的干扰和破坏受到限制，对稳定经济形势、平衡财政信贷收支、减少货币投放、节约资金使用起了重要作用。

1969年7月31日，根据毛泽东关于"精简机构"的指示精神，中国人民银行并入财政部，成为财政部领导下的一个独立业务单位，对外保留名称，即所谓"一套机构，两个牌子"，业务分别管理，银行保持相对的业务独立性。中国人民银行各级分支机构的设置，则由各省、自治区、直辖市自行决定，有的把银行与财政局合并，成立了财政金融局；有的把银行并入财政局，机构合一，保留部分银行业务管理机构；也有少数省和自治区的银行机构仍然单独设置。在地区和县一级，大多数保持了银行独立的对外营业机构。中国人民银行系统的基层机构按照"斗、批、改"的要求，以政治建行为目标，减少机构，下放劳动，撤大银行设小银行（综合服务所），许多业务规章制度相继停止执行。银行的组织机构体系和业务管理体系从上到下，形成不了集中统一的工作系统，中国人民银行管理信贷的职能同各级财政预算的职能发生混淆，中国人民银行控制信贷、稳定货币的职能被削弱，用贷款保财政收入、补投资缺口，给经济和金融的综合平衡造成了难以克服的体制障碍。1972年9月，鉴于财政部门集财政、税务、工商行政管理和中国人民银行的业务工作于一身，中央决定将中国人民银行总行及其下属分支机构从财政部和其各地部门中分设出来，实行业务上以银行管理为主、行政上依靠地方管理的"双重领导"体制。经此反复，金融体系已是支离破碎、遍体鳞伤了。

2. 其他金融机构的撤并

20世纪50年代，由华侨投资成立的华侨投资公司于1970年5月12日经中国人民银行军代表报告、国务院批准，被撤销。今后华侨申请投资的，可劝其到银行存款，对原投资还本付息，按有关原则掌握。于1962年恢复的中国人民建设银行在1970年6月11日再次被并入中国人民银行，今后基建拨款由财政部门确定计划指标，其他业务由中国人民银行办理，资金则分别管理，不准互相挪用。1972年4月，鉴于基建财务和拨款监督工作放松了，国务院批转财政部的报告，决定恢复中国人民建设银行总行、分行、支行和办事处建制，各地中国人民建设银行实行"双重领导，以地方为主"的体制。于1963年成立的统管国家支农资金的中国农业银行也被并入中国人民银行。中国银行则对外保留牌子，对内只是中国人民银行的国外业务部。

3. 农村信用合作社机构受到严重冲击

"文革"中，在农村信用社的管理上曾推行所谓"阎庄经验"，弱化了国家银行对信用社的管理，更加导致农村金融的混乱秩序。1969年，河南省富县阎庄公社在农村信用社"斗、批、改"中成立以贫下中农为主体的公社革命委员会、农村信用社代表参加的贫下中农管理委员会，对农村信用社的政治思想工作、人事、资金发放和业务发展等实行统一管理，农村信用社的资金在全公社内统一调剂使用。1969年10月，中国人民银行总行向国务院报送了这个"阎庄经验"并在同年11月向全国的银行、农村信用社发出学习阎庄农村信用社改革经验的通知。实际上这是"大跃进"时期将农村信用社下放到公社管理的重现，推行后出现了很多问题。1974年5月，财政部（当时与中国人民银行合署办公）在向国务院报送的《关于农村信用社几个问题的请示报告》中将贫下中农管理委员会的性质明确为群众性的监督组织，农村信用社干部的具体管理工作由国家银行县支行负责，农村信用社的存放款计划与财务计划由"贫管会"讨论，由公社审查，报国家银行县支行批准后执行，重新强调了国家银行对农村信用社的领导，这也就从实际上否定了"阎庄经验"。

4. 国家经济生活受到摧残，出现隐蔽性通货膨胀

"文革"时期经济的发展受到了极大的摧残，国民经济遭到严重破坏，反映到流通领域，突出体现商品供应奇缺，货币供应偏多，主要靠冻结工资、冻结物价和凭证供应配售来保持购买力的平衡，实现货币的稳定，这实际上是隐蔽性通货膨胀的表现。其特征主要体现在：一是消费品供应远远赶不上购买力

增长的需要。二是依靠冻结物价来保持商品价格的稳定。三是市场货币流通量超过商品流通的需要。由于实行冻结物价政策和严格的市场管理,一部分未能实现的社会购买力转为储蓄存款和手持现金,形成持币待购。银行的货币投放或回笼不是根据商品流通量的变化,而主要是为满足非商品性各种支出,如发放工资和社会集团购买力的开支,于是银行调节货币流通的主动性几乎完全丧失。

二、"文革"中金融工作的两次转机

1971年9月,林彪反革命集团被粉碎后和1975年10月邓小平复出工作后,银行工作曾两度出现转机,但由于"四人帮"的蓄意破坏,使金融工作两度受挫。

(一)第一次转机和挫折

1971年9月林彪反革命集团被粉碎后,在中共中央和国务院的关心和支持下,银行工作在困境中逐渐恢复生机,但是后来又在"批林批孔"运动中遭到严重挫折。

1971年8月下旬,在国务院的直接关怀下,中国人民银行召开银行、保险国外工作座谈会,针对金融工作思想混乱的情况,提出和明确了许多重要的业务指导思想。1972年9月,召开了全国银行工作会议。以这两次会议为转机,在加强银行工作方面采取了许多积极的措施,收到了明显效果。

1. 逐步恢复银行的机构体系

1972年4月,国务院批准财政部机构调整扩充,其中办理金融业务的机构调整为计划局、工商信贷局、农村金融局、货币发行局、国外业务管理局;中国银行作为事业单位和国外业务管理局合署办公。此外,还批转了《财政部关于恢复建设银行的报告》，决定把1970年6月并入中国人民银行的中国人民建设银行划出来单独设置。

2. 恢复和强调信贷计划管理和现金计划管理

1972年全国银行工作会议后，中国人民银行发出《信贷、现金计划管理办法（试行草案）》，重申了信贷计划管理和现金计划管理的基本原则，改进了信贷计划的管理体制，恢复了编制现金计划的制度，强调了信贷计划的严肃性，规定除了商业部门收购农副产品和外贸部门临时援外任务所需要的贷款可以边报边用外，其他项目的贷款如果超过计划，必须事先报请追加，经批准后才能增加贷款；同时重申了货币发行权集中于中央的原则，提出中国人民银行要根据批准的货币发行额度，通过现金计划的执行有计划地调节货币流通，使之与工农业生产、商品流通的发展相适应，各省、自治区、直辖市要按年编报现金计划、按季进行分析检查，改变"文革"以来现金收支无计划的放任自流状态。

3. 切实加强流动资金管理

1972年11月10日，国家计委、财政部和中国人民银行联合下发《关于切实加强流动资金管理的通知》，强调坚持贯彻中共中央和国务院关于财政资金与信贷资金、基本建设资金与流动资金分口管理的规定，并通过加强信贷资金管理，促进企业按照指标全面完成国家计划；强调银行贷款一定要按计划严格控制，并赋予银行一定的贷款自主权。

4. 加强工资基金的监督支付

为了贯彻执行国务院《关于加强工资基金管理的通知》，中国人民银行于1972年12月8日发出通知，要求各级银行尽快把工资基金管理制度建立和健全起来，并要配备必要的人员，把国家职工人数和工资总额严格控制在国家下达的计划内。

5. 其他做法

恢复合理的规章制度；落实侨汇政策，解冻储蓄存款；研究世界经济状况，积极筹措外汇资金；等等。

1974年，由于"四人帮"借所谓的"批林批孔"掀起了所谓的"反击右倾翻案风"，使已经有了转机的各项金融工作和开始步入轨道的经济生活，又遭到新的挫折。在金融部门，再次造成了思想混乱，工作上的错、乱、压、慢问题明显增加。

（二）第二次转机和挫折

1975年9月，邓小平根据毛泽东关于要把国民经济搞上去的指示精神，针对"文革"以来经济萎缩、管理混乱的严重情况，提出了各方面都要整顿的任务，这使金融工作再次获得了生机。

根据国务院关于1975年的财政金融工作要抓紧、抓早的精神，财政部和中国人民银行于1975年2月下旬、3月上旬分别在北京、上海召开财政银行工作碰头会，传达邓小平在解决铁路问题的全国工业书记会议上关于全党要讲大局的重要讲话，要求各级财政、银行部门的领导干部在思想上必须明确，要实现把国民经济搞上去的目标，应当理直气壮地抓工作，财政、银行部门应当努力做到1975年财政收支平衡，不增发或少发票子。按照国民经济的运转状况，每年都是下半年投放货币的因素增多。为了抓好下半年的信贷工作，中国人民银行在同年6月到8月间连续召开9次不同类型的银行业务工作会议，要求各级行合理发放贷款，严格控制货币投放，同时加强检查监督工作。在各行各业进行全面整顿的形势下，生产下降、管理混乱的情况得到了扭转，货币流通状况大为改善。

1975年，在抓紧财政信贷收支平衡的过程中，财政部、中国人民银行向国务院报送了《财政金融问题汇报提纲》，同时根据国务院的要求，组织力量起草了《整顿财政金融的几个问题（草案）》（以下简称《财政金融十条》），以及有关银行体制、货币流通、资金管理等各方面的整顿方案。

《财政金融十条》提出，当时的主要问题是财政金融管理不严、监督不力、纪律松弛。《财政金融十条》强调，在积极做好为生产服务的同时，要切实做好监督工作，并要建立经济核算制，用最少的消耗取得最大的成果；要加强信贷管理，控制货币发行；针对管理不严、监督不力、纪律松弛的情况，强调财政、银行管理体制要适当集中，中国人民银行的业务应当继续实行"集中统一"的方针，对各地金融工作实行总行和地方双重领导，以总行领导为主。

1975年10月，召开全国财贸工作座谈会，《财政金融十条》很快被转达到各级银行，对控制货币信贷投放和平衡信贷起到了推进作用。1976年"批邓、反击右倾翻案风"运动，全国再度陷入混乱。社会上的无政府主义思潮又泛滥起来，致使管理放松，生产下降，国民经济再一次遭到严重的损失。《财政金融十条》也就不可能继续贯彻执行了。

三、1976年10月后银行工作的整顿和加强

1976年10月，粉碎"四人帮"反革命集团的胜利，我国结束了十年的动乱局面，处于严重困境中的国民经济开始恢复生机。1977年11月28日，国务院发布《关于整顿和加强银行工作的几项规定》（以下简称《规定》）。中国人民银行根据这一文件的精神，于1977年到1978年对银行工作进行初步的全面整顿。

（一）整顿银行机构，充实骨干力量

国务院决定，中国人民银行作为国务院部委一级单位，与财

政部门分设，省、自治区、直辖市以下的银行机构也比照办理。中国人民银行的工作实行中国人民银行总行与当地政府双重领导，以中国人民银行总行领导为主。在业务工作上恢复自上而下垂直领导，做到统一政策、统一计划、统一制度、统一资金调度、统一货币发行，以建立起指挥如意、政策和制度能够贯彻到底的银行工作系统。

为了切实加强银行工作，在分设各级银行机构的同时，调整和充实了领导力量，配备了一批懂政策、懂业务，并有管理经验的领导干部，并把在"文革"中被下放劳动或被调离银行的一些业务骨干，陆续调回银行，充实了银行的业务力量。

（二）整顿各项规章制度，加强各项金融工作

根据《规定》中提出的打击贪污盗窃、投机倒把，纠正不正之风，同违反财经纪律行为作斗争，加快国民经济建设速度的要求，中国人民银行对原有各种制度作了修改和补充，其中主要的内容有：

（1）加强信贷管理。针对"文革"中放松信贷管理所产生的问题，中国人民银行重新修订《国营工业贷款办法》，对贷款的政策界限、管理原则，以及贷款的审定等，作了明确规定；再次强调贷款要按计划发放、要有物资保证和按期归还的贷款三原则；并明确贷款必须逐笔贷放，定期检查。对国营商业贷款也规定了具体条款。

（2）加强结算工作。1977年10月，中国人民银行发布了《中国人民银行结算办法》，决定从1978年1月1日起施行。其中重要的一点是取消凭提货收据（即实物收据）办理托收的结算办法。因为这个办法弊端很大，造成了采购人员到处抢购物资，甚至出现贪污浪费的情况，而企业财务部门和开户银行却无法对其

进行监督。取消凭提货收据办理托收，改为用汇兑或信用证办理结算后，就解决了多年来存在的这个问题。

（3）加强账户管理。针对滥开账户、出租出借账户问题，中国人民银行于1977年10月发布了《账户管理办法》。《账户管理办法》对各单位的账户设置、账户管理和账户使用等作了具体规定，并对以前开设的账户进行了清理和整顿，对严重违反财经纪律的进行了严肃处理，使账户工作得到了加强。

（4）加强现金管理。根据国务院1977年11月重新发布的《关于实行现金管理实施办法（试行草案）》，各地银行都组织力量进行广泛宣传、分批检查执行情况，并重新核定各单位的现金库存限额。

（5）全面整顿和加强内部管理。1977年10月，中国人民银行发出《关于进一步加强发行出纳工作的意见》，该文件要求加强安全保卫工作和提高出纳工作质量，并强调恢复钱账分管、双人管库等基本制度。

同时中国人民银行发布了《中国人民银行金银管理办法（试行）》，对金银的持有、携带、出入国境、生产和出售以及配售等都作了具体规定，并重申金银由中国人民银行统一管理和经营。

1977年1月，中国人民银行发布《银行统计制度》，明确银行统计工作的基本任务，规定统计人员的职责和配备，统计报表和统计数字的管理。

（6）开展了"三清"工作。针对账务混乱、债权债务和损益不实、违反财经纪律情况普遍，以及贪污盗窃、投机倒把严重等问题，中国人民银行决定在银行系统开展清资金、清账务，清财务工作，以切实纠正错账、财务不清等问题。

经过1977年和1978年两年的整顿，银行的各项工作都得到了提高，内部管理也逐渐加强，从而提高了银行在国民经济中的地位和作用，经济效益也明显提高，1978年与1976年相比，工农业总产值增长24.3%，社会商品零售总额增长16.4%，而1978年末的货币流通量比1976年末仅增长3.9%。

第三部分

改革开放时期金融的变革与发展
（1978—2011 年）

第八章　改革开放和"大一统"金融体系的变革（1978—1984年）

进入20世纪70年代中期以后，以信息技术为核心的新科技革命迅速兴起，国际形势在紧张动荡中也发生了重大变化。世界面临着霸权主义的威胁，但制约大规模战争的因素不断增长，维护世界和平的正义呼声越来越高。以邓小平为核心的党的第二代中央领导集体清醒地研判国际形势的新变化和新趋势，决定抓住这次机遇，改革我国经济管理体制，加快现代化建设步伐，改变中国贫穷落后的局面，尽快赶上世界先进水平。

第一节　邓小平在改革开放中的金融思想

一、发展现代经济必须发挥金融枢纽的作用

邓小平高度重视金融事业的发展。在中华人民共和国成立初期，他就指出，"在经济战线上，从贸易、金融、财政等方面，加

强市场管理，完成税收任务，稳定金融物价和疏畅城乡交流。"①1985年，邓小平在会见外宾时说，"我们最大的试验是经济体制改革——去年年底发现多发了一百亿的钞票，今年物价涨得不符合我们的要求。但是不要紧。要理顺各种经济关系需要几年时间。如果关系理顺了，到本世纪末翻两番就有把握。我们要按价值规律办事，按经济规律办事。搞得好，有可能为今后五十年以至七十年的持续、稳定、协调发展打下基础。"② 他强调指出，"金融很重要，是现代经济的核心，金融搞好了，一着棋活，全盘皆活。"③ 邓小平这些话精辟地阐明了金融业在现代经济中的核心地位和重要作用。

二、解放思想和推进金融改革开放

改革开放前，由于受计划经济体制的限制，银行被当做了会计、出纳机关和金融管理机关。针对这一情况，邓小平明确指出，"金融改革的步子要迈大一些。"④ "银行应该抓经济，现在只是算账，当会计，没有真正起到银行的作用。""银行要成为发展经济、革新技术的杠杆，要把银行真正办成银行。"⑤ 针对人们对股票市场和股份制改革姓社姓资的争论，邓小平特别指出，"证券、股市这些东西究竟好不好，有没有危险，是不是资本主义独有的东西，社会主义能不能用？允许看，但要坚决地试。"⑥ 他认为，"实行

---

① 《邓小平文选》第一卷，第174页，北京，人民出版社，1993。
② 《邓小平文选》第三卷，第130页，北京，人民出版社，1993。
③ 《邓小平文选》第三卷，第372-375页，北京，人民出版社，1993。
④ 《邓小平文选》第三卷，第193页，北京，人民出版社，2001。
⑤ 尚明、陈立、王成铭主编：《中华人民共和国金融大事记》，第311页，北京，中国金融出版社，1993。
⑥ 《邓小平文选》第三卷，第373页，北京，人民出版社，2001。

对外开放政策，有个指导思想要明确，就是不是收，而是放"。①"外资是两种，一种叫自由外汇，一种叫设备贷款。不管哪一种，我们都要利用，因为这个机会太难得了，这个条件不用太可惜了。"② 他指出，"上海过去是金融中心，是货币自由兑换的地方，今后也要这样搞。中国在金融方面取得国际地位，首先要靠上海。那是好多年以后，但现在就要做起。"③

三、金融改革开放与维护金融安全

邓小平高度重视经济金融发展中的金融风险问题。他曾经指出，"金融不稳定，财政不可能稳固"，④"金融问题如果不能解决，就会动摇政治的基础。"⑤ 他指出，需要客观地看待金融风险，金融改革开放不可避免地要冒一定的风险，关键是看我们的驾驭能力。1990年邓小平同几位中央负责同志谈话时指出，"不要怕冒一点风险。我们已经形成了一种能力，承担风险的能力。为什么这次治理通货膨胀能够见效这么快，而且市场没有受多大的影响，货币也没有受多大的影响？原因就是有这十一二年改革开放的基础。改革开放越前进，承担和抵抗风险的能力就越强。我们处理问题要完全没有风险不可能，冒点风险不怕。"⑥

邓小平同志对金融业发展问题作出的一系列英明论断，为金融体制改革奠定了理论基础和指明了方向。

---

① 《邓小平文选》第三卷，第51页，北京，人民出版社，1994。
② 《邓小平文选》第二卷，第198页，北京，人民出版社，2001。
③ 《邓小平文选》第三卷，第366-367页，北京，人民出版社，1994。
④ 《邓小平文选》第一卷，第195页，北京，人民出版社，1994。
⑤ 《邓小平文选》第一卷，第167页，北京，人民出版社，1994。
⑥ 《邓小平文选》第三卷，第364页，北京，人民出版社，1994。

第二节　金融体系的历史性突破

1978年12月，召开了党的十一届三中全会，作出了把全党工作重点转移到经济建设上来的具有划时代意义的战略决策，从此揭开了经济体制改革的序幕。随着我国经济体制改革的逐步开展，在邓小平同志"要把银行真正办成银行"思想的指导下，中国开始了有计划、有步骤的金融体制改革。

一、恢复和建立多种金融机构

随着我国改革开放的推进，农村实行"家庭联产承包责任制"，城市经济单位恢复企业奖励和利润留成办法，财政推行"分级预算包干制"，国民收入分配比例逐步向企业与个人倾斜，社会资金通过信用渠道进入银行的比例快速上升，国民经济各部门对资金和金融服务的需求也迅速增长。在此情况下，兼有中央银行和商业银行双重职能的高度集中统一的中国人民银行体制已明显适应不了经济发展对金融的需要，中国金融体系的改革与发展势在必行。1979年2月，中国人民银行召开了全国分行行长会议。会后，国务院批转了中国人民银行上报的"会议纪要"，并明确指出：要把银行工作重点转移到社会主义现代化建设的轨道上来。1979年3月18日，《人民日报》发表了题为《全党要十分重视提高银行的作用》的社论。

我国金融改革的首要措施是恢复和建立多种金融机构。

1978年7月，国务院召开全国农田基本建设会议，李先念同志在会议讲话中提出:"我们考虑恢复农业银行,以便更好地管理运用农业贷款,支援农业建设。"党的十一届三中全会认真讨论了农业问题,要求全党把农业尽快搞上去。这次全会通过的《关于加快农业发展若干问题的决定(草案)》中明确规定:"恢复中国农业银行,大力发展农村信贷事业。"根据党的十一届三中全会的决定,中国人民银行于1979年1月向国务院报送《关于恢复中国农业银行,统一管理国家支农资金的报告》;1979年2月,国务院发出《关于恢复中国农业银行的通知》。这个文件规定,中国农业银行是国务院的一个直属机构,由中国人民银行代管,中国农业银行的主要任务是,统一管理支农资金,集中办理农村信贷,领导农村信用合作社,发展农村金融事业;1979年2月27日,中国人民银行发出了《关于贯彻执行〈国务院恢复中国农业银行的通知〉,加强农村金融工作的意见》;中国农业银行总行于1979年3月13日正式恢复建立,并于3月14日挂牌办公,各省、自治区和直辖市也在1979年内陆续建立了分支机构。

农村信用合作社作为农村集体所有制金融组织,在中国农业银行领导下,逐步得到恢复和加强,得到了迅速发展。截至1979年末,有农村信用合作社6万个,信用分社2.2万个,信用站32.8万个。

为了适应对外开放和国际金融业务发展的新形势,1979年3月,国务院同意并批转《中国人民银行关于改革中国银行体制的请示报告》,将中国银行从中国人民银行分设出来,仍称中国银行。批准设立国家外汇管理总局,并赋予它管理全国外汇的职能。中国银行、国家外汇管理总局直属国务院领导,由中国人民银行代管,对外两块牌子,内部为一个机构。

中国人民建设银行从20世纪50年代起一直是隶属于财政部

的司局级单位，主要任务是办理基本建设拨款并监督其使用。1979年8月，中国人民建设银行正式从财政部分离出来，成为一家独立的银行，并直属于国务院。1983年1月，中国人民建设银行改为相当于国务院直属局级的金融组织。1985年11月，经国务院批准，中国人民建设银行的信贷计划纳入中国人民银行的信贷体系，在信贷业务上受中国人民银行领导和监督。

1981年12月，中国投资银行在北京正式成立，中国投资银行成立时是作为办理世界银行中小项目贷款的中介金融机构，以后逐步办成向国外筹集建设资金、办理投资信贷的专业银行。

1979年河南省漯河县城市信用社成立，这是中国改革开放后建立的第一家城市信用合作社，此后，全国陆续成立了许多城市信用合作社。

此外，又恢复了国内保险业务，重新建立中国人民保险公司；各地还相继组建了信托投资公司、金融租赁公司等非银行金融机构，各类金融机构逐步建立和发展。

二、改革银行体制和扩大信贷领域

随着经济改革的逐步推进，银行改革工作也逐步深入。1980年6月7日，中国人民银行行长李葆华同志向国务院汇报银行工作和改革情况，并于同年7月提交了《关于银行改革汇报提纲》。同年8月15日、16日和23日三个上午，召开了中央财经领导小组扩大会议，会议专门讨论了银行改革和银行工作。在这次会议上，当时主持经济工作的国务院副总理姚依林同志提出，银行要搞活，在财政有困难的时候要把银行搞活，有利于渡过财政困难；他还提出，要给银行自主权，给更多的活动领域，要银行承担更多的担子，要银行到社会上吸收资金；一些属于基建性质，周期不长,有利润的项目,财政拨款可减少,转到银行贷款没有什么危险。

在邓小平"银行要成为发展经济、革新技术的杠杆"思想的指导下,银行强调运用经济方法组织各项存款,重新重视利率杠杆作用,改变"统存统贷"信贷资金管理体制。1961年7月到1983年6月,国营企业的流动资金一直由财政、银行两家供应和管理,即由财政拨给企业定额内流动资金,银行对企业发放超定额贷款。1983年6月,国务院批转了中国人民银行《关于国营企业流动资金改由银行统一管理的报告》,决定国营企业的流动资金由银行统一管理。银行突破了只发放流动资金贷款的禁区,开始发放固定资产贷款、科技贷款以及各种开发性贷款,以支持经济发展。

1979年,中国人民银行决定拿出5亿元信贷资金,对全民所有制企业发放中短期设备贷款,以解决轻纺工业发展滞后引起的市场供求失衡的矛盾,全年实际发放中短期设备贷款3.6亿元。1980年1月,国家批准了经委、中国人民银行等单位关于发放轻工、纺织工业中长期设备贷款的报告,决定从1980年起连续3年,由中国农业银行、中国银行发放20亿元的轻工、纺织工业中短期专项贷款和3亿美元的买方外汇贷款。与此同时,中国人民银行还拿出20亿元贷款指标分配给各省、自治区、直辖市分行支配。这一年银行发放的各项固定资产投资性质的贷款达51.54亿元,当年收回6.56亿元,年末余额为55.53亿元。中短期设备贷款促进了国民经济的调整和发展。1980年全国轻工业产值增长18.4%,轻工业产值占工业总产值的比重从43.1%上升到46.9%。

银行在拓宽信贷领域中开始重视对科技进步的支持。从1980

年起，银行首先在襄樊、株洲、重庆、常州等国务院确定的科技体制改革试点城市综合进行了科技信贷的试点工作。上海、陕西等地银行配合经委、科委系统，也对科技三项费用（研究费、试制费和新产品开发费）的使用，以委托贷款方式由银行进行监督和管理，支持科技开发，收到了很好的成效。

到 1991 年末，银行各项贷款余额达 18044 亿元，比 1978 年的 1850 亿元增加 16194 亿元，年均增长率为 18.6%。银行贷款的迅速增长，支持了工农业生产所需的合理资金需要，支持了经济体制改革的顺利进行，银行信用的主渠道作用得到进一步的巩固和发展。

第三节　建立中央银行制度

一、建立中央银行制度的酝酿过程

1978 年 1 月，中国人民银行与财政部正式分开办公，中国人民银行总行的内设机构恢复到 14 个司局。各省、自治区、直辖市以下的银行机构也在 1978 年内全部完成了与财政部门的分设工作。到 1978 年末，全面恢复了中国人民银行的统一体制。

随着中国经济的日益发展和金融机构的增加，迫切需要加强金融业的统一管理和综合协调，由中国人民银行来专门行使中央银行职责。1981 年 1 月，姚依林副总理在中国人民银行全国分行行长会议上讲话中提出，中国人民银行总行要积极发挥中央银行的作用，各省、自治区、直辖市人民银行分行，也要在总行领导下发挥这个作用。应邀到会讲话的国务院研究中心总干事、经济学家薛暮桥也提出:"有必要改革和充实现在的银行管理体系。旧中国是中、中、交、农四大银行,现在我们是中、中、建、农。中国人民银行应当成为国家的中央银行,是全国金融业务的中心,担负起中央银行的作用。"① 1981年1月,国务院发出《关于切实加强信贷管理,严格控制货币发行的决定》,明确指出:"人民银行要认真执行中央银行的职责。"与此同时,全国经济金融界、理论界对中国人民银行的职能问题展开了热烈讨论。当时有三种意见:一种意见是主张维持现状,即中国人民银行既行使中央银行职能,又经营工商信贷和储蓄业务,同时保留部分专业银行;另一种意见是主张恢复过去中国人民银行"大一统"的体制;再一种意见是应该专门成立中央银行,工商信贷和储蓄业务从中央银行分离出去。

二、中国人民银行专门行使中央银行职能

国务院在经过征求各方面意见、多次酝酿和讨论后决定中国人民银行专门行使中央银行的职能。1982年7月,国务院批转中国人民银行的报告,进一步强调"中国人民银行是我国的中央银行,是国务院领导下统一管理全国金融的国家机关"。1983年7月7日,姚依林、田纪云、张劲夫三人根据中央财经领导小组讨论的精神,又作了进一步研究,联名给中央财经领导小组上报了《关于设置中央银行的几点意见》,提出单设中央银行势在必行。工商信贷业务从中国人民银行分离出来,另成立中国工商银行,暂不成立储蓄银行。1983年8月初,国务院批准成立中央银行筹

---

① 李飞、赵海宽、许树信、洪葭管主编:《中国金融通史》第六卷,杨希天等编著:《中华人民共和国时期(1949—1996)》,第216页,北京,中国金融出版社,2002。

备小组，由中国人民银行行长吕培俭任组长，小组成员由中国人民银行、财政部、经贸委的部分同志和少数专家组成，负责具体研究设计方案。1983年8月15日，中国人民银行向国务院提交了筹建中央银行的报告，报告对中国工商银行建行的具体步骤也提出了建议。1983年8月20日，吕培俭行长又向田纪云副总理报告了中央银行筹备小组第二次会议的情况。1983年9月10日，中国人民银行向国务院呈报了《关于中国工商银行设立董事会的报告》。9月12日至13日，中国人民银行召开党组会议，专题讨论了中央银行和中国工商银行的机构设置和司局、部室的班子配备问题。1983年9月17日，国务院发布了《关于中国人民银行专门行使中央银行职能的决定》，正式宣布确立中央银行制度，并具体规定了人民银行的10项职责；同时决定"成立中国工商银行，承担原来由人民银行办理的工商信贷和储蓄业务"。至此，中央银行制度正式建立。中国人民银行开始专门行使中央银行职能以后，集中力量研究和实施金融宏观政策，加强信贷总量的控制和金融机构间的资金调节，以保持货币稳定。1986年1月，国务院发布了《中华人民共和国银行管理暂行条例》。此文件奠定了中国人民银行作为中央银行专门行使职能的法律基础，树立了管理全国金融的权威性。

为了加强中国人民银行的领导和决策地位，经国务院批准，1984年1月成立了中国人民银行理事会。但是，在计划经济体制尚未实现根本性转换之前，中国人民银行理事会还不具备独立作出金融决策的基本条件，中国人民银行理事会到1987年就停止了活动。

第四节　改革中的金融运行和治理通货膨胀

为了更好地适应经济体制改革和国民经济发展对信贷资金的需要，我国从1979年开始逐步改革信贷资金管理体制。1984年中央银行体制建立以后，开始逐步建立直接控制为主，间接调控为辅的双向调控体系，促进国民经济稳定发展。

一、改革初期的经济金融形势

1978年，我国出现了过快的投资增长、巨大的外贸逆差和严重的财政赤字。1978年，银行各项贷款增长11.2%，现金发行增加16.6亿元，成为70年代货币发行最多的一年，潜伏着通货膨胀的隐患。党的十一届三中全会决定：一方面着力解决国民经济比例失调问题，另一方面要着手进行经济体制改革。1979年4月，中共中央在北京召开工作会议，正式提出"调整、改革、整顿、提高"八字方针。以压缩固定资产投资总规模过大和解决重工业与轻工业比例失调为重点，依靠财政预算和货币信贷计划为主要手段，实行紧缩的财政政策、货币政策，加强财政信贷综合平衡，促进经济平稳发展。1981年1月，国务院下发了《国务院关于切实加强信贷管理严格控制货币发行的决定》，强调和重申货币发行、信用调控和利率调整权集中于中央以及实行高度集中统一的计划管理。经过3年的经济调整，并实施各项改革措施，国民经济从1982年开始走出低谷，当年GDP增长8.8%，增速比上年提高4.4个百分点；物价水平由1980年的6%回落到1983年的

1.5%；外贸进出口由 1982 年开始转为顺差；国家外汇储备自 1981 年开始回升，1983 年达到 89 亿美元。

二、对 1984 年通货膨胀的治理

1984 年，在加快城市经济体制改革的过程中，一度我国出现了明显的经济过热、信贷失控和通货膨胀。1984 年，银行贷款总量比上年增长 32.8%，增幅比上年提高 20 多个百分点。当年现金投放为 262 亿元，年末现金流通量比上年末增长 49.5%。尽管当年零售物价指数只增长 2.8%，但滞后表现于 1985 年增长 8.8%。国务院于 1984 年 11 月下发了《关于严格控制财政支出和大力组织货币回笼的紧急通知》，决定在严格加强固定资产投资预算管理、严格控制财政预算支出的同时，更主要地运用货币、信贷计划手段紧缩银根。在各项措施的综合作用下，到 1986 年，银行各项贷款的增速下降到 28.5%，现金发行 230.6 亿元，比 1984 年减少 31.7 亿元；年末市场现金流通量从上年增长 24.7% 回落到 12.3%；固定资产投资增长 18.7%，比上年回落 20 多个百分点，零售物价上涨率由上年的 8.8% 回落到 6%，当年国民生产总值的增长速度从上年的 12.8% 回落到 8.1%。

第九章 社会主义商品经济的发展和金融改革新格局的形成（1984—1992年）

第一节 建立有计划的商品经济体制和推进改革

一、发展有计划的商品经济

1984年召开的党的十二届三中全会通过了《中共中央关于经济体制改革的决定》，提出中国经济体制改革的目标是建立以公有制为基础的有计划的商品经济。这就从理论上突破了计划经济与商品经济相对立的传统观点，强调商品经济的充分发展是社会经济发展的不可逾越的阶段，是实现我国经济现代化的必要条件。1987年召开的党的十三大明确提出了党在社会主义初级阶段的基本路线，即领导和团结全国各族人民，以经济建设为中心，坚持四项基本原则，坚持改革开放，自力更生，艰苦创业，为把我国建设成为富强、民主、文明的社会主义现代化国家而奋斗。这条基本路线的主要任务，被简称为"一个中心、两个基本点"。大会确定了三步走的经济发展战略部署：第一步，实现国民生产总值比1980年翻一番，解决人民的温饱问题；第二步，到20世纪末，使国民生产总值再翻一番，人民生活达到小康水平；第三步，到21世纪中叶，人均国民生产总值达到中等发达国家水平，人民生活比较富裕，基本实现现代化。

二、全面推进经济体制改革

党的十二届三中全会以后，改革重点开始从农村转向城市，以经济体制改革为中心的全面改革逐步开展起来。农村改革继续向流通领域扩展，城市经济体制改革由局部试点转向全面综合改革，对外开放由点到面，由沿海向内地逐步推进，呈现出新的格局。党探索中国特色社会主义的发展道路取得了重大突破。

第二节　推进改革和金融机构的多元化

中国实行改革开放政策以来，高度集中的经济模式被多元化的经济格局所替代。在金融领域中，"大一统"的金融体系开始转变为包括银行、非银行金融机构和各种金融市场在内的日益复杂的金融体系。

一、改革外汇管理体制

1979年我国实行改革开放的政策，国际交往不断发展，国际经济、金融、技术合作迅速扩大，国际收支成倍增长，积极利用外资，引入先进技术。为了适应改革开放的需要，我国外汇体制改革逐步进行和不断深入发展。

一是建立健全外汇管理机构和多家金融机构经营外汇体制。

改革开放前,我国的外汇管理工作一直由国家计划委员会、财政部、对外经济贸易部、中国人民银行分别承担,并没有一个专门的机构负责统一的外汇管理。1979年3月,国务院批准设立了国家外汇管理总局,并赋予它管理全国外汇的职能。1982年8月,根据全国人民代表大会常务委员会的决议和国务院的决定,实行政企分开,国家外汇管理总局改称国家外汇管理局,同中国银行分开,划归中国人民银行领导。1983年9月,国务院批准中国人民银行专门行使中央银行职能,统一管理国家外汇,国家外汇管理局在中央银行领导下行使外汇管理职能。1988年6月,国务院决定国家外汇管理局成为国务院直属的局级机构,由中国人民银行代管。1989年12月,经国务院办公会议讨论通过,全国人大常委会批准,国家外汇管理局升格为副部级,仍由中国人民银行归口管理。

1979年以前,外汇业务由中国银行统一经营。从1979年10月开始,相继批准了中国国际信托公司和一批部门、地方的信托投资公司、金融公司、财务公司、租赁公司经营外汇业务。1984年10月,中国工商银行深圳市分行获准开办外汇业务。1986年,中国人民银行决定,允许专业银行业务交叉,批准专业银行总行及其分支行开办外汇业务。

二是实行外汇留成制度和放宽对国内居民的外汇限制。中华人民共和国自成立以来一直实行严格的外汇管制政策。这种外汇管制政策的最主要的内容是:对外汇实行"集中管理,统一经营",统收统支,以收定支。外汇由中央财政经济委员会统一掌握和分配使用。外汇收入必须卖给中国银行或指定银行;外汇支出须经批准后向中国银行或指定银行购买外汇。这种外汇收支的严格的指令性计划管理制度是在高度集中的计划经济制度条件下,国家外汇严重短缺时期的产物。改革开放后，随着我国经济加快发展，高度集中，统收统支，统一分配使用外汇的管理体制，难以调动地方和企业创汇的积极性，不利于利用国际市场资源。为配合外贸体制改革，调动各地区、各部门、各企业创汇的积极性，增加外汇收入，平衡外汇收支，国务院于1979年8月发布了《关于大力发展对外贸易增加外汇收入若干问题的规定》和《出口商品外汇留成试行办法》。在外汇由国家集中管理、统一平衡、保证重点的同时，适当留给创汇的地方和企业一定比例的外汇。外汇留成的对象和比例由国家规定。

随着我国对外交往的不断扩大，逐步放宽了对个人用汇的限制。从1985年起，对境外汇给国内居民的汇款或从境外携入的外汇，准许全部保留在银行开立的国内居民外币存款账户中，在规定范围内提取外汇或提取外币现钞，但不准私自买卖、私自携带或邮寄出境。1980年4月国家发行了外汇兑换券，设立了外汇商品供应市场。从1988年起，部分经济发达地区和侨乡开办了个人外汇调剂业务，允许个人将手中的外汇按调剂价卖出。1991年11月，经国务院批准，国家外汇管理局公布了《关于境内居民外汇和境内居民因私出境用汇参加调剂的暂行办法》，进一步放宽了对国内居民用汇的限制，允许个人持有的外汇参与外汇调剂。

由于外汇调剂业务的发展，我国形成了官方汇率和市场汇率并存的局面。从1991年4月9日起，官方汇率由以前大幅度一次性调整方式转为小步缓慢的调整方式，至1993年末调整为1美元合5.8元人民币。

三是建立外汇调剂市场。1979年实行企业外汇留成制度以后，有的企业有留成外汇，但无用汇需要，有的企业需用外汇，国家计划未能安排，因而产生了企业间调剂外汇的需要。1980年10

月，中国银行开始办理外汇调剂业务，允许持有留成外汇的单位把多余的外汇额度通过外汇调剂市场转让给缺汇的单位。1985年10月，国务院决定在上海进行外汇调剂市场的改革试点工作，后来，试点工作取得了较好效果。1985年11月，深圳首先设立外汇调剂中心。1986年2月，中国人民银行根据上海的试点经验，制定了《关于办理留成外汇调剂的几项意见》。从1988年3月起，为了配合外贸推行承包责任制，在国家外汇管理局的统一领导和管理下，各省、自治区、直辖市均设立了外汇调剂中心，经济特区和沿海主要开放城市也设立了外汇调剂中心，负责办理本地区国营和集体企事业单位以及外商投资企业之间的外汇额度和现汇的调剂业务。在北京成立全国外汇调剂中心，负责办理中央部门所属的企事业单位之间的外汇额度和现汇的调剂业务。1988年9月上海首先开办外汇调剂公开市场，实行会员制，公开竞价交易和集中清算制度，同时，放开了外汇调剂市场汇率，让其随市场供求状况浮动。到1993年末，全国共有18个外汇调剂公开市场。

二、重建或新建股份制商业银行

建立股份制商业银行的目的是，打破专业银行的垄断地位，有利于引进竞争机制，促进银行业整体实力和服务水平的提高；为探索我国银行商业化道路积累经验。

1986年7月，国务院发布了《有关重新组建交通银行的通知》，股份制商业银行的建立与发展拉开了序幕。该《通知》确定：交通银行是以公有制为主体的全国性、综合性的股份制银行。交通银行的注册资本金为29亿元，由中国人民银行代表国务院投资10亿元，进行控股，其余由地方政府、部门、企业以及个人认购入股。原规定个人股份在资金总额中的比重不超过10%，在以后的实际执行中没有个人入股。1987年4月1日,交通银行总管理处由北京迁到上海,交通银行上海分行同时开业。交通银行最初实行两级法人的体制,1994年改为统一法人体制,选举了新的董事会和监事会。

1986年8月,根据深圳经济特区的发展需要,经中国人民银行批准,在蛇口财务公司的基础上成立招商银行。1987年4月8日,招商银行正式成立,注册资本金1亿元。它是中国第一家完全由企业法人持股的股份制商业银行,总行设在深圳。1988年注册资本金为12亿元,实收资本金为4亿元。1994年进行第二次增资扩股,股东由8家增至98家,资本金总额为28.06亿元。

1985年4月,中信公司在原来财务部的基础上成立了银行部,进一步扩展了对外融资、外汇交易、发放贷款、国际结算、融资租赁和吸收存款等全面银行业务。1987年4月,中国人民银行批准中信实业银行为中信公司所属的综合性银行,是中信公司的子公司,独立法人,注册资本金8亿元,实收资本金3亿元。

深圳发展银行是经中国人民银行批准,在吸收深圳特区内6家信用社资金的基础上,由深圳市投资管理公司、深圳市国际信托投资公司等单位和个人入股组建成立,注册资本和实收资本均为1000万元,于1987年12月22日正式宣告成立,成为第一家向社会公众公开发售股票的商业银行。截至1988年12月31日,深圳发展银行共发行人民币普通股65万股,合计人民币1300万元,港元优先股10万股,合计1000万港元,以后陆续增股。在1991年7月深圳证券交易所开业时,该行股票即上市交易。深圳发展银行是中国第一家股票上市的金融机构。

1988年8月26日,经中国人民银行批准,由福建省福兴财务公司、福建投资企业公司、福建华兴投资公司联合发起向社会公开招股建立福建兴业银行，注册资本为人民币15亿元，首期实收资本金5亿元。

广东发展银行是股份制区域性商业银行，主要股东有广东省各专业银行、各大型企业、香港粤海企业（集团）有限公司、香港中银集团等，注册资本为人民币15亿元，于1988年9月8日开始营业。1995年，广东发展银行根据《中华人民共和国商业银行法》实行全行统一法人体制，并根据《中华人民共和国公司法》规范了股份有限公司的治理架构。

中国光大银行于1992年8月18日成立，为全国性商业银行。中国光大银行原是中国光大（集团）总公司全资附属银行，注册资本金15亿元。1996年改组为有130家国内企事业单位及亚洲开发银行参股、中国光大（集团）总公司控股51%的股份制商业银行。改组后增资24亿元，股份总额达28亿股，资本金为44亿元。

华夏银行是一家全国性、综合性商业银行，经国务院和中国人民银行于1992年10月批准成立，1992年10月18日开始营业，注册资本人民币10亿元，实收资本人民币5亿元，外汇5000万美元。1995年华夏银行以股份公司的形式进行规范化改制，实收资本增至25亿元。

烟台住房储蓄银行于1987年10月29日经中国人民银行批准成立，12月1日正式对外营业，原来是专门经营房地产信贷、结算业务的股份制商业银行，后来逐渐演变为一般性商业银行。1996年末，该行实收资本1.04亿元，所有者权益合计1.55亿元，资产总额为57.29亿元。

蚌埠住房储蓄银行于1987年12月8日成立，最初为专门经营房地产信贷、结算业务的股份制商业银行，后来逐渐演变为一般性商业银行。1996年末，该行实收资本2.57亿元，所有者权益合计4.11亿元，资产总额为5.77亿元。

三、推进国有专业银行的企业化改革

1978年以来，随着我国经济体制改革的开始，客观上要求对银行业体系进行系统改革。当时银行改革的目标主要是解决银行在国民经济中的地位和作用问题，把银行同财政分开，将中央银行同商业银行在机构和职能上分开，独立行使各自不同的职能。同时，恢复各专业银行的独立地位，扩大业务活动范围，逐步实行"自主经营、自负盈亏、自担风险、自我约束"的经营模式，发挥支持国民经济发展的信用主渠道和经济杠杆职能作用。

专业银行体系恢复和建立后，逐步发展各项业务，经营领域明显扩大。1979年以前，专业银行仅限于对工商业企业、建筑施工企业开展临时性、季节性的超定额流动资金贷款，企业更新设备和技术改造所需资金均由财政部门无偿拨款解决。随着专业银行在经济发展中作用的日益扩大，国务院决定从1981年起，凡是实行独立核算、有还款能力的企业单位，进行基本建设所需投资，除尽量利用企业自有资金外，一律改由专业银行贷款，即实行"拨改贷"，专业银行贷款扩展到固定资产投资领域。从1983年6月起，国营企业流动资金由原来的财政、银行两个部门共同管理，改为由专业银行统一管理，专业银行成为企业资金来源的主渠道。1983年，我国实行"利改税"，对国有商业银行征收55%的企业所得税，税后利润的一部分按照国家核定的留利水平留给专业银行。

1984年10月，党的十二届三中全会通过了《中共中央关于经济体制改革的决定》，提出了社会主义经济是以公有制为基础的有计划商品经济，改革的重点从农村转向城市。1986年，邓小平明确指出："金融改革的步子要迈大一些。要把银行真正办成银行。我们过去的银行是货币发行公司，是金库，不是真正的银行。"[①] 在这一背景下，国家专业银行开始转换经营机制的改革。1985年11月，国务委员兼中国人民银行行长陈慕华在接受《瞭望》周刊记者采访时指出，当前金融改革的重点之一就是"要坚持各专业银行企业化的改革方向，灵活运用银行的各种经济手段，搞活金融"；1986年11月，陈慕华行长又明确提出："银行是经营货币的特殊企业，专业银行和其他金融机构应该同其他经济组织一样逐步实现企业化经营。"1986年国务院颁布的《中华人民共和国银行管理暂行条例》规定："专业银行都是独立核算的经济实体，按照国家法律、行政法规的规定，独立行使职权，进行业务活动。"1987年3月六届人大五次会议通过的《政府工作报告》强调指出，有条件地实行省以下专业银行、保险公司等金融机构的企业化，逐步做到独立经营，自负盈亏。1987年，专业银行核定"三率"，即成本率、综合费用率、利润留成与增补信贷基金或保险周转金的比率，下放"六权"，即业务经营自主权、信贷资金调配权、利率费率浮动权、内部机构设置权、留成利润支配权、中层干部任免及职工招聘与奖励权。

这一时期其他改革措施主要有：放松对专业银行的业务范围的控制，依据"一业为主、适当交叉"的原则，允许有限的业务交叉，以适当引进竞争机制。各专业银行在保持各自业务特色的同时，都开办了城乡人民币业务和外汇业务，并陆续开办信托投资、房地产融资、有价证券委托发行和代理转让等业务，开始了

---

① 《邓小平文选》第三卷，第193页，北京，人民出版社，2001。

在金融领域的业务竞争。各专业银行的资金可以互相拆借和融通。建立专业银行行长负责制、目标经营责任制和各种承包责任制。

四、推进农村金融改革

随着我国农村改革的逐步深化,农村金融改革不断深入并经历了一个曲折发展的道路。

1978年12月,党的十一届三中全会通过的《中共中央关于加快农业发展若干问题的决定(草案)》中决定把恢复中国农业银行、大力发展农村信贷事业作为加快发展农业的一项重大决策。1979年2月,国务院印发了《关于恢复中国农业银行的通知》。该通知规定,中国农业银行的主要任务是统一管理支农资金,集中办理农村信贷,领导农村信用社,发展农村金融事业;同时还规定,农村信用社既是集体所有制的金融组织,又是中国农业银行的基层机构。1979年2月,中国人民银行印发了《关于贯彻执行〈国务院恢复中国农业银行的通知〉,加强农村金融工作的意见》。1979年3月,中国农业银行正式恢复建立。1979年9月,中国农业银行在北京召开了恢复后的第一次全国分行行长会议,会议总结多年来农村金融工作的经验教训,明确了农业银行的任务主要是:发展农村信贷事业,积极筹集资金,管好用好资金,促进农业迅速发展,实现农业现代化。中国农业银行成立后,农村信用社交由中国农业银行管理。1980年8月,中共中央对农村信用社的改革作了明确批示:"把信用社下放给公社办不对,搞成'官办'也不对。这都不是把信用社办成真正集体的金融组织。信用社应该在银行的领导下,实行独立核算,自负盈亏。它要办得活一些,不一定受银行一套规定的约束,要起民间借贷的作用。"按照中央指示精神,全国农村信用社进行了初步改革。主要内容是：扩大业务经营自主权，放宽信贷政策和信贷范围，把业务经营搞活，以及增设机构网点，办好信用站，试办营业所和信用社联营，试办信用社联社等。1984年1月，中国农业银行全国分行行长会议召开，提出要认真贯彻中共中央、国务院《关于进一步活跃农村经济的十项政策》，促进农村商品经济的发展。1984年8月，国务院批转了《中国农业银行关于农村信用社管理体制改革的通知》，提出把农村信用社办成自主经营、自负盈亏的群众性合作金融组织，恢复农村信用社组织上的群众性、管理上的民主性、业务经营上的灵活性（简称"三性"）。此后，在中国农业银行的领导下，农村信用社的民主管理、业务管理、组织建设等方面进行了一些改革，特别是县级联社的设立，对农村信用社的各项业务的发展和内部管理的改进起到了明显的作用。

五、非银行金融机构的建立和发展

在我国的改革开放进程中，经济发展和对金融服务需求的不断增长，为非银行金融机构的建立和发展提供了广阔的空间。

信托投资公司的曲折发展。1978年党的十一届三中全会以后，中国的信托业开始逐步恢复。1979年10月中国银行成立信托咨询部。1979年10月4日，中国国际信托投资公司正式成立。1980年6月，国务院颁布的《关于推动经济联合的暂行规定》中明确规定"银行要试办各种信托业务，融通资金，推动联合"。同年9月9日，中国人民银行总行对全国除西藏以外的省、自治区、直辖市分别下发了《关于积极开办信托业务的通知》，指示各分行在有条件的地区积极开办信托业务。

到1991年末，全国信托投资公司371家，各项存款合计227亿元，贷款合计388亿元，信托投资公司的总资产达到2708亿元，信托投资公司的自有资本金增加，达到413.8亿元。

我国信托投资公司的出现和发展，对冲破计划经济体制的束缚，激发金融市场化改革和金融创新，加强利用外资和国际合作等起到了积极作用，但由于经营初期的机构盲目膨胀，业务范围界定不清，内控机制薄弱，管理粗放，该行业形成较大的风险。为此，从1982年至1988年，国家对信托公司进行了3次大的清理整顿，撤并了大量机构，化解和处置金融风险。

金融租赁公司的起步与发展。中国第一家专门从事现代融资租赁业务的金融租赁公司是中国租赁公司。该公司于1981年7月由中国国际信托投资公司出资成立，后与几家专业银行共同合资经营，并于1984年经中国人民银行批准获得金融牌照，正式成为非银行金融机构开始运作。1982年2月，中信公司又与北京机电设备公司、日本东方租赁公司共同创建了中国东方租赁有限公司。它们的成立标志着现代租赁体制在我国建立。1983—1985年，租赁业迅速扩张，机构纷纷设立，业务量迅速上升。随后，由于国内经济的调整，租赁业处于困难时期，各租赁公司普遍出现租金回收困难，资金周转不灵等问题，业务基本停顿。20世纪90年代后业务开始回升，年租赁成交额已近于1985年的最高水平。

企业集团财务公司的建立和发展。20世纪80年代中期，一些特大型企业或企业集团相继设立内部银行或结算中心，办理集团内企业资金的集中调度及有偿使用，并纷纷正式提出设立金融机构的申请。1986年末，中国人民银行正式提出了财务公司这一概念，并于1987年5月7日正式批准设立了中国第一家大企业内部的财务公司——东风汽车财务公司。1991年12月，国家选择了一些大型企业集团进行试点工作，下发了《国务院批转国家计委、国家体改委、国务院生产办公室关于选择一批大型企业集团进行试点请示的通知》。截至1991年末，中国人民银行已相继批准在17个企业集团（或集团公司）内设立了财务公司，这些财务公司分属在能源、石油化工、有色金属、工业用电子、电器、汽车制造、纺织等不同行业。到1991年末，财务公司的资产规模达135亿元，自有资本金13亿元。1992年11月，中国人民银行、国家计委、国家体改委和国务院经贸办联合下发了《关于国家试点企业集团建立财务公司的实施办法》，促进财务公司较快发展。

典当业的出现。1984年，新中国第一家典当行在四川省成都市开业。到1988年10月末，全国有21个省、自治区、直辖市恢复了典当业，共有典当机构180余家，从业人员1200多人，累计发生典当金额5亿元。当时典当行规模不一，业务经营差异极大，有的融典当、拍卖、商行于一体。典当物品多种多样，主要是一些可鉴别、易估价、便于管理的财物。1988年第四季度，全国紧缩银根，典当行业务开始萎缩，许多典当行停业或半停业。1992年下半年起，在经济过热的背景下，河北、山西、陕西等地的典当行又趋复活，同时也出现了违规经营的现象。因此，在1993年下半年整顿金融秩序中，对这些地方的典当行进行了清理和整顿。

邮政储蓄体系的建立。改革开放以后，随着城乡人民生活的不断改善和收入的不断增长，给邮政储蓄业务的发展提供了有利条件。为了充分利用邮政机构遍及城乡有利于开展储蓄存款工作的优势，1981年邮电部门开始邮政储蓄的筹备工作。1986年初，根据国务院的指示，邮电部、人民银行联合发布《关于印发开办邮政储蓄协议的联合通知》，规定从1986年2月1日起，在北京、天津、上海等大中城市试办邮政储蓄业务。同年3月，成立了邮政储汇局，具体负责全国邮政储汇业务，从4月1日起，在全国各地邮局分期分批开办。按规定,邮政部门吸收的储蓄存款,全部缴存人民银行统一使用。

六、保险业的恢复和发展

1979年2月召开的中国人民银行全国分行行长会议决定恢复国内保险业务。1979年4月,经国务院批准,中国人民银行发出《关于恢复国内保险业务和加强保险机构的通知》。1979年11月,全国保险工作会议召开,标志着中国人民保险公司恢复经营。至1980年末,中国人民保险公司在全国除西藏以外的28个省、自治区、直辖市都恢复了保险公司的分支机构。1985年3月,国务院颁布了《保险企业管理暂行规定》。1986年7月,经中国人民银行批准,新疆生产建设兵团农牧业生产保险公司在乌鲁木齐成立。1988年3月,经中国人民银行批准,由深圳蛇口工业区招商局等单位合资创办了平安保险公司,这是中国第一家股份制保险公司。1992年,该公司更名为中国平安保险公司。1991年4月,交通银行保险业务部按分业管理的要求从交通银行分离出来,组建了中国太平洋保险公司。此后,天安保险股份有限公司、大众保险股份有限公司、新华人寿保险股份有限公司等相继成立。20世纪90年代初,国务院决定把上海作为第一个保险对外开放试点城市。1992年9月,经中国人民银行批准,美国国际集团(AIG)的子公司——美国友邦保险有限公司和美亚保险公司在上海开设了分公司,这是外资保险机构首次在我国建立分支机构,标志着我国保险市场迈出了国际化的第一步。

第三节 金融系统人事教育体制改革和发展

在我国金融改革与发展中,遇到的重要困难就是金融专业人才短缺,现代金融知识不足,金融教育落后,金融观念陈旧。为了加快金融事业的发展,遵照邓小平提出的"教育要面向现代化、面向世界、面向未来"的指导思想,金融人事教育体制不断改革,努力培养和造就了一大批合格的金融人才,作为金融改革和金融现代化的重要支撑条件。

一、银行系统干部管理体制改革

中华人民共和国成立初期,银行系统干部实行垂直管理。1954年中央决定银行干部移交地方党委统一管理。1954年至1979年银行系统的干部管理办法虽经几次变动,但基本上实行的是以地方党委为主的管理体制。

国务院自1979年开始对银行干部管理体制进行了重大改革,银行干部垂直管理体制逐步建立和完善。1979年至1983年为第一阶段。这一时期是银行干部管理体制由地方党委管理为主向"垂直管理"过渡的阶段。1979年4月,国务院决定改变银行干部由各地各级党委统一管理的体制,对银行系统的干部实行银行与地方双重领导,以银行为主的管理体制。1983年至1989年为第二阶段。这一时期是银行干部"垂直管理"体制的建立阶段。1983年9月,国务院决定中国人民银行专门行使中央银行职能,对其分支机构在银行业务和干部管理上实行垂直领导,统一管理。1989

年至1992年为第三阶段。这一时期银行干部"垂直管理"体制得到巩固和完善。一是在实行"垂直管理"体制的基础上，加强了中国人民银行对金融工作的归口领导。二是银行系统针对1983年实行银行干部"垂直管理"体制过程中出现的情况和问题，根据中央有关的干部方针、政策，在贯彻落实中央关于开展干部交流、加强后备干部培养和领导班子建设等方面，制定并实施了许多行之有效的措施。

二、金融系统教育体制改革和发展

我国实行改革开放政策以来，中国人民银行和各专业银行注意采用多种渠道、多种层次、多种方式和方法更新各级领导干部和职工的知识，开阔视野，提高他们的工作能力。

1978年全国科学大会以后，在全国范围内恢复了专业职称评定工作。1986年中国人民银行系统对职称评定工作进行了改革，实行了专业技术职务聘任制。国家人事部于1990年11月决定全国企事业单位的专业技术职务评聘工作将作为经常性的工作加以开展。中国人民银行总行还在1991年根据国家人事部的布置开展了选拔享受政府特殊津贴专家的工作。

1979年8月，由教育部牵头，财政部、中国人民银行、商业部等部委共同组织召开了全国高等财经教育工作会议。1980年9月，中国人民银行召开全国高等金融教育工作会议，提出要广开学路、多种形式、多条途径发展金融高等教育，国家、部门、地方协调配合，专科生、本科生、研究生不同层次都要相应发展。

1978年，陕西、江西、四川、湖南财经学院和安徽财贸学院等，经国务院批准恢复设置了金融学或财政金融学专业，招收本科生。到1991年末，全国开设有货币银行、农村金融、国际金融、保险、投资经济学等金融类专业的财政院校和综合大学达到64所，金融专科学校8所。1979年和1980年，中国人民银行报经国务院批准，先后接办了陕西财经学院、四川财经学院和湖南财经学院，并同一些金融机构共同创办了中国金融学院。到1991年末，这些院校设有金融学（货币银行学）、国际金融、农村金融、保险、投资经济、银行信息管理、金融统计、保险统计等专业，在校生3000多人，比1979年的455人增长了7倍。为了加强金融专业研究生的培养，中国人民银行一方面要求行属财经院校积极创造条件，扩大研究生招生规模，并委托有关院校代培研究生；另一方面报经教育部批准，于1981年建立了金融研究所研究生部。到1991年末，中国人民银行所属西南财经大学等院校和金融研究所研究生部，共建有货币银行学、国际金融博士学位授予点4个，硕士学位授予点7个，在校研究生人数250多人，已毕业500余人。其他高等院校拥有金融类专业博士学位授予点7个，硕士学位授予点30多个，1991年硕士、博士研究生在校人数保持500多人，源源不断地为金融业输送了大批高素质人才。中国人民银行和各专业银行、保险公司还采取与有关院校挂钩联系，合作办学的形式，投资建立或扩大金融类专业。据统计，1984—1991年，这些院校有关金融类专业共招收本科生5000余人，硕士研究生400多人。1983年，经国务院批准，在哈尔滨建立第一所金融专科学校——哈尔滨金融专科学校。此后，又相继在保定、长春、南京、广州、湖北和上海建设了6所金融专科学校。这7所金融专科学校1991年在校生人数为5200多人。中国人民建设银行于1985年建立了哈尔滨投资专科学校，1991年在校生为1200多人。从1980年起，中国农业银行分别在北京农业大学、上海农学院、嘉应大学等高等院校投资建立农村金融专业，培养大学专科人才，到1991年末，共培养学生1000多人。1979年9月，中国人民银行在江西庐山召开了振兴银行中等专业教育工作的全国会议。到1987年末，中国人民银行系统领导的银行学校达到32所，实现了一省建一校的目标。据1991年统计，中国人民银行所属中等专业学校的在校生达到12000余人，为1979年2554人的5倍。我国金融从业人员的学历和专业结构迅速得到提升，造就了大批优秀的领导人才和业务骨干。2000年，根据《国务院关于进一步调整国务院部门（单位）所属学校管理体制和布局结构的决定》，中国人民银行发布《关于中国人民银行所属院校移交工作实施意见的通知》，对人民银行行属34所院校进行了调整和移交工作。

第四节　建立和发展金融市场

我国在传统金融体制下，几乎没有金融市场。随着经济金融体制改革的展开，社会经济金融格局发生变化，促进金融市场建立和发展。

一、货币市场的培育和发展

中国货币市场的发展从1984年同业拆借市场的出现开始，经历了一个初步建立、快速发展和逐步规范的过程。

（一）同业拆借市场的初步发展

1981年4月，中国人民银行下发了《信贷资金差额包干办法》，首次提出了中国人民银行分行可以拆放多余的资金，以调剂业内资金余缺。但是在当时计划经济体制下，各银行之间开展拆借仍然十分困难。1984年，中国形成了以企业化经营为基础的二级银行体制格局，同业拆借市场真正开始起步。1984年2月，中国人民银行在《关于中国人民银行专门行使中央银行职能的若干具体问题的暂行规定》中提出，专业银行出现资金不足时，可向其他专业银行拆借。同年10月，中国人民银行颁布了《信贷资金管理暂行办法》，明确提出要搞好各专业银行之间的横向资金融通。1985年，我国实行"实贷实存"的信贷资金管理体制，允许专业银行跨地区、跨系统拆借资金。1986年1月，国家体改委和中国人民银行在广州联合召开五城市金融体制改革试点座谈会，会议明确提出要开放和发展中国的同业拆借市场。同年1月，国务院颁布的《中华人民共和国银行管理暂行条例》明确规定：专业银行的资金可以相互拆借。1986年5月，武汉市率先建立了只有城市信用社参加的资金拆借小市场，随后，武汉市的中国工商银行、中国农业银行和中国人民银行的拆借市场也随之建立。不久，又建立了以广州、重庆、沈阳、成都等几个城市为中心的有形同业拆借市场。1987年，中国人民银行与各专业银行联合下发了《关于进一步搞活同业拆借市场的通知》。到1987年6月，除西藏外，全国各省、自治区、直辖市都成立了不同形式的同业拆借市场。1988年，中国人民银行下发了《关于进一步落实"控制总量、调整结构"金融工作方针的几项规定》，并提出建立融资公司，办理同业短期拆借。1988年，随着经济过热势头的增长，同业拆借也出现了混乱状况。1988年6月，中国人民银行开始整顿拆借市场，清理非银行金融机构，撤销融资公司。1990年，中国人民银行出台了《同业拆借管理试行办法》，以促进同业拆借市场规范发展。

（二）票据市场的初步建立

自1979年起，中国人民银行开始筹划试办企业签发商业承兑票据业务。1980年初，中国人民银行上海市分行着手研究票据贴现，1981年初开始试点，同年2月，中国人民银行上海杨浦区和黄浦区的办事处合作试办了第一笔同城商业承兑汇票的贴现；随后，中国人民银行上海徐汇区办事处同安徽一县六行合作试办了第一笔异地银行承兑汇票贴现；1982年5月，中国人民银行总行批复了中国人民银行上海市分行提出的《关于恢复票据承兑、贴现业务的请示报告》，并在重庆、沈阳、武汉等地开始试办此项业务；1984年12月，中国人民银行制定了《商业汇票承兑、贴现暂行办法》，决定从1985年开始，在全国推行商业票据承兑、贴现业务；1986年发布了《中国人民银行再贴现试行办法》。截至1990年末，全国共签发商业承兑汇票500多亿元，签发银行承兑汇票1716亿元，银行贴现汇票800多亿元，中央银行对专业银行再贴现180多亿元，商业票据逐渐成为企业解决短期资金融通的重要渠道。

二、资本市场的培育和发展

1984年10月，党的十二届三中全会通过了《中共中央关于经济体制改革的决定》，明确了"社会主义经济是以公有制为基础的有计划的商品经济"，提出以城市为重点进一步推进经济体制改革；股份制企业纷纷创建，直接融资由此开始进入了正式试点阶段。

（一）国债市场的恢复与发展

改革开放以来，国家财政突破了"既无内债又无外债"的约束，恢复了国债的发行，为解决国家财力不足的困难和筹集更多建设资金开辟了渠道。1981年7月1日，我国中断了22年的国债恢复发行，发行对象以企事业单位为主，居民个人为辅。1984年

11月，国务院允许国库券在银行贴现和抵押。1987年1月，中国人民银行上海市分行公布《证券柜台交易暂行规定》，开创了债券流通的先河。1988年4月，国务院批准首先在沈阳、上海、深圳、广州、武汉、重庆、哈尔滨7个城市进行国债流通转让市场的试点，6月，试点扩大到全国61个大中城市。1990年12月以后，上海证券交易所、深圳证券交易所和一些城市证券交易中心相继建立。1990年12月，中国人民银行和财政部发出通知，允许所有对个人发行的未到期国库券上市转让。由此，我国形成了债券的场内交易和场外交易并存的格局。1991年，财政部组织了国债的承购包销，首次将市场机制引入国债一级市场。

（二）企业债券市场初具雏形

从1981年开始，为满足信贷资金之外的资金需求，一些企业开始向社会或企业内部集资并支付利息，企业债券开始出现。1984年，我国拉开了企业改革的序幕。这一时期，不少乡镇企业、集体企业甚至一些国营企业也开始向职工筹集资金或向内部职工有偿借款，形成企业内部债券。1985年5月，沈阳市房地产开发公司向社会公开发行了5年期企业债券，这是改革开放后有记载的第一只企业债券。1987年1月，上海金山石油化工总厂为建设30万吨乙烯工程项目发行长期企业债券1.38亿元，这是重点工程项目首次通过发行债券筹集建设资金。为规范企业发行债券，1987年2月和3月，国务院分别发布了《关于发行重点建设债券和重点企业债券的通知》和《企业债券管理暂行条例》，要求对企业债券实行"规模控制、集中管理、分级审批"的管理体制。1988年7月，中国银行与上海信托咨询公司包销发行了上海大众汽车有限公司债券2950万元，这是中国中外合资企业首次发行债券，承销机构首次以包销的方式发行企业债券。1989年3月，国务院颁布了《关于加强企业债券管理的通知》。1990年4月，中国人民银行与国家计委共同制定了企业债券申报管理办法。到1992年，企业债当年发行总量达到680多亿元，创历史最高水平。

（三）金融债券市场的萌发

1984年，为治理严重的通货膨胀，中国实行了紧缩的货币政策。在这种宏观背景下，一些由银行贷款的在建项目出现了资金不足的状况，银行开始发行金融债券以支持这些项目的完成，其利率一般高于存款利率。此后，金融债券成为银行的一种常规性融资工具。

（四）证券公司的兴起和发展

1985年9月，中国第一家股份制的专业证券公司——深圳经济特区证券公司经中国人民银行批准试办。1987年9月，该公司正式成立。1988年，为了配合、支持企业的股份制改造和解决国库券的发行流通问题，中国人民银行下拨资金，在各省组建了33家证券公司。同时，财政系统也成立了一批证券公司。1990年，中国人民银行颁布了《证券公司管理暂行办法》等规章。1991年8月，中国证券业协会在北京成立。到1991年末，经中国人民银行批准成立的证券公司增加到了66家。此外，还有财政系统设立的专营国债的财政证券公司14家。1992年10月，为适应我国证券市场的发展，壮大我国证券经营机构，经中国人民银行批准分别在北京、上海、深圳设立了华夏、国泰、南方三大证券公司。证券公司的数量由1990年末的44家增加到1992年末的87家。各证券公司陆续开办了股票经纪业务，股票交易量迅速增长。

（五）股票发行与证券集中交易市场的形成

20世纪70年代末80年代初，农村开始了股份合作制的探索；城市的集体企业和国营企业也开始向社会公众公开发行股票筹集资金，创办股份公司。1980年创设的成都市工业展销信托股份公司，是新中国成立后有记载的第一家股份制企业；第一只发行的股票则是在1980年1月，中国人民银行抚顺支行新居办事处代理抚顺红砖厂发行的股票。1982年11月，深圳市宝安县联合投资公司在深圳公开发行股票。1984年7月，北京天桥百货股份公司向社会公开发行股票300万元，成为新中国成立以来在国家工商部门注册的第一个发行股票的国有企业。1984年11月，上海飞乐音响股份有限公司诞生，并向社会公开发行股票50万元。1985年1月，上海延中实业有限公司发行了每股面值为50元的股票10万股。从1984年开始，股份公司在北京、上海、深圳、广州、沈阳、成都等地迅速发展起来。1986年8月，沈阳市信托投资公司率先开办了代客买卖股票和债券及企业债券抵押融资业务。同年9月，中国工商银行上海市信托投资公司静安证券业务部率先公开挂牌代理买卖"上海飞乐音响公司"和"上海延中实业公司"的股票，标志着股票二级市场雏形的出现。1986年11月，在北京举行了中美金融市场研讨会。邓小平于会后第二天会见参会的纽约证交所董事长约翰·范尔霖，并向其赠送了中国第一股，一张面值50元的飞乐音响股票。1987年3月，国务院颁布了《国务院关于加强股票、债券管理的通知》；同年，上海市制定了《证券柜台交易暂行规定》，并由市政府正式颁布了《上海市股票管理暂行办法》。此后，股票交易量逐年放大。

1989年12月，当时的上海市委书记兼市长朱镕基，就如何"深化上海金融体制改革"的问题举行市委常委扩大会议。会上成立了由李祥瑞、龚浩成、贺镐圣组成的筹建上海证券交易所三人领导小组，1990年，党的十三届七中全会通过的国家"八五"计划建议提出："逐步扩大债券和股票的发行，并严格加强管理……

在有条件的大城市建立和完善证券交易所。"1990年9月19日，上海市政府和中国人民银行上海市分行联合向国务院提交设立证券交易所的请示报告。国务院对此报告十分重视，仅仅过了十多天，10月8日，当时的国务委员李贵鲜批示同意。11月14日，中国人民银行总行批复同意设立上海证券交易所。1990年11月26日，上海证券交易所正式成立并于同年12月19日开业。

1988年11月，深圳市成立深圳证券市场领导小组，由深圳市副市长张鸿义任组长，由中国人民银行深圳分行副行长王喜义和深圳市投资管理公司总经理董国良任副组长。1989年9月8日，深圳市证券领导小组及中国人民银行深圳分行向中国人民银行总行报送了《关于筹组深圳证券交易所的报告》，1989年11月15日得到中国人民银行总行批复。深圳证券交易所在1990年12月1日正式成立，试运行7个月以后，于1991年7月3日正式开业。

上海证券交易所和深圳证券交易所的建立标志着中国股票集中交易市场的正式形成。1991年，《上海市人民币特种股票管理办法》和《深圳市人民币特种股票管理暂行办法》（人民币特种股票也称境内上市外资股或B股）及其实施细则发布。到1991年末，上海证券交易所共有8只上市股票，25家会员；深圳证券交易所共有6只上市股票，15家会员。

1990年10月，郑州粮食批发市场开业并引入期货交易机制，成为中国期货交易的开端。1992年10月，深圳有色金属期货交易所推出了中国第一个商品期货标准化合约——特级铝期货标准合同，实现了由远期合同向期货交易的过渡。1992年12月，上海证券交易所推出了我国第一个规范的金融期货品种——国债期货。1991年7月和10月，"珠信基金"和"武汉基金"分别设立，开创了我国投资基金的先河。此后，我国出现了一批投资于证券、期货、房地产等市场的基金（后统称为"老基金"），以沈阳、天津、大连等证券交易中心为主的全国性基金二级市场也初步形成。

第五节　加强宏观调控和治理通货膨胀

一、治理整顿和深化改革

1984—1988年，我国经济经历了一个快速发展的飞跃阶段，综合国力迈上了一个新台阶。但与此同时，随着经济的快速发展和经济体制的转轨，一些深层次的矛盾也逐步暴露出来，并影响到社会稳定和经济健康发展。当时，经济运行中出现的矛盾主要有三个方面：一是社会总需求超过社会总供给，这一矛盾不断扩大，形成投资和消费需求双膨胀的局面，由此导致严重的通货膨胀；二是国民经济结构性矛盾开始凸显，农业重新成为国民经济中的薄弱环节，我国粮食再次由净出口转为净进口。三是在金融业蓬勃发展过程中，非银行金融机构过快膨胀和金融秩序比较乱，加上价格体制改革全面闯关的因素，市场物价开始明显波动。面对国民经济发展中出现的矛盾和问题，1987年秋，中央决定放缓经济发展的速度，同时加大改革的力度。1988年上半年，一系列重大改革措施相继出台。1988年9月，中共中央政治局召开中央工作会议，正式作出《治理经济环境、整顿经济秩序、全面深化改革的决定》，并提出了坚决抑制通货膨胀、深化改革的若干政策建议。

二、对1988年通货膨胀的治理

1988年,我国出现了改革开放后前所未有的通货膨胀。当年工业生产增长20.8%,能源、原材料、运力极度紧张;固定资产投资增长23.5%;春节之后,大中城市纷纷放开粮、油和主要副食品价格,1988年8月,从南到北刮起了抢购商品、挤兑储蓄存款的风潮,当月城乡居民储蓄存款出现负增长;1988年银行各项贷款比上年增长16.8%,现金发行近680亿元,年末,现金流通量比上年增长46.7%,仅次于1984年增长49.5%的水平,零售物价上涨18.5%。

针对货币信贷失控的局面,党中央、国务院作出了强化宏观调控的决策部署。1988年8月,国务院批转中国人民银行《关于控制货币、稳定金融几项措施的报告》的通知;中国人民银行下发了《关于进一步控制1988年货币投放、信贷规模的具体规定》;1988年9月,国务院下发了《关于进一步控制货币、稳定金融的决定》,实施了更为严厉的货币信贷紧缩政策,加强了对拆借资金的管理,并清理整顿信托投资机构。1988年9月开始采取的调控措施在两个月后逐渐见效,首先是储蓄存款转降为升,其次是工业生产高位回落,随后固定资产投资的增速迅速下降。据1989年的数据统计,工业产值比上年增长6.8%;全社会固定资产投资下降11%;全年银行各项贷款和现金发行控制在国务院批准的计划之内,分别增长17.5%和9.1%。1989年物价上涨17.8%,略低于上年。

第六节　金融逐步对外开放

对内加快改革、对外扩大开放，一直是中国金融业快速发展的两大主题。我国在积极开展金融对外交流与合作方面也取得了显著成效。

一、引进外资金融机构

1980年，日本输出入银行在北京设立代表处；1981年，南洋商业银行在深圳设立分行，成为改革开放以来外资银行在中国设立的第一家营业性机构。1979—1981年，允许31家外国金融机构在中国设立代表处。1981年7月，批准外国金融机构在深圳等5个经济特区设立营业性机构。1983年和1985年先后颁布了《中国人民银行关于侨资、外资金融机构在中国设立常驻代表机构的管理办法》和《中华人民共和国经济特区外资银行、中外合资银行管理条例》。1985年8月，中国首家中外合资银行——厦门国际银行成立。1990年9月，中国人民银行颁布了《上海外资金融机构、中外合资金融机构管理办法》。1992年，经国务院批准，允许外资金融机构在大连、天津、青岛、南京、宁波、福州和广州7个城市设立营业性机构。

二、中资金融机构发展海外业务

中国在海外的保险业起步较早。1949年，中国人民保险公司接管了中国保险股份有限公司、太平洋保险股份有限公司和这两个公司在中国香港、印度尼西亚等的分支机构，在此基础上发展起海外保险业务。1949年10月，在中国香港组建成立了民安保险公司，1966年在中国澳门设立了民安保险公司支公司。1980年，由中国人民保险公司、中国保险公司、民安保险公司和太平保险公司投资，在中国香港成立了专营再保险业务的中国再保险公司。1984年10月，成立了专营寿险业务的中国人寿保险公司香港分公司。从1984年1月起，中国保险港澳管理处作为总公司和总管理处的派出机构，统一管理总公司和总管理处在港澳地区的保险机构。

中国银行在1981年提出了发挥海外行集团优势的具体方案，首先是在港澳地区废除了总稽核制，1982年改为中国银行港澳管理处，统一领导港澳地区的14家中资银行集团（简称中银集团）。

随着中国改革开放事业的推进，海外中资金融机构有了巨大的发展。中资金融机构遍及世界五大洲，主要集中在国际金融中心城市，如香港、新加坡、东京、伦敦、纽约等地。海外中资金融机构业务发展迅速，并呈现多样化经营的趋势。

三、加入国际性及区域性金融组织和发展国际金融合作

改革开放以来，我国顺应经济全球化的发展趋势，扩大金融业对外开放，积极应对国际政策协调，参与了有关平等互惠、"双赢"的国际金融合作，维护了我国的权益，并承担了相应的义务。

恢复在国际货币基金组织（IMF）的席位。1980年4月17日，国际货币基金组织正式通过决议，恢复了中华人民共和国的合法席位，终止了与台湾当局的关系。1980年5月15日，世界银行董事会通过了恢复中华人民共和国席位的决议。同时，世界银行决议恢复中华人民共和国在国际复兴开发银行、国际开发协会、

国际金融公司三个组织中的代表权。

加入亚洲开发银行。1985年11月25日，中国政府与亚洲开发银行签署了关于中华人民共和国在该行代表权问题的备忘录。1986年2月17日，亚洲开发银行理事会正式通过决议，接纳中华人民共和国为亚洲开发银行成员。

加入非洲开发银行。中华人民共和国于1985年5月加入非洲开发银行。自加入非洲开发银行以来，中华人民共和国积极参与非洲开发银行的业务活动与决策，与非洲开发银行不断加强交流与合作。

加强与各国中央银行的交往。从改革开放起，中国人民银行已与美国联邦储备体系、欧洲中央银行、英格兰银行、法国中央银行、德意志联邦银行、日本银行、意大利银行、加拿大中央银行、澳大利亚储备银行、俄罗斯中央银行、印度储备银行、新加坡金融管理局、哈萨克斯坦中央银行、朝鲜国家银行、泰国银行、南斯拉夫国家银行、罗马尼亚国家银行、匈牙利国家银行、南非储备银行、巴西中央银行、阿根廷中央银行、墨西哥中央银行等建立了紧密的双边交往关系。

发展国际金融合作。第一，争取国际金融机构的支持，扩大国际融资渠道。1981年，我国从国际货币基金组织获得备用安排贷款4.5亿特别提款权和信托基金贷款3.09亿特别提款权，1986年，我国再次借入备用安排贷款5.98亿特别提款权。我国经济状况好转之后，已提前还清了上述贷款。第二，借鉴外国中央银行经验，完善中国中央银行体系的建设。在货币政策领域，通过多条渠道借鉴外国中央银行的成功经验。通过与国际货币基金组织进行的年度政策磋商、高层访问、技术援助和培训项目，从中得到有益的启示。世界银行和亚洲开发银行等机构的专家也在货币政策和宏观经济政策方面向中国人民银行提出过有益的建议。第三，履行国际义务，促进国际金融合作。从20世纪90年代开始，中国通过参与国际货币基金组织的资金交易计划向国际货币基金组织提供资金。1989年，中国向亚洲开发银行的技术援助基金捐款60万美元。我国自加入非洲开发银行以来，参加了非洲开发基金初始认捐及第4次至第12次增资，累计承诺捐资6.15亿美元。中国向非洲开发银行、西非开发银行及加勒比开发银行共提供双边技术合作基金400万美元。

第十章 建立适应社会主义市场经济的金融体制（1992—2001年）

第一节 全面确立社会主义市场经济体制的改革目标

一、发展社会主义市场经济

20世纪80年代末90年代初，经济全球化浪潮在世界范围内迅猛发展。中国在政治、经济、文化和社会生活等各个方面也发生了一系列深刻的变动。以江泽民为核心的党的第三代中央领导集体在党的十三届四中全会接班以后，通过两年半的治理整顿，为深化改革打下了一个较好的基础。

1992年春，邓小平发表了著名的南方谈话，提出要敢于大胆改革开放，并说："计划经济不等于社会主义，资本主义也有计划；市场经济不等于资本主义，社会主义也有市场。""计划和市场都是经济手段。"① 1992年6月，江泽民在中央党校省部级干部进修班上指出："我个人的看法，比较倾向于使用'社会主义市场

---

① 《邓小平文选》第三卷，第373页，北京，人民出版社，1993。

经济体制'这个提法。"1992年10月召开的党的十四大提出，"我国经济体制改革的目标是建立社会主义市场经济体制"。1993年11月，党的十四届三中全会通过了《中共中央关于建立社会主义市场经济体制若干问题的决定》，并明确了深化改革的一系列重大措施。1993年12月25日，国务院作出《关于金融体制改革的决定》，提出了要对金融体制进行全面改革。

二、经济体制改革不断深化

1997年9月，党的十五大在总结五年来实践经验的基础上，就我国所有制结构、公有制实现形式、分配结构和分配方式、国有企业改革方向和配套改革等一系列重大问题作出了全新阐述，提出公有制为主体、多种所有制经济共同发展，是我国社会主义初级阶段的一项基本经济制度。

我国朝着建立社会主义市场经济体制基本框架的方向迈出较大步伐，以国有企业转制为重点的各项改革全面展开，促进了中国经济结构的实质性变革和经济突飞猛进的发展。从1992年到1997年的六年间，国内生产总值年均增长11.5%，进出口总额年均增长15.7%，引进外国直接投资近2000亿美元，国家外汇储备从1991年的217.1亿美元增加到1997年的1389.9亿美元。

第二节 全面推进金融改革和扩大开放

1993年12月，国务院在建立社会主义市场经济体制的新形势下，发出《关于金融体制改革的决定》，提出了要对金融体制进行全面改革。金融改革的主要内容可以概括为建立"三个体系"、实现"两个真正":建立在国务院领导下,独立执行货币政策的中央银行宏观调控体系;建立政策性金融与商业性金融分离,以国有商业银行为主体、多种金融机构并存的金融组织体系;建立统一开放、有序竞争、严格管理的金融市场体系。把中国人民银行办成真正的中央银行;把专业银行办成真正的商业银行。

一、完善中央银行职能和改革组织管理体制

在1993年《国务院关于金融体制改革的决定》中,把建立和完善以中央银行为核心的金融宏观调控体系作为改革的三大目标之一。并且明确中国人民银行的主要职能是:制定和实施货币政策,保持货币的稳定;对金融机构实行严格的监督,保证金融体系安全有效地运行。

(一) 强化中央银行宏观调控职能和改善管理体制

中国人民银行以完善宏观调控、强化金融监管为重点,对机构组织体系和职能操作体系进行了改革和调整。一是强化宏观调控职能。中国人民银行总行上收了原来交由中国人民银行分支行分散执行的某些权力,集中了货币发行权、信贷总量调控权、基础货币管理权和基准利率调节权。二是中国人民银行取消了利润留成制度,实行独立的财务预算管理制度,并与所办经济实体脱钩,加强自身的内部管理和约束。三是全面转换中国人民银行分支机构职能,中国人民银行分支行作为中国人民银行总行的派出机构,主要履行金融监管、调查统计分析、横向头寸调剂、经理国库、现金调拨、外汇管理和联行清算等职能。四是建立规范化金融监管组织体系,加强对银行类机构、非银行金融机构、保险类机构的监管。五是理顺货币政策与财政政策的关系。从1994年

开始，停止了财政部向中国人民银行透支；从1995年开始，停止了财政部向中国人民银行借款，从此完全切断了向财政供应基础货币的渠道。六是理顺货币政策与投资政策的关系。从1993年下半年起，中国人民银行除继续对固定资产贷款实行指令性计划管理外，对国家计划安排的投资项目和计划盘子内留下的资金缺口，不再安排固定资产贷款规模。明令所有金融机构不得向无资本金、不安排铺底流动资金的新投资项目发放各种贷款。严禁用银行类机构或非银行金融机构的信贷资金充作项目的自有资金和自筹资金。1995年商业性金融与政策性金融分离后，国家投资项目政策性贷款所需的建设资金通过国家开发银行按批准发行的金融债券计划向商业银行发行债券来解决。七是中国人民银行兼办的一部分政策性业务，移交给新组建的三家政策性银行，使中国人民银行的职能更加专业化。

1995年3月，第八届全国人民代表大会第三次会议通过了《中华人民共和国中国人民银行法》，从法律上确定了中国人民银行的地位和基本职权。

（二）中央银行跨行政区设分行

在中国人民银行专门行使中央银行职能后，其组织机构也相应地作了调整。1984年中国人民银行分设时，在县以上按行政区设置分支机构，省（自治区、直辖市）设一级分行，地（市）设二级分行，许多县没有设县支行。但在1985年信贷失控后，为协调专业银行间的竞争，中国人民银行大量设立县支行，到1986年，全国2017个县共设立县支行1863个；在省会城市，不但设省分行，还设市分行；同时，在地区所在地的县城，不仅设二级分行，还设县支行。1993年，党的十四届三中全会决议和金融体制改革方案都明确提出，中国人民银行要积极创造条件跨行政区设置分支机构。

1995年初，全国人大通过了《中华人民共和国中国人民银行法》，明确规定中国人民银行要按照履行职能的需要设置分支机构。当时，确定了中国人民银行要跨行政区设置分行的改革方向，但由于条件还不成熟，因此需要在几年时间内，结合中国的具体情况进行调查研究和进行深入细致的准备工作。1997年11月，中共中央、国务院召开了全国金融工作会议，确定了进一步深化金融体制改革的方针，要把中国人民银行办成真正的中央银行。朱镕基在全国金融工作会议上指出，"中国人民银行和国有商业银行实行跨行政区设置分支机构后，分支机构的管辖范围与行政区划不再一致，分支机构的党组织也不宜再由地方党委领导。这种做法，符合党章规定，符合我国国情，也是同改变人民银行和国有商业银行按行政区划设置分支机构相配套的、必然需要采取的措施。今后，地方党委、政府和当地金融机构党组织应当在各自职责范围内相互支持。"中共中央、国务院《关于深化金融改革，整顿金融秩序，防范金融风险的通知》指出："为了有效实施货币政策，切实加强对金融业的监督管理，要尽快改变中国人民银行分支机构按行政区划设置的状况，有计划、有步骤地撤销中国人民银行省级分行，在全国设置若干跨省、自治区、直辖市的一级分行，重点加强对辖区内金融业监督管理。"

1998年5月19日，中共中央发布了《中共中央关于完善金融系统党的领导体制，加强和改进金融系统党的工作有关问题的通知》，决定成立中共中央金融工作委员会、中央金融纪律检查工作委员会和金融机构系统党委，目的在于加强党对金融工作的集中统一领导，发挥党的思想政治优势，保证党中央的路线、方针、政策和国家金融法律法规更好地在金融系统贯彻落实。

1998年6月12日,总理办公会议讨论同意中国人民银行提出的撤销中国人民银行省级分行、设立跨省(自治区、直辖市)分行的方案;9月7日,中国人民银行省级机构改革实施方案制定工作完成;9月19日,中央政治局常委听取关于中国人民银行省级机构改革实施的说明,并一致表示同意。10月17日,国务院批转中国人民银行省级机构改革实施方案的通知;11月12日晚,时任中央金融工委书记温家宝亲自主持中共中央金融工作委员会全体会议,审议同意中国人民银行党委提出的干部任职名单。

根据国务院的统一部署,中国人民银行管理体制改革工作有计划、有步骤地进行。1998年8月,按照国务院指示精神,结合中国人民银行具体情况,对中国人民银行总行内设司局进行了调整,并相应调整了有关职能,分流人员10%,顺利完成"三定"(定机构、定编制、定职能)工作。1998年11月14—16日,中国人民银行召开中国人民银行全国分行行长会议,全面布置了撤销中国人民银行省级分行、设立跨省分行的改革工作,听取了中国人民银行上海分行筹备工作汇报,对1998年末以前完成中国人民银行组建和相应的机构调整工作提出了要求。1998年11月18日,中国人民银行上海分行率先成立,此后至12月18日,中国人民银行9家跨省份分行全部挂牌成立。与此同时,中国人民银行撤销了31家省级分行,对中国人民银行9家跨省份分行和中心支行的职能分工进行了调整。为了保证中央银行工作的连续性和稳定性,确定了"先建后撤"的原则,原省级分行继续履行职能到1998年12月31日,中国人民银行9家跨省份分行从1999年1月1日起正式对外履行职能。经过这次改革,中国人民银行新的管理体制框架基本确立:总行下设9个分行(包括20个金融监管办事处)和2个营业管理部、326个中心支行、1827个县（市）支行。

二、汇率并轨改革和实现人民币经常项目可兑换

（一）推进汇率并轨改革

顺应社会主义市场经济发展的需要，围绕逐步使人民币成为自由兑换货币的改革目标，推进汇率并轨改革，是金融国际化的必经之路，也是人民币"走出去"的一个重要标志。

从1992年下半年开始，我国外汇调剂市场人民币汇价出现了急剧贬值的趋势。1993年跌势加剧，年初时是1美元兑换7.4元左右，到6月为1美元兑换10.9元左右，个别地方突破了1美元兑换11元。主要原因是经济发展速度很快，投资规模过大，拉动进口需求激增，因此人民币必然要贬值。国内通货膨胀的加速对人民币贬值的心理预期非常强烈，一些持汇单位炒买炒卖外汇的投机活动，更是外汇调剂价格急剧变化的重要原因。另一个原因是，当时取消了调剂外汇的最高限价，以有利于真实地反映市场汇价的情况。但有一个缺点，就是相关的配套措施没有跟上，致使人民币对美元汇价一下子贬到近1美元兑换11元。汇率急剧变化对国内外产生了负面影响，既给进出口企业带来更大的风险和不确定性，又加重了国内通货膨胀的压力，影响了海外投资者的信心。有鉴于此，中央强调要整顿金融秩序，首先要把人民币汇价平抑下来，达到一个合理的水平，并且要相对稳定，避免大起大落。因此，在1993年6月下旬，朱镕基和有关部门的负责同志研究了平抑汇价、中央银行入市干预的计划。朱镕基在7月8日就告诉国家外汇管理局，要准备进行干预，不让汇率反弹到9元

以上，也不要降到8.5元以下，但到10日汇价已反弹到9.12元。① 在7月11日，17个外汇分局的领导被请到北京，研究入市干预的方案。1993年7月12日是一个有历史意义的日子，中央银行第一次入市干预外汇调剂市场，平抑汇价，抛了6000多万美元，全国共成交1.1亿美元，创历史最高水平。这一仗打得很成功，使汇价基本稳定在8.6元到8.8元之间，中央银行抛的外汇从占总成交额的三分之二，甚至是四分之三，降到占总成交额的30%到40%。同时出台了一系列配套措施，该收的外汇要限期收回，该收的贷款也要收回，坚决打击外汇黑市，促进汇价稳定。这就为以后推行汇率并轨改革创造了很好的条件。

1993年5月末，我国参加关贸总协定中国工作组第十四次会议中承诺中国将在五年内实现官方汇率和市场汇率的统一，实行单一的、以市场汇率为基础有管理的浮动汇率，但实际操作中改革步伐加快。1993年11月，党的十四届三中全会通过的《中共中央关于建立社会主义市场经济体制若干问题的决定》中明确要求："改革外汇管理体制，建立以市场为基础的、有管理的浮动汇率制度和统一规范的外汇市场，逐步使人民币成为可兑换货币。"

在当时的经济、金融形势下，进行汇率并轨改革是有一定风险的。所谓"汇率并轨"就是取消汇率的"双轨制"。由于国家的牌价已经不能反映实际换汇成本和供求情况，因此应该取消，让市场来定价。当然，所谓"由市场来定价"，汇价也不能大起大落，否则外国人也不会来投资了，因此对这个市场也要进行管理，由中央银行负责管理和调节。1993年12月，中国人民银行发布了《中国人民银行关于进一步改革外汇管理体制的公告》，明确提出

---

① 《朱镕基讲话实录》第一卷，第346－348页，北京，人民出版社，2011。

外汇体制改革的政策措施。1994年1月1日，我国外汇体制进行重大改革，人民币官方汇率和外汇调剂市场汇率并轨，以1993年12月31日各地外汇调剂市场的加权平均汇率1美元合8.72元人民币为全国统一的人民币汇率；实行以市场供求为基础的、单一的、有管理的浮动汇率制度。1994年我国外汇体制改革后，实施银行结售汇制度，建立了分层次的、统一的外汇市场。1994年4月1日，银行间外汇市场即中国外汇交易中心在上海成立，1994年4月4日，中国外汇交易中心系统正式运营。

(二) 实现人民币经常项目可兑换

1994年、1995年两年的外汇管理体制改革实现了人民币经常项目有条件可兑换，在对外开放，加快国民经济发展等方面取得了明显成效，为推动下一步的改革目标打下了坚实的基础。1996年，我国外汇储备差不多达到1000亿美元，已占据世界第二位。中国为实现人民币经常项目下可兑换，继续深化外汇管理体制改革：一是将外商投资企业纳入银行结售汇体系。经国务院批准，中国人民银行于1996年6月20日发布公告，自1996年7月1日起对外商投资企业实行银行结售汇。二是提高居民用汇标准，扩大供汇范围。1996年5月13日，国家外汇管理局发布《境内居民因私兑换外汇办法》，从1996年7月1日起，取消居民个人，包括居住在中国境内的外国人和港澳台同胞的因私用汇的限制，大幅度提高了用汇标准，扩大了供汇范围。三是从1996年4月1日起，中国取消了出入境展览、招商等非贸易非经营性用汇的限制；驻华机构和来华人员的合法人民币收入需要汇出境外的，可以持有关证明材料和凭证到外汇指定银行办理汇兑。四是初步建立了人民币在经常项目下可兑换的外汇管理法规框架。1996年1月29日，国务院发布《中华人民共和国外汇管理条例》，并自4月1日起实行。经过上述改革后，中国取消了所有经常性国际支付和转移的限制，达到了《国际货币基金组织协定》第八条款的要求。1996年11月27日，中国人民银行行长戴相龙致函国际货币基金组织，宣布中国自12月1日起接受《国际货币基金组织协定》第八条款的义务，实现人民币经常项目下可兑换。这样，中国实现人民币经常项目可兑换的时间比原定目标日期提前了一年多。对此，国际货币基金组织总裁康德苏先生发表声明说："这是中国在历史性变革和果断融入世界市场经济中的又一个里程碑。实现经常项目可兑换将进一步增强国际、国内对改革光明前景的信心。"

三、政策性银行的建立

按照1993年11月党的十四届三中全会决定的"建立政策性银行，实行政策性业务与商业性业务分离"的目标，国务院在1993年12月发出的《关于金融体制改革的决定》中，提出建立3家政策性银行。成立政策性银行，就是要在国家计划安排的基本建设规模以内，首先保证重点建设项目的资金，一开始就百分之百落实。成立国家开发银行，无非是进行总量控制，防止把同一块银行信贷规模"一女多嫁"，导致基建规模失控、银行贷款规模突破、票子多发，通货膨胀。国务院的决定规定政策性银行要加强经营管理，坚持自担风险、保本经营、不与商业性金融机构竞争的原则，其业务受中国人民银行监管。1994年3月17日、4月26日和11月18日，国家开发银行、中国进出口银行和中国农业发展银行相继挂牌营业。3家政策性银行在支持"两基一支"建设、促进机电产品出口、解决长期困扰各级政府和广大农民的农副产品收购不能兑付现金的问题以及保护和稳定粮棉油市场等方面都发挥了重要作用，为促进国有专业银行向现代商业银行转变创造了有利条件。

政策性银行成立以后，积极促进经营机制的转换。一是推进制度建设，规范业务经营。国家开发银行制定了《国家开发银行基本建设贷款暂行办法》、中国进出口银行制定实施了《中国进出口银行项目评审管理暂行办法》、中国农业发展银行制定了《中国农业发展银行农业综合开发贷款管理办法》等项规章制度。二是推进组织机构建设，健全银行功能。1996年5月，国家开发银行建立了武汉分行和成都、西安、深圳三家代表处。1998年12月，中国投资银行整体并入国家开发银行，在此基础上，国家开发银行组建了27家分行。中国农业发展银行从1995年开始逐步建立分支机构。截至1997年末，中国农业发展银行在30个省和5个计划单列市设立了营业部，在294个地市设立了二级分行，在1617个县（市）设立了支行。三是拓宽筹资渠道，建立长期稳定的资金来源。1998年，国家开发银行和中国进出口银行相继开始了市场化的发债工作，取得了较好的成绩。四是完善经营机制和提高抗风险能力。1996年，国家开发银行进行了第一次信贷体制改革，中心内容是实行审贷分离，加强贷后管理。1998年，国家开发银行继续深化信贷管理体制改革，加强全过程的风险控制。中国进出口银行坚持正确的办行宗旨，实行政策性银行的企业化管理，努力通过强化管理，提高效益来拓展自身业务。中国农业发展银行成立后，积极争取国家政策支持，增加财政性资金投入，增强自身资金实力，强化内部管理。1995年，中国农业发展银行提出了实现农业政策性购销资金良性循环的十条措施，并由国务院批转了《关于加强粮棉油政策性收购资金管理的意见》。中国农业发展银行切实加强对粮食收购、调销、储备资金的全过程监管。严格按照"库贷挂钩"的办法供应和管理，坚决实行"钱随粮走"的办法,确保粮食销售后国有粮食企业能及时、足额归还贷款本息。中国农业发展银行围绕贷款投放、库存监管和收回贷款三个环节,初步建立了农副产品收购资金的封闭运行机制。1998年,国务院对中国农业发展银行的业务经营范围做了较大调整,将原来承担的扶贫、农业综合开发等项目划归中国农业银行,将粮棉油企业附营业务和加工业务占用贷款划归有关商业银行。

四、国有专业银行的商业化改革

1993年11月召开的党的十四届三中全会,对建立社会主义市场经济体制确立了基本框架。经济改革要求金融改革的配合,没有专业银行的商业化,中央银行的货币政策就缺乏实施的基础,银行对企业预算软约束问题就难以解决,就不可能按市场机制使资金的配置最优化。1993年,国家计委关于发展第三产业的报告中采用了"商业银行"这一名称,这是第一次在国家正式文件中将国家专业银行称为商业银行。1993年12月,国务院下发了《关于金融体制改革的决定》,正式明确了国家专业银行逐步转变为国有独资商业银行的方向。1995年颁布实施了《中华人民共和国商业银行法》,中国工商银行、中国农业银行、中国银行、中国建设银行4家专业银行从法律上定位为国有独资商业银行。1995年6月15—19日,中国人民银行召开全国银行业经营管理工作会议,会议提出,要把银行工作重点转到加强经营管理和提高资金使用效益上来,尽快把国家专业银行办成具有国际经营管理水平的商业银行。

(一)完善管理体制和转换经营机制

这段时期,各项重大改革措施陆续出台,国家专业银行商业化改革进展很快。

一是完善公司治理结构和精简与优化机构布局。国有独资商业银行实行一级法人体制,健全科学、有效的内控制度和风险管理制度。1994年和1995年,各专业银行相继明确和强化了一级法人的概念,集中了资金管理权和贷款管理权。1994年,中国工商银行制定了《中国工商银行资金管理暂行规定》,首先明确了中国工商银行实行一级法人制,总行是全行资金管理调度中心。1995年,中国工商银行确立了经营管理体制改革的目标,就是在法人授权的基础上,建立一个在总行的垂直领导下,统一调度资金,统一核算、以城市行为基本核算单位,总行的一级、二级分行分级经营管理的商业银行经营管理体制。中国农业银行在1995年强化了一级法人观念,完善了系统内的资金调度机制。同年,中国建设银行进一步强化资金集中调度的力度,通过总行集中调度的资金较上年增加68%。

1997年11月召开的全国金融工作会议要求按照"经济、高效、精简、合理"的原则,积极稳妥、有计划、有步骤地进行分支机构和营业网点的撤并工作。1998年6月,由中国人民银行制定的"关于国有独资商业银行分支机构改革方案"得到了国务院的批准。从1998年开始,国有独资商业银行加大了机构调整的力度,并精减了部分人员。到2002年末,4家银行共精简机构5.5万个,占网点总数的1/3;累计精减人员55.62万人。2000年,国务院颁布了《国有重点金融机构监事会暂行条例》,并向国有独资商业银行等16个国有重点金融机构派出了监事会。这一时期,国有独资商业银行也加快了电子化建设的步伐。我国从1985年开始发行银行卡,到2001年末,全国各金融机构发卡总量达到3.83亿张,年交易总额为8.43万亿元。1996年6月,中国银行在国内率先设立网站,向社会提供网上银行业务。到2001年末,全国主要银行都开通了网上银行业务，设立网上银行服务站点48个。

二是实行政策性金融与商业性金融的分离。其主要改革措施包括组建三大政策性银行和政策性业务与商业性业务的分离工作。在政策性业务分离出去之后，原来的国家专业银行尽快转变为国有独资商业银行，按现代商业银行经营机制运行。

三是实行新的财务制度。1993年开始实行新的财务制度，取消了利润留成。1993年新的银行会计制度，改收付实现制为权责发生制，改收付记账法为借贷记账法。1997年2月，国务院发布《关于调整金融保险业税收政策有关问题的通知》，降低国有独资商业银行所得税税率，从55%降为33%，同时营业税税率由5%提至8%（此后又降至5%）。国有独资商业银行建立和完善呆账准备和核销制度。1996—1997年，各国有独资商业银行按年初贷款余额的1%差额提取呆账准备金，此后，改为按年末贷款余额的1%差额提取。2002年，中国人民银行发布有关规定，要求国有独资商业银行提取专项准备金和特种准备金，专项准备金按照贷款分类分别提取2%～100%不等的呆账准备。呆账准备金制度的变化为国有独资商业银行稳健经营奠定了重要的制度基础。

四是补充国有独资商业银行资本金。按照《巴塞尔资本协议》的要求，商业银行的资本充足率不得低于8%。由于当时各家银行并未采取审慎的会计制度，呆账拨备和资本金严重不足，存在着较大的系统性风险。鉴于当时4家国有独资商业银行的性质，其资本金必须由国家来补充。经中国人民银行和财政部多次磋商，形成由财政部发行2700亿元特别国债，用所筹资金补充四家银行资本金的方案。具体方案是：中国人民银行将存款准备金率从13%下降到8%，为4家银行释放出大约2700亿元资金。4家银行以这2700亿元资金定向购买财政部发行的2700亿元特别国债，财政部再将这2700亿元作为资本金注入四家银行。1998年3月，该方案由国务院报请全国人大常委会审议并获得通过。同年6月，4家国有独资商业银行获得2700亿元注资，资本充足率有了较大提高。

五是实行资产负债比例管理和分业经营。20世纪80年代末，一些国有专业银行已开始在国内部分城市试行资产负债比例管理，并逐步在系统内全面推广。中国工商银行从1988年开始在系统内一级分行试行资产负债比例管理，主要实行了包括备付金比例管理和拆借资金比例管理的管理办法。截至1990年末，中国工商银行已有19个省分行选点试行了二级分行的比例管理。1992年，中国工商银行海南、宁波等分行全面实行了资产负债比例管理。1993年，中国工商银行根据中国人民银行的规定，在实践基础上和借鉴国内外银行管理的经验，制定了《中国工商银行资产负债比例管理办法（试行）》。中国人民银行于1994年2月下发了《中国人民银行关于对商业银行实行资产负债比例管理的通知》，对国有独资商业银行实行贷款限额控制下的资产负债比例管理。1994年，中国银行实行了贷款限制指导下的资产负债比例管理，中国建设银行也进行了限额下的资产负债比例管理改革试点。1995年7月1日实施的《中华人民共和国商业银行法》明确规定："商业银行贷款应遵循资产负债管理比例管理规定。"1995年，中国农业银行总行在部分省级分行进行了资产负债比例管理试点。1996年，中国建设银行总行对一级分行全面试行了以存贷比例为主要内容的资产负债比例管理，并将存款市场占比、资产收益率、利息实收率、资产质量等作为核定存贷比例的参照指标，实行各项指标的联动控制。1996年，中国人民银行对国有独资商业银行实行资产负债比例管理基础上的贷款规模管理，再次下达了商业银行资产负债比例管理监控、监测指标和考核办法,并把外币业务、表外项目纳入考核体系,以全面反映银行的资产风险情况。截至1997年,原来附属于国家专业银行的证券公司和信托投资公司等非银行金融机构,一律与原银行脱钩,有的予以撤销。从1998年1月1日起,中国人民银行取消对商业银行贷款限额的控制,国有独资商业银行开始实行贷款政策指导下的全面资产负债比例管理。

(二)剥离国有独资商业银行不良资产和防范化解风险

亚洲金融危机发生之前,国家已经注意到国有独资商业银行不良资产比例高、应收未收利息急剧增加、经营日趋困难、金融隐患和金融风险不断加大等问题;相当一部分的不良贷款和应收未收利息是呆账、坏账,无法收回。一部分不良贷款是属于计划经济时期以及改革早期形成的,这部分贷款,大概在银行的不良贷款中占到不足1/3。在经济过热时期,1992—1994年,由于一些盲目性,特别是房地产经营中的盲目性所形成的不良贷款,如果简单地估计,可能也占银行不良贷款的1/3左右。还有另外1/3左右的不良贷款,实际上是在1994年以后形成的。1998年末,4家国有独资商业银行不良贷款占到了贷款总额的32.18%,巨额的不良贷款已成为银行业健康发展的最大威胁。曾经在一段时间里,国外媒体大量报道中国国有独资商业银行巨额不良资产问题,认为中国的银行在技术上已经破产了。虽然是国外媒体高估了风险程度,低估了中国化解风险的能力,但我国政府清醒地估量到了风险爆发的程度,并及时谋划了清除这颗"定时炸弹"的措施。

借鉴国际经验和结合中国国情,要卸下国有独资商业银行沉重的历史包袱,推进金融改革,就必须采用金融创新手段,对不良贷款进行大规模处置。1999年4月8日,朱镕基总理在与美国总统克林顿联合举行的记者招待会上指出,"中国的银行正在进行史无前例的改革,我们将要参照美国RTC(处置信托公司)的经验,来成立中国的银行金融资产管理公司、分离不良贷款、处理不良贷款。我相信,这一改革有利于中国的商业银行变成真正的商业银行。"国务院决定剥离国有独资商业银行不良资产,分别组建4家金融资产管理公司(AMC)专门收购和处理不良资产。1999年4月20日,中国信达资产管理公司正式成立,东方资产管理公司、长城资产管理公司、华融资产管理公司也陆续于当年10月15日、18日和19日挂牌营业。4家金融资产管理公司对不良资产的处置方式主要包括:依法清收、以物抵债、债务重组、债权转股权、打包出售、资产证券化、信托处置、破产清算等。2000年末,4家AMC组建和收购不良贷款的工作基本结束,共从4家国有独资商业银行和国家开发银行剥离不良贷款13939亿元人民币。此后,4家AMC又进行了第二次大规模的不良资产接收工作,两次累计接收国有独资商业银行不良资产2.69万亿元,有力地促进了银行财务重组,国有独资商业银行的不良贷款率大幅下降到安全水准之内。

(三)改善信贷结构和支持经济发展

我国银行业在成功应对亚洲金融风波冲击的同时,推进改革和资产重组,积极改善信贷结构,加大支持经济增长的力度。2000年末,全部金融机构贷款余额为9.9万亿元,当年新增13347亿元,增长13.4%。其中,国有独资商业银行新增贷款7910亿元;中小商业银行新增贷款3038亿元。其中,个人住房贷款,全年新增1952亿元;个人其他消费信贷,全年新增640亿元;固定资产贷款,全年新增3793亿元,其中,投向国债配套项目2000亿元左右。从贷款所有制结构看,非国有经济贷款份额继续上升。年末,对非国有经济贷款余额达4.8万亿元,占全部贷款余额的48%。

五、股份制商业银行蓬勃发展

（一）转变发展方式和提高经营效益

在我国经济转轨进程中，股份制商业银行以其灵活的经营机制优势，在较长时间保持快速发展，成为推动我国国民经济发展的一支生力军。

一是继续设立股份制商业银行。上海浦东发展银行于1992年8月28日经中国人民银行批准成立，1993年1月9日正式开业。上海浦东发展银行是一家区域性的、股份制综合性商业银行。前期股东为江、浙、沪等地方财力和包括国内知名大集团、大公司在内的数百家企业，注册资本10亿元，主要是为地方经济发展和建设上海金融中心服务。1996年末，该行实收资本10亿元，所有者权益合计22.1亿元，资产总额为649.6亿元。

中国民生银行于1996年1月12日在北京正式成立。它是经国务院和中国人民银行批准的首家主要由非国有企业入股的全国性股份制商业银行。它以发起人的方式募集股本，注册资本为30亿元人民币；总行设在北京。1996年末，该行实收资本13.8亿元，所有者权益合计14.0亿元，资产总额为85.94亿元。

海南发展银行是在改组合并5家信托投资公司基础上设立的股份制商业银行，实收资本14.61亿元人民币（其中外汇5000万美元），股东43家，于1995年8月18日正式开业。1998年6月21日海南发展银行因资不抵债被关闭。

二是建立与市场经济相适应的商业银行组织结构和管理体制。现代商业银行最典型的组织形式是有限责任公司制和股份公司制。我国股份制商业银行按照"产权清晰、政企分开、权责明确、管理科学"的原则设立,有着比较明晰的产权结构,较好地界定了所有者之间的关系,在此基础上建立了比较规范的法人治理结构,较好地解决了委托人与代理人脱节等问题。按照《中华人民共和国公司法》、《中华人民共和国商业银行法》的要求,股份制商业银行逐步确立了股东大会、董事会、监事会、行长负责制的现代公司化的治理结构,并形成了比较有效的内部管理体制。由于大部分股份制商业银行规模较小,有些银行是区域性银行,管理层次较少,一般从建行开始就实行一级法人管理体制。股份制商业银行在形成市场化的内部管理制度方面进行了积极探索。逐步推行全员聘任、行员等级制、以业务档案为基础的指标考核制度、干部交流、竞争上岗等人事管理制度和内部激励机制。股份制商业银行在成立初期大多定位于服务地方经济,发展模式主要以争取大中型客户为主。然而,随着国民经济的快速增长以及自身业务的迅速膨胀,使得客户群呈现较为明显的集团化发展趋势,要求股份制商业银行提供越来越多的跨区域金融服务,因此,各股份制商业银行纷纷制定机构扩张战略,加快网点布局速度,以突破"瓶颈",实现更好、更快地发展。

三是实行资产负债比例管理和完善风险控制体系。股份制商业银行的资产负债比例管理体制的建立更多体现了这些商业银行经营管理的内在要求。股份制商业银行根据资金自求平衡的要求,率先实行了资产负债比例管理制度。中国人民银行对股份制商业银行实行资产负债比例管理一开始就是按余额监测和考核的,而对国有独资商业银行的一些指标是用增量进行考核。与此同时,中国人民银行也较早地对股份制商业银行的信贷规模实行指导性计划管理,为股份制商业银行改革与发展提供了更大的空间。股份制商业银行内部成立了资产负债管理委员会,根据《巴塞尔资本协议》的要求，制定了比例管理的指标体系，增加了资本充足率、贷款质量、经营收益等指标，从流动性、安全性、盈利性的角度全面考核资金运营情况；积极借鉴国外商业银行风险防范和控制办法，建立业务风险评价制度，对贷款进行事前、事中、事后监控；实行审贷分离、贷款担保制度。此外，股份制商业银行普遍参照国际惯例、国际通行准则或国际通用标准，对其财务会计等基本制度、授权授信管理等基本业务操作规程进行规范；把担保、汇票承兑、信用证的开立等业务纳入质量监管的范围；建立内部稽核体系，强化内部稽核管理。

四是逐步从粗放型经营方式向集约型发展方式转变。股份制商业银行逐步明确市场定位，开始以市场原则和成本效益原则来规划机构的设置，以风险控制能力来约束业务的扩张，以"盈利性、流动性、安全性"原则来指导业务活动的开展。各行努力开辟业务多样化发展的新途径，大力促进信用卡业务、投资银行业务和离岸金融业务等业务品种的创新和发展，初步改变了"存款、贷款、结算"三足鼎立的传统业务的格局。初步建立了双向选择的新型银企关系，在此基础上形成和扩大了基本客户群体。通过市场竞争和市场选择，增强了市场机制在资金配置中的作用，提高了资金使用效益和效率。成立较早的交通银行最初几年的业务发展采取了"批发业务为主、零售业务为辅，传统业务为主、非传统业务为辅，国内业务为主、国际业务为辅"的方针，通过一系列的建章建制，逐步完善经营机制。此后，交通银行大力拓展海外业务和外币业务；大力发展中间业务和代理业务，坚持金融创新及各项业务的相互协调、配套。光大银行利用光大集团的优势，积极拓展国际业务。华夏银行的股东全都是企业法人，其业务发展以基础产业为主，以大中型企业为主，在积极发展中小客户的同时，积极主动地抓"大项目、大客户"，以求得规模与质量、效益与安全的统一。

(二) 城市商业银行的建立和发展

我国城市信用社多半是在1985年以后设立的。1988年8月中国人民银行颁布了《城市信用合作社管理规定》，明确规定城市信用社是集体合作金融组织，实行民主管理，主要为"两小"经济提供服务。此后，城市信用社迅速发展。由于当时信用合作理论还处于探索阶段和相关法律法规还不完善，许多城市信用社的组织体制和运行机制背离了信用合作制原则，以及由于规模小、资金成本高、内控机制不健全等原因，使其抗风险能力较弱。

城市合作银行是在城市信用社的基础上建立的，其主要任务是为中小企业和发展地区经济服务。1993年12月，国务院在《关于金融体制改革的决定》中提出要积极、稳妥地发展合作银行体系。要求城市合作银行可以不拘泥于"合作"两个字。可以是股份制的商业银行，也可以是合作制的商业银行，都得按《商业银行法》进行管理。1995年3月14日至16日，中国人民银行设立的城市合作银行领导小组在北京召开试点城市座谈会，决定在合并重组城市信用社的基础上，通过吸收地方财政、企业资金方式试办城市合作银行，同时部署了北京、上海、天津、深圳、石家庄5个试点城市的城市合作银行的组建工作。1995年7月，中国第一家地方性股份制银行机构——深圳城市合作银行正式开业。1995年9月，国务院下发了《国务院关于组建城市合作银行的通知》。此后，城市合作银行分三批进行组建。到1997年末，全国已有70多家城市合作银行开业。1998年，城市合作银行全部改名为城市商业银行。

六、农村金融体系在改革中发展

改革开放以来,农村金融事业迅速发展。到20世纪90年代中期,农村信用社发展取得了较大成绩,存贷款的数量很大,但问题也不少,亏损面达40%,亟须加强监管,使其认真遵守金融法律法规,规范经营。根据党的十四届五中全会精神和《关于金融体制改革的决定》,1996年7月,国务院召开全国金融体制改革工作会议;会后,国务院于8月发布了《国务院关于农村金融体制改革的决定》,明确农村金融体制改革的重点是恢复农村信用社的合作性质,改革的核心是把其逐步改为由"农民自愿入股、社员民主管理、主要为入股社员服务"的合作金融组织。

1996年农村金融体制改革的具体步骤是:农村信用社与中国农业银行脱离行政隶属关系,对其金融监管和业务管理分别由中国人民银行和农村信用社联社承担,然后按合作制原则加以规范。由于农村金融体制改革涉及面广,情况复杂,为此,在国务院、省、地、县四级设立农村金融体制改革协调机构,并相应设立办公室。其中,国务院成立农村金融体制改革部际协调小组,由中国人民银行牵头,中国人民银行行长任组长,中央和国务院有关部门以及中国农业银行、中国农业发展银行的主管领导参加,办公机构设在中国人民银行。从1996年下半年开始,各省(自治区、直辖市)可选择一两个经济较为发达的县(市),开展组建农村合作银行的试点工作。1997年2月,经国务院同意,国务院农村金融体制改革部际协调小组和中国人民银行在北京召开全国农村信用社管理体制改革工作会议,就农村信用社按合作制原则规范改革、中国人民银行加强监管、组建行业自律组织等工作进行了全面部署。1997年6月,国务院办公厅转发《中国人民银行关于进一步做好农村信用社管理体制改革工作的意见》，要求坚定不移地把农村信用社办成合作金融组织，按合作制原则改革农村信用社管理体制。

按照国务院的统一部署，农村信用社在脱钩过程中，按照合作制原则，积极、稳妥地推进农村信用社管理体制改革，全面规范基层信用社，自上而下建立了中国人民银行对农村信用社的监管体系，使农村信用社业务发展上了一个新台阶。但是，农村信用社发展也面临不少问题，突出表现在信贷资产质量差，部分农村信用社已经资不抵债。为防范和化解农村信用社金融风险，根据1997年全国金融工作会议精神，党中央、国务院决定对农村信用社进行整顿规范。1999年开始在江苏等地进行了农村信用社改革试点，改革过程中没有涉及股权问题，而是强调农村信用社要为"三农"服务，农村信用社的服务定位是发放以小额信用贷款为主的农业贷款。2000年，农村信用社新增农业贷款561亿元。

七、保险业推进改革

随着我国经济金融体制改革的不断推进，保险公司为适应激烈的市场竞争，加快改革步伐，加大创新的力度。1995年9月，国务院正式批复了中国人民银行《关于中国人民保险公司机构体制改革的报告》。1995年10月，《中华人民共和国保险法》颁布实施，规定产寿险分业经营。1996年，中国人民保险公司改组为中国人民保险（集团）公司（简称中保集团），下设三个子公司，即中保财产保险有限公司、中保人寿保险有限公司和中保再保险有限公司。1998年11月，国务院批准设立中国保险监督管理委员会（以下简称中国保监会），统一监管职能，集中管理全国保险市场。1999年7月7日，中国保监会发布公告，宣布撤销中国人民保险（集团）公司。原中保财产保险有限公司、中保人寿保险有限公司、中保再保险有限公司变为一级法人，中保集团原有的管理职能分别移交给上述三家公司。中保集团的海外资产转给中国保险股份有限公司，有关事宜由香港中国保险（集团）有限公司代办。在此期间，中国太平洋保险公司与交通银行脱钩，改制为独立的股份制商业保险公司，太平洋保险公司和平安保险公司都完成了财险和寿险的分账核算工作。1996年，中国人民银行又批准设立了华泰、永安、华安、泰康等保险公司。同时，外资保险公司也逐步在中国市场登陆。1992—1998年，中国人民银行批准设立了12家外资保险公司分公司或中外合资的保险公司。到1998年末，全国保险公司数量达到25家，分支机构7400多家。当年全国保险收入1240亿元，是1985年的20多倍。

八、金融扩大开放

1994年4月，《中华人民共和国外资金融机构管理条例》开始实施。1994年8月，国务院又批准开放北京、沈阳、石家庄、西安、成都、重庆、武汉、合肥、苏州、杭州、昆明11个中心城市，允许外资银行设立营业性分支机构。在此期间，中国还批准设立了一家中外合资投资银行——中国国际金融公司。1996年，中国人民银行发布了《上海浦东外资金融机构经营人民币业务试点暂行管理办法》。1998年4月，中国人民银行批准在上海浦东经营人民币业务的外资银行进入全国同业拆借市场。1998年8月，又批准深圳经济特区的5家外资银行开办人民币业务。

加入国际清算银行。国际清算银行董事会于1996年9月9日通过决议，邀请中国人民银行和香港金融管理局等9个国家或地区的中央银行或金融管理当局加入国际清算银行。中国人民银行于同年11月1日认缴了股本金，成为该行正式成员。

参加亚太地区的金融组织。中国人民银行还参加了亚太地区几个没有常设办事机构的中央银行组织，即东南亚—新西兰—澳大利亚中央银行组织（SEANZA），东亚及太平洋地区中央银行行长会议组织（EMEAP），以及由中国、美国、日本、澳大利亚、新加坡和中国香港的中央银行或货币当局组成的"六方市场会议"。从1991年起，中国人民银行应邀派代表以观察员身份出席泛美开发银行年会。1997年亚洲金融危机爆发后，由中国领导人倡导的"10+3"副手会及财长会已成为东亚各国加强金融合作的主要机制。2000年5月在泰国清迈举行的"10+3"财长会议共同签署了建立双边货币互换机制的协议，即"清迈倡议"。

加入非洲次区域开发机构。2000年8月，我国加入东南非贸易与开发银行。

加入美洲地区次区域开发机构。为了加强中国与加勒比地区的经贸合作，中国于1998年1月加入加勒比开发银行。

中国自重返或参加国际金融组织以来，先后成功地承办了多次重大的国际性年会。

中国人民银行参与国际清算银行每年举行的多次中央银行行长例会。1996年中国加入国际清算银行以后，积极参与了关于有效银行监管的核心原则的讨论。国际货币基金组织、世界银行和亚洲开发银行向中国人民银行提供了加强银行监督方面的技术援助。一些国家的中央银行也为中国人民银行举办过银行稽核监督培训班，或者接受中国人民银行工作人员到他们的银行监督部门见习。在清算支付体系和金融统计等方面，世界银行和亚洲开发银行都向中国人民银行提供过技术援助。

1996年我国与非洲开发银行建立了200万美元的双边技术合作基金。此外，我国积极参与了非洲开发基金落实多边减债动议的捐资行动。

中国人民银行参加了东亚国家和地区间的多边金融合作。东亚及太平洋中央银行行长会议组织（EMEAP）是该地区内多边金融合作的初始框架。在1997年亚洲金融危机中，中国人民银行代表中国政府参与了国际货币基金组织向泰国提供的一揽子紧急援助，向泰国贷款10亿美元。1997年11月，印度尼西亚金融危机爆发后，中国出资3亿美元，参加支持印度尼西亚的应急资金援助安排。在亚洲金融危机爆发时期，中国政府领导人多次郑重表示，将全力保持人民币汇率的稳定，以此减轻或化解受灾国家的金融压力，并成为对有关金融危机国家的实际支持。

第三节　金融市场在改革中加快发展

一、货币市场规范发展

1993年2月，中国人民银行下发《关于进一步加强对同业拆借管理的通知》，要求规范拆借行为。同年6月，中共中央、国务院下发《关于当前经济情况和加强宏观调控的意见》，决定纠正乱集资、乱提高利率和乱拆借。据此，中国人民银行下发《关于进一步整顿和规范同业资金拆借秩序的通知》，采取坚决措施，整顿同业拆借市场。经过一年多的治理整顿，我国的同业拆借市场进入了较为规范管理的阶段，形成了以中国人民银行融资中心为主导地位的拆借市场。从1994年到1996年，中国人民银行在整顿、清理的基础上逐步规范同业拆借行为，建立了统一的同业拆借运作体系和组织体系。1996年1月，全国统一的同业拆借市场网络开始运行。1996年6月1日，中国人民银行放开了同业拆借利率的上限管制，由市场资金供求情况自行决定拆借利率。单个交易品种的日加权平均利率形成了全国银行间同业拆借市场利率（CHIBOR）。从1997年第四季度开始，中国人民银行采取各种有效措施清收融资中心的逾期资金，并对未完成清收工作的融资中心机构予以撤销。与此同时，中国人民银行批准了一批拆借市场的新成员。1999年，同业拆借市场交易量达到3292亿元，2000年增加到6728亿元。

1993年，中国人民银行颁布了《商业汇票办法》，此后又颁布了《再贴现办法》和《信贷资金管理暂行办法》，下发了《关于在煤炭、电力、冶金、化工和铁道行业推行商业汇票结算的通知》、《关于棉花调销推行银行承兑汇票贴现与再贴现的通知》、《关于下达再贴现额度的通知》。1995年5月，《中华人民共和国票据法》颁布，自1996年1月1日起实施。1998年，中国人民银行出台了改革再贴现利率和贴现利率生成机制、延长再贴现最高期限等一系列政策。中国人民银行推动一批金融机构集中、金融发达、辐射力强的中心城市，如上海、重庆、天津、大连、南京、武汉、成都等地加快票据市场的建设和发展，促进区域性的票据市场逐步形成。2000年，银行承兑票据余额达到3676亿元，票据贴现余额为1535亿元。

我国货币市场最初以信用放款的同业拆借为主。1995年，国债开始面向机构投资者无纸化发行，这为金融机构和中国人民银行利用国债进行以债券回购为主要形式的资金融通创造了条件。

1997年6月，中国人民银行下发了《关于各商业银行停止在证券交易所证券回购及现券交易的通知》，决定商业银行退出交易所的回购交易，并在银行间债券市场开展回购交易。1998年，银行间债券市场的现券交易和回购交易分别成交29.53亿元和1021.48亿元。

二、资本市场迅速成长

20世纪90年代初，正当上海、深圳紧锣密鼓地建立证券交易所的时候，针对股份制改革和建立证券市场的问题也争论不休。争论的核心是股票市场姓"资"姓"社"的问题。针对这一争论，1992年1月，邓小平在南方谈话中明确指出："也有不少人担心股票市场是资本主义，所以让深圳和上海先搞试验。看来，深圳的试验说明社会主义是可以搞股票市场的，证明资本主义能用的东西也可以为社会主义所用。""证券、股市，这些东西究竟好不好，有没有危险，是不是资本主义独有的东西，社会主义能不能用？允许看，但要坚决地试。看对了，搞一两年对了，放开；错了，纠正，关了就是了。关，也可以快关，也可以慢关，也可以留一点尾巴。怕什么，坚持这种态度就不要紧，就不会犯大错误。"邓小平南方谈话一语破除了当时社会上在思想和理论方面的禁忌和障碍，给当时的股票市场吃下了一颗"定心丸"，直接推动中国资本市场发展迈出关键性的步伐。1992年2月21日，上海电真空B股在上海证券交易所挂牌上市，2月28日，深南玻B股在深圳证券交易所挂牌上市，宣告了我国B股市场的诞生。1993年6月青岛啤酒股份有限公司成为中国内地首家在香港上市的H股。在证券交易中心组建发展的同时，1992年7月和1993年4月，中国证券市场研究中心和中国证券交易系统有限公司又先后在北京开办了"全国证券交易自动报价系统"(STAQ)和"全国电子交易系统"(NET)两个全国性证券交易网络,主要用于法人股交易。

中国资本市场建立后,政府开始着手建立健全规范市场行为的法律、法规体系以及监管体制,加强监管,促进资本市场稳定发展。1992年10月,党中央、国务院决定成立国务院证券委员会和中国证券监督管理委员会(以下简称中国证监会),统一管理全国证券市场,同时将发行股票的试点由上海、深圳等少数地方推广到全国。1995年9月,党的十四届五中全会通过的《中共中央关于制定国民经济和社会发展"九五"计划和2010年远景目标的建议》指出,要"适当扩大直接融资"和"积极稳定地发展债券和股票融资"。1999年7月1日,《中华人民共和国证券法》开始施行,要求继续按照"法制、监管、自律、规范"的八字方针,进一步发展证券市场。

在股票市场创建初期,为防止一哄而起以及因股票发行引起投资过热,监管机构采取了额度指标管理的审批制度。1993年5月,国务院颁布了《股票发行与交易管理暂行条例》。1993年8月,国务院颁布《关于1993年股票发行与认购办法的意见》。1995年10月,中国证监会发出《关于股票发行与认购办法的意见》。《中华人民共和国证券法》颁布以后,中国证监会开始逐步落实规定的股票发行核准制。1993年8月出台的《企业债券管理条例》对债券发行规定了规模控制和审批制,规范了企业债券发行的管理。1995年8月,中国人民银行、财政部、中国证监会联合下发《关于重申对进一步规范证券回购业务有关问题的通知》。1996年,中国国债市场的发展全面走向市场化,国债发行方式实现了由承购包销向公开招标过渡,初步建立了"基数承购、差额招标、竞争定价、余额分销"的市场化发行模式。中国人民银行制定了《政策性银行市场化发行金融债券规定》等规定。1993年11月，国务院发布《关于坚决制止期货市场盲目发展的通知》，开始清理整顿期货市场。1995年"327国债期货风波"后，期货市场进一步健全规章制度，规范交易行为，加强市场的风险控制，防范过度投机。1997年11月，《证券投资基金管理暂行办法》颁布，规范证券投资基金的发展，同时开始对"老基金"进行清理。为及时化解风险，1998年开始对证券经营机构进行清理整顿，促使证券经营机构稳定发展。从1998年开始，中国证监会对41家场外"非法"股票交易和证券交易中心进行清理和关闭。1999年9月，STAQ与NET停止交易。

资本市场迈开对外开放步伐。1995年8月，日本五十铃自动车株式会社和伊藤忠商事株式会社通过协议转让方式购买"北京北旅"法人股4002万股（占总股本的25%），成为其第一大股东，这是首个外资通过协议收购法人股成为中国上市公司第一大股东的案例。同时，一些中外合资企业陆续在中国境内上市。1993年6月，境内企业开始试点在香港上市。1994年8月，《股份有限公司境外募集股份及上市的特别规定》实施。此后，不仅越来越多的中国境内企业到香港上市，还逐渐开始在纽约、伦敦、新加坡等证券市场发行上市。

我国资本市场迅速发展，规模不断扩大，到2000年末，上市公司已经达到1088家，投资者账户5801.2万户，成交额达到6.08万亿元。

第四节 加强宏观调控和促进经济平稳发展

一、金融宏观调控的改革和发展

伴随着我国改革开放的深入进行，金融宏观调控体系不断改革和发展，货币政策调控机制逐步从以直接调控为主向间接调控为主转变，逐渐形成了以货币政策最终目标、货币政策中介目标、货币政策工具构成的货币政策框架体系。

（一）明确了货币政策的最终目标

1986年1月，国务院发布的《中华人民共和国银行管理暂行条例》中规定，"中央银行、专业银行和其他金融机构，都应当认真贯彻执行国家的金融方针政策；其金融业务活动，都应当以发展经济、稳定货币、提高社会主义经济效益为目标"。这就是对货币政策目标的一个粗略表述，其后，这一表述逐渐演变为"稳定货币、发展经济"的双重货币政策目标。1993年，党的十四届三中全会《关于建立社会主义市场经济体制若干问题的决定》和国务院《关于金融体制改革的决定》，明确提出我国货币政策目标是保持币值稳定，并以此促进经济增长。1995年3月颁布的《中华人民共和国中国人民银行法》明确规定：中国人民银行的货币政策目标为"保持货币币值的稳定，并以此促进经济增长"。这一规定将保持币值稳定作为促进经济增长的前提条件，正确地区分了保持币值稳定和促进经济增长的关系，为更好地发挥货币政策在宏观调控中的作用奠定了基础。

(二)改革传统的宏观调控手段

1978年经济改革以前,我国实行高度集中的计划经济体制,与此相适应,银行实行"统存统贷"的信贷计划管理体制。从1981年开始,在全国范围内推行了"统一计划,分级管理,存贷挂钩,差额包干"的管理办法。1984年中国人民银行专门行使中央银行职能以后,在相当长的一段时期内仍将贷款规模和现金计划继续作为货币政策的中介目标加以运用。从1985年开始,在全国银行又实行了"统一计划,划分资金,实贷实存,相互融通"的信贷资金管理办法。1993年12月国务院发布的《关于金融体制改革的决定》提出,"实施货币政策的工具是法定存款准备金率、中央银行贷款、再贴现率、公开市场操作、中央银行外汇操作、贷款限额、中央银行存贷款利率。"从1994年开始,逐步缩小信贷规模控制的范围,对商业银行推行资产负债比例管理。从1994年第三季度起,正式按季度向社会公布M_0(流通中的现金)、M_1(狭义货币)和M_2(广义货币)三个层次的货币供应量。1995年尝试把货币供应量纳入货币政策中介目标体系。1996年,中国人民银行正式将货币供应量作为中介目标。1998年取消了对国有独资商业银行的信贷规模限额控制,实行"计划指导、比例管理、自求平衡、间接调控"的信贷资金管理体制;开始正式编制基础货币规划,货币供应量作为中介目标的地位进一步强化。

改革利率管理体制。20世纪90年代中期之前,中国人民银行对利率管理的范围几乎覆盖了涉及所有资金价格和对计息规则的管理。朱镕基曾说过:"我们国家对利率没有西方发达国家敏感,人家的利率是一种信息引导,经济界都通过利率的升降来看经济是过热还是过冷。中国对利率不很敏感,但我们要逐步地朝着这个方向发展,一个成熟的、完善的社会主义市场经济必须朝这个方向发展。"1993年,党的十四届三中全会通过的《中共中央关于建立社会主义市场经济体制若干问题的决定》和国务院发布的《关于金融体制改革的决定》提出了利率市场化改革的基本设想。我国的利率市场化进程是按照先货币市场和债券市场利率市场化,后存贷款利率市场化的路径展开的。1996年我国建成了全国统一的银行间拆借市场,取消了对同业拆借利率的上限管理。1997年,银行间债券回购利率和现券交易价格同步放开;1998年和1999年又先后放开了银行间市场政策性金融债和国债的发行利率。我国存贷款利率市场化的思路是:"先外币,后本币;先贷款,后存款;先长期、大额,后短期、小额"。中国人民银行通过不断扩大贷款利率浮动范围,给予金融机构更大的利率定价自主权;1999年10月后,逐步放开长期大额协议存款利率。2000年9月,放开了外币贷款利率和大额外币存款利率。

建立和完善存款准备金制度。1984年我国中央银行制度确立后,就建立了存款准备金制度。最初存款准备金主要用来集中资金发放再贷款,作为中央银行平衡信贷收支的手段,而不是规范的货币政策工具。因此,与一般意义上的存款准备金制度相比,当时的存款准备金制度具有以下特点:法定存款准备金不能用于支付和清算,商业银行必须另开备付金账户并保留大量清算资金;对存款准备金支付较高利息;存款准备金比率过高,1988年后很长时期内,我国存款机构各类存款的法定存款准备金率均为13%,再加上备付金,金融机构的存款准备金比率一般在20%左右。在实践中,这种存款准备金制度逐渐暴露出不能适应商业银行改革的要求并严重扭曲了中央银行与商业银行之间的资金关系的弊端。1998年3月,中国人民银行发布《关于改革存款准备金制度的通知》,将原各金融机构的"缴来一般存款账户"和"备付金存款账户"合并,称为"准备金存款"账户,以商业银行法人为单位统一向中国人民银行总行缴纳存款准备金,并将维持10年不变的13%的存款准备金率下调到8%。存款准备金存款账户超额部分的总量及分布由各金融机构自行确定。

改革再贷款、再贴现制度。我国在中央银行体制确立之初,中国人民银行与专业银行之间的资金往来采用存贷款形式的运行机制,因此再贷款曾经在中国人民银行的资产中占有很大比重,是我国基础货币吞吐的主要渠道和调节贷款规模与流向的重要手段,承担着总量调节和结构调整双重职责。1994年外汇体制改革后,我国通过外汇占款渠道投放的基础货币大量增加,为了对冲多投放的基础货币,中央银行收回了对国有独资商业银行的部分再贷款。此外,伴随着金融体制改革的深化,其他间接工具逐步得到发展。在此情况下,再贷款的作用范围和力度逐渐变化,总量调控功能逐步弱化,而在支持信贷结构优化、维护金融稳定和促进地方经济发展中的作用更加突出。在政策性银行成立后,为支持政策性银行的发展,中国人民银行开始对政策性银行(主要是中国农业发展银行)发放再贷款。在农村信用社与中国农业银行脱离行政关系后,为支持农村信用社的发展,中国人民银行开始对农村信用社县联社和农村信用社发放支农再贷款,用于支持农村信用社支持农业生产的资金需求。在1999年开始整顿金融秩序的过程中,向地方政府提供借款,并对被整顿机构陆续发放了一些化解风险的紧急贷款。在国家组建了4家资产管理公司后,资产管理公司用于收购国有独资商业银行不良资产的资金一部分来源于国有独资商业银行存量再贷款和新增再贷款。1999年,中央银行还安排部分再贷款限额,授权各分支机构用于支持资信情况良好的城市商业银行和城市信用社增加中小企业贷款和消费信贷。

在1995年以前,发展再贴现业务的主要目的是推动商业汇票业务发展,利用票据的结算和信用双重功能帮助企业解决拖欠款问题,把再贴现作为促进经济结构调整的手段。1995年之后,我国开始注重再贴现作为货币政策工具的作用,通过再贴现传导货币政策信号,促进总量控制目标实现。一方面,引导广泛开展票据承兑、贴现,倡导和推行票据结算,为再贴现的发展创造基础;另一方面,改革再贴现机制,有力地推进再贴现和票据市场的发展。1998年3月改变再贴现利率按再贷款利率下浮5%~10%的生成机制,与再贷款利率脱钩,使再贴现利率独立成为基准利率种类。此外,再贴现最长期限由4个月延长至6个月,使再贴现的期限与商业票据承兑、商业票据贴现的期限保持一致。经过改革后,再贴现成为中央银行重要的货币政策工具,服务于货币政策需要。中国人民银行通过再贴现限额管理和调整再贴现率的方式,影响金融机构从中央银行获得的再贴现资金,达到调控基础货币供应的目的,并同时调节信贷资金投向。

建立和发展公开市场操作。公开市场业务是中央银行在公开市场上通过买卖有价证券投放或收回基础货币的方式。与其他货币政策工具相比,公开市场业务具有主动、灵活、快捷、公平和作用范围广的特点,中央银行可以根据货币调控需要合理把握操作方向、节奏和规模,经常、连续地进行操作。

1994年随着外汇体制改革的实施,中国人民银行开始进行外汇市场公开市场业务。而以国债为对象的人民币公开市场业务于1996年4月才被正式启动,并曾一度被停止。1998年,随着贷款规模控制被取消,为了适应调控需要,中国人民银行于1998年5

月26日恢复了公开市场业务债券交易,并加强了公开市场操作的制度建设,为发展公开市场业务奠定了基础。扩大了交易对象,将市场交易成员从14家增加到29家;增加了交易工具,把国债、中央银行融资券和政策性金融债均纳入交易工具之列,丰富了交易品种;交易方式除底价利率招标外,又增加了固定利率数量招标和底价价格招标两种交易方式。此后,公开市场交易数量大幅增加。1999年,公开市场操作已成为中央银行吞吐基础货币的主渠道,全年通过公开市场操作投放的基础货币占全年基础货币投放的52%。公开市场操作已成为中国人民银行货币政策日常操作的重要工具,对于调控货币供应量、调节商业银行流动性水平、引导货币市场利率走势发挥了积极的作用。

加强信贷政策引导和"窗口指导"。1998年取消对国有商业银行的贷款限额管理后,中国人民银行对国有商业银行不再下达指令性计划。20世纪90年代末,在扩大内需的背景下,中国开始发放消费贷款。1998年,允许国有独资商业银行试点开办汽车消费贷款业务。1999年2月,允许所有中资商业银行开办所有消费信贷业务。1999年5月,国家颁发了《关于国家助学贷款的管理规定（试行）》,鼓励金融机构积极开办助学贷款业务。为促进我国经济发展、促进产业结构调整,中国人民银行积极实施产业信贷政策指导。中央银行召集商业银行会议或面谈,向他们阐述货币政策意图,促使商业银行的信贷投放与中央银行的货币政策意图一致。为了提高货币政策透明度,在每项政策出台时,中国人民银行均在第一时间在人民银行网站上对外发布信息,有时还会同时发布答记者问,对政策出台背景、内容和意义作出更进一步的阐释。中国人民银行还收集政策出台后社会各界的反应,监测金融市场的变动。

二、治理整顿金融秩序和实现经济"软着陆"

在1992年下半年到1993年上半年,我国受投资增长过快的拉动,社会总需求明显上升,货币超发,银行超贷。货币供应量增长过快,M_1、M_2在1992年增长35.9%、31.3%的基础上,1993年又持续较快增长。我国已经出现经济过热,通货膨胀的压力越来越大,物价指数上涨呈加速趋势,1993年居民消费价格指数的上涨率达到14.7%,1994年高达24.1%。社会上乱批金融机构、乱集资、乱拆借、乱提利率的现象十分严重。违章拆借是导致固定资产投资规模过大的一个重要原因。银行起到了推波助澜的作用。非法集资非常严重。许多企业反映,按法定利率很难借到贷款,资金几经倒手到企业后利率很高。资金大量流向沿海,内地集资大量分流,储蓄存款增长相对下降。资金的无序流动使内地部分地区的中小金融机构支付能力大大削弱,有些地方的金融机构出现支付危机。

1993年6月22日,邓小平指出:什么时候政府都要管住金融。通货膨胀,人民受损失。人民币不能贬值太多,市场物价要控制住。[①]

针对当时经济增长过热、宏观经济失衡、通货膨胀加剧、金融秩序混乱的严峻形势,党中央、国务院及时采取措施,于1993年6月24日下发了《关于当前经济情况和加强宏观调控的意见》,采取了16条综合治理措施以抑制通货膨胀。随后,国务院召开了全国金融工作会议。朱镕基在金融工作会议上指出,"现在我们的宏观经济环境已经绷得很紧,再不控制住总量,就可能发生严重

---

① 中共中央文献研究室:《邓小平年谱,1975—1997年(下)》,第1361-1362页,北京,中央文献出版社,2004。

的通货膨胀。对这个问题不要再争论下去了。希望大家将认识统一在中央六号文件的精神上,强化宏观调控,防止经济过热。"要求金融系统认真执行"约法三章",要求以清理违章拆借为突破口,认真整顿混乱的金融秩序,同时强化金融宏观调控和推进金融改革。

  1993年5月和7月,中国人民银行两次调高了存贷款利率。同年7月宣布对城乡居民三年以上的储蓄予以保值。1995年1月和7月,中央银行先后两次调高再贷款利率,并相应调高了金融机构固定资产贷款利率和流动资金贷款利率。针对经济中存在的结构性矛盾,主要通过信贷政策引导资金投向。实行保国有企业、保重点建设和保农业的"三保"政策,还进一步细化了优化贷款投放,调整贷款结构,保证重点资金需要的信贷政策。要求银行"堵邪门、开正路"。在收拆借资金的时候,方针很明确,主要是针对正在参与搞房地产、炒股票的。对于已变成钢筋混凝土收不回来的,不去硬收。拆借出去搞交通、能源的,或者提供给生产适销对路产品的企业做流动资金的,不合法,应该收,但同时还要贷款给它们。当时,金融机构违规经营的问题非常突出,尤其是银行的资金通过各种渠道向自办的经济实体"输血",扰乱了金融秩序,滋生了腐败现象。针对这些问题,采取一系列措施加强金融监管,规范各类金融机构的行为,整顿货币信贷秩序。主要是禁止商业银行挪用流动资金发放固定资产贷款,实行银行与证券、保险、信托分业经营管理。禁止银行资金流入股市,严厉查处金融机构的各种违规行为。1996年,物价涨幅持续回落,中央银行在坚持适度从紧方针不变的前提下,及时进行微调和预调,先于4月停办保值储蓄,随后又于5月和8月两次调低存贷款利率,减轻企业利息负担,促进结构调整和经济稳定增长。在标本兼治、多种调控手段并用的情况下，固定资产投资增长过猛的局面很快得到控制，货币供应量增幅平稳回落，通货膨胀得到有效控制。1996年消费物价涨幅为8.3%，比1994年降低15.8个百分点。国内生产总值由1992年的增长14.2%回落到1996年的9.7%，实现了经济的"软着陆"。

三、加强宏观调控和应对亚洲金融风波

从1998年开始，我国经济出现了前所未有的重大变化。一方面，1997年7月亚洲金融风波发生后，我国出口大幅回落，外需迅速收缩；另一方面，国内经济发展在当时进入了一个重要的转折点，供求关系发生了逆转，短缺经济的特征逐渐消失，买方市场的特征逐渐明显。在国内外因素的共同影响下，市场有效需求出现不足，导致1998年社会商品零售总额仅增长6.8%，居民消费价格指数下降0.8%。当时，朱镕基总理提出，"按照国际通常的看法，通货紧缩就是价格总水平持续下降，货币供应量和经济增长率连续下降。巴塞尔国际清算银行认为，价格总水平连续两年下降就是通货紧缩。从我们自己的情况看，并没有出现货币供应量和经济增长率的绝对下降，这两方面都是在增长的，只是增幅在降低。所以，还不能说中国经济已经处于通货紧缩状态，只能说出现了通货紧缩的趋向。但是对这种趋势的发展，我们应当引起高度警惕，并切实加以防止。"

按照1997年11月召开的全国金融工作会议关于整顿金融秩序，防范金融风险，深化金融改革的精神，为了有效防范通货紧缩，保持经济的较快增长，中共中央、国务院转发了国家发展计划委员会《关于当前经济形势和对策建议》，实行了积极的财政政策和稳健的货币政策。运用财政政策主要是解决有效需求不足的

问题。通过"向银行增发一部分国债，可以用活一部分沉淀在银行的资金，也可以减轻银行利息负担。同时，通过增加国债投资、促进经济发展。"

中国人民银行于1998年1月正式取消贷款限额管理，增强商业银行自主放贷的能力；改革存款准备金制度，两次下调存款准备金率。在1996年、1997年三次降低利率的基础上；从1998年3月至2002年2月，人民银行连续5次降低金融机构人民币存贷款利率。1998年、1999年两年，为了改变外汇储备增加额下降导致基础货币投放渠道受阻的不利局面，人民银行通过公开市场业务投放基础货币2600多亿元，占同期基础货币投放额的85%。2000年在市场流动性增多的情况下，中央银行开始双向操作，同时投放和收回基础货币，当年净回笼基础货币822亿元。积极发挥信贷政策与"窗口指导"的重要作用，引导贷款投向，促进经济结构调整。1998—2000年，"近三年，中央财政发行特别国债3600亿元，银行配套贷款1.1万亿元，形成了1.5万亿元建设规模。"

实行稳定汇率的政策。在亚洲金融风波的冲击下，东南亚各国的经济金融遭受了重创，这些国家的货币竞相贬值，许多货币贬值在百分之三十、四十甚至五十以上。当时，人民币汇率走势成为国内外关注的焦点。我国政府审时度势，认为人民币贬值弊大于利，虽然可以刺激出口，但是将进一步加剧东南亚地区乃至全世界的金融动荡局面，也不利于中国经济的长期稳定发展。江泽民在中国东盟首脑非正式会晤时，代表中国政府庄严承诺，中国不仅不会使人民币贬值，还尽可能为东盟国家提供援助。我国主动收窄了人民币汇率浮动区间，并采取其他配套措施鼓励出口和吸引外资，避免了对外贸易和利用外资出现大的波动，同时积极扩大国内市场，保持国民经济的较快增长。

我国防范通货紧缩的政策一直持续到2002年。随着一系列调控措施的实施，我国成功克服了亚洲金融风波带来的不利影响，通货紧缩势头得到了遏制，经济发展出现了重要转机。净出口需求稳步回升，成为拉动经济增长的重要动力。2002年进出口总额为6208亿美元，跃至世界第5位，比上年增长21.8%。其中，进口增长速度为21.2%，出口增长速度为22.3%，增幅分别比上年提高13个和15.5个百分点。2002年末，广义货币M2余额为18.5万亿元，同比增长16.8%，狭义货币M1余额为7.1万亿元，同比增长16.8%。居民消费价格指数由1999年的-1.4%上升为2002年的-0.8%，其中，2000年和2001年分别上涨了0.4%和0.7%。经济增长率逐步回升，2002年GDP增长9.1%，之后经济开始进入新一轮景气周期。

第五节 改革金融监管体制和加强监管

一、统一监管向分业监管转型

我国政府十分重视加强金融监管的重要性，逐步推进金融监管体制改革，强化对金融业的监管和防范化解金融风险。中国人民银行刚开始专门行使中央银行职能时，由于我国的证券市场尚未形成，金融市场还只有货币市场，因此，当时由中央银行统一管理金融市场是符合当时实际情况的。十多年以后，情况发生了巨大变化，证券市场已经初具规模，继续由中国人民银行监管证券市场已经不再适宜。1992年10月，我国金融监管体系中发生了历史性变化，国务院决定成立国务院证券委员会和中国证券监督管理委员会，把监管证券市场业务从中国人民银行分离出来，并移交给新成立的中国证监会，至此，我国证券市场开始逐步纳入全国证券业统一监管框架。这次改革把中国人民银行监管范围从原来的无所不包缩减到仅对金融机构和货币市场进行监管，这对于中央银行加强宏观调控和完善金融监管体系是十分有益的。1994年以后，中国人民银行为了加强分业管理，按照金融机构的类别，设立了银行司、非银行金融机构司、保险司、外资金融机构管理司、农村合作金融管理司、稽核监督局。1997年11月，全国金融工作会议提出，建立和健全集中统一的证券市场监管体制，决定原来由中国人民银行监管的证券机构开始由中国证监会统一监管。1998年7月，中国人民银行对内设监管机构进行了调整，撤销了稽核监督局和外资金融机构管理司、调整为银行监管一司、银行监管二司、非银行金融机构监管司、合作金融机构监管司。1998年11月，成立了中国保险监督管理委员会，将保险监管从中国人民银行分离出来，中国保监会的成立，加强了对保险业的统一监管。从1998年起，我国金融监管体系开始实行"银、证、保"的分业经营和分业监管的模式。

二、金融监管理念和方式的转变

中国人民银行统一监管之初，是从行业管理起步，并以合规性的监管为主。在1994年8月召开的中国人民银行分行行长座谈会上，朱镕基指出，"中国人民银行的第二个职能就是对所有金融机构进行监管。不管是什么机构，只要有金融业务，都在中央银行的监管范围之内。"进入20世纪90年代，中央银行监管重心经历了四个方面的转变，即从一般行政性金融监管开始向依法监管转变;从市场准入监管开始向全过程系统化监管转变;从合规性监管开始向风险监管转变;从外部监管开始向强化金融内部控制转变。

1994年,中国人民银行下达了《商业银行资产负债比例管理考核暂行办法》。1995年6月召开全国银行业经营管理工作会议,第一次统计和监督各类银行不良贷款的总量及其占全部贷款的比例,提出用两年至三年时间控制不良贷款比例的上升,并要把不良贷款比例从当时的20%左右下降到17%。1995年7月发布的《中华人民共和国商业银行法》对商业银行提出了审慎经营的要求。1996年,中国人民银行下达了资产负债比例管理的监控、监测指标和考核办法。1996年7月召开的全国稽核监察会议上,正式提出金融监管要以风险监管为核心。在这一思想的指导下,1996年下达的考核指标分为监控指标和监测指标,并把外币业务、表外项目纳入考核体系,以全面反映银行的资产风险情况。

三、加强监管和防范化解金融风险

(一) 金融业面临较大的风险

1997年亚洲金融风波对我国经济金融运行有较大冲击,商业银行不良贷款积累较多,金融秩序也出现了一些混乱现象。金融风险的一个重要表现,是国有商业银行不良贷款比例不断上升,数字惊人。由于不良贷款比例高,应收未收利息大量增加,银行收益风险加大,经营面临严重困难。有些政策性银行和城市商业银行的不良贷款比例也很高,而且都呈不断上升趋势。相当多的信托投资公司等非银行金融机构资不抵债,濒临破产;不少城乡信用社等中小金融机构支付出现危机,挤兑风波时有发生;股票期货市场违法违规行为严重,许多证券机构弄虚作假,挪用客户保证金；保险业的风险也不容忽视。金融领域大案要案不断增加。中央一直非常重视这个问题，并不断采取一系列措施，致力于防范和化解金融风险，维护金融安全。1997年11月19日江泽民在全国金融工作会议上讲话时指出，"通观全局，进一步深化金融改革和整顿金融秩序、防范和化解金融风险，是当前和今后一个时期搞好改革、发展、稳定的关键。"全国金融工作会议以后，中央立即成立了12个专门小组，分别负责研究制定解决有关金融问题的具体方案和措施。

（二）采取措施防范化解金融风险

按照党中央、国务院关于"深化改革，标本兼治；区别对待，分类处置；各负其责，通力合作；强化金融法治，健全信用制度"的主要原则，金融监管部门转变金融监管方式，提高金融监管的有效性。2000年1月召开的全国银行、证券、保险工作会议提出，国有商业银行在剥离了不良贷款后，从当年起，必须使不良贷款比例不再上升，并做到逐年有所下降。对当年起发放的贷款，要参照国际标准和根据我国实际情况所确定的每类不良贷款控制比例，按季监测，按年考核。国有商业银行要千方百计改善经营，努力减亏增盈，提高经营效益。中国人民银行要抓紧研究全面考核商业银行的办法，制定一套科学的指标体系，对各个商业银行的经营状况作出正确评价，真正做到奖惩严明。2001年，中国人民银行制定了《商业银行考核评价体系》，评价内容包括资产质量、盈利能力、资本比率、流动性四类十三项指标，涵盖了对国有商业银行风险监管的主要方面。2001年12月，中国人民银行下发《关于全面推行贷款质量五级分类管理的通知》，并公布《贷款风险分类指导原则》，决定自2002年起，在全国各类商业银行全面实施贷款质量五级分类管理。2002年制定并颁布《股份制商业银行公司治理指引》和《股份制商业银行独立董事、外部监事制度指引》，督促股份制商业银行建立良好的公司治理结构，实现稳健经营和可持续发展。

1995年，中国人民银行对证券回购业务进行了清理规范。1996年，进行了银行账外账、房地产业务、多头开户和非法设立的金融机构的清理工作。1998年对国有商业银行不良贷款上升较快的50个县（市）支行进了检查。2000年组织16万人次对商业银行的贷款质量、盈亏情况等进行了真实性检查。对股份制商业银行重点检查风险分类标准、分类程序以及对贷款五级分类的定期评估情况；对表外授信业务的风险分类办法及执行情况；抵债资产、长期投资、拆出资金等非信贷资产风险状况。针对农村信用社的具体特点，按照"区别对待、分类指导"的原则，围绕农村信用社经营管理中存在的突出问题，组织开展了一系列专项检查。重视高风险城乡信用社的风险处置工作。根据信托整顿工作的部署和要求，及时出台了各项政策措施，指导信托公司的重新登记工作。

1997年3月，为了保护投资者的合法利益，中国证监会发布了《证券市场禁入暂行规定》，对证券市场七个方面违规行为的六类人员定为市场禁入者。1997年5月，国务院批转国务院证券委员会、中国人民银行、国家经贸委《关于严禁国有企业和上市公司炒作股票的规定》，明确要求国有企业不得炒作股票和提供资金给其他机构炒作股票，也不得动用国家银行信贷资金买卖股票。1998年，中国证监会加强了对证券市场的集中统一管理，清理整顿证券经营机构和场外的非法交易，促进建立良好的市场竞争环境和规范市场秩序。

1997年3月，我国举行了新中国成立以来的第一次全国保险监管会议，会议要求把防范化解保险风险作为监管的重点。中国保监会提出，严格保险公司及其分支机构的审批，对有严重违规行为的保险公司和监管不力的地区，停止批设新的保险公司分支机构，同时，实行保险代理人持证上岗的管理制度。在全国范围内对保险公司的从业资格进行了清查和规范，及时处理了一批违规设立的各类保险机构，撤销擅自设立的保险代理机构，针对永安财产保险有限公司存在的严重问题，实行了新中国成立以来的第一例保险公司接管。

2001年11月14日，国务院颁布了《金融机构撤销条例》，自2001年12月15日起施行。在国家有关部委和地方政府的支持与配合下，根据不同情况，分别采取了增资扩股、债权转股权、托管、收购兼并、合并、关闭、破产等多种办法，及时、坚决、稳妥地化解了一些金融机构风险。比如，由广东发展银行收购中银信托投资公司（1996年9月24日）。关闭中国农业信托投资公司（1997年1月4日），采取在清产核资后，由中国建设银行托管保支付的办法。关闭海南发展银行（1998年6月21日），并由中国工商银行对其实行托管。关闭中国新技术创业投资公司（1998年6月22日），由中国人民银行依法成立清算组，对其进行清算。对恩平市18家农村信用社和2家城市信用社实施行政关闭（1998年12月7日），由广东发展银行进行托管。广东国际信托投资公司被宣布实施关闭和处理（1998年10月6日），经香港毕马威华振会计师事务所清算，该公司资不抵债为人民币146亿元；广东省政府经研究认为已无力救助，宣布该公司破产（1999年1月16日）。从1998—2001年，全面清理了2.8万家农村合作基金会，撤并1700多家城市信用社。截至2002年末，全国114家高风险信托机构中，已有110家对外公告撤销。撤销重庆四联财务和中国华诚财务公司2家严重违规经营的财务公司；对已停业整顿的海南省5家高风险金融租赁机构实施了个人债务确认、兑付工作和资产清收工作，消除了金融风险隐患，维护了社会稳定。

第十一章　加入世界贸易组织和金融加快改革开放（2001—2007年）

第一节　科学发展和全面建设小康社会

一、适应经济全球化和加快对外开放

进入21世纪，随着经济全球化的深入发展，我国对外开放的力度不断扩大，领域不断拓宽，水平不断提高，全方位、多层次、宽领域的对外开放格局也逐渐形成。2001年12月11日，中国正式成为世界贸易组织（WTO）的成员。为了全面参与经济全球化，党的十六届五中全会通过的《中共中央关于制定国民经济和社会发展第十一个五年规划的建议》中明确提出："要实施互利共赢的开放战略。"党的十七大进一步强调指出，我们将继续以自己的发展促进地区和世界共同发展，扩大同各方利益的汇合点，在实现本国发展的同时兼顾对方特别是发展中国家的正当关系。与此同时，中国一再宣布，绝不做损人利己、以邻为壑的事情。而是通过实施互利共赢的开放战略，既不断提升我国的对外开放水平，为我国经济发展奠定坚实的基础，又承担符合中国国力的国际责任。

二、加快现代化建设和建设小康社会

在世纪之交的重大历史关头,面对难得的机遇和严峻的挑战,中国共产党站在新的历史起点上,开始了现代化建设和改革开放新的历史征程。2000年2月,江泽民提出"三个代表"理论要求;2001年"七一"讲话,全面阐述"三个代表"重要思想的科学内涵和精神实质,标志着"三个代表"重要思想科学体系的形成。2002年11月召开党的十六大,宣告我国"社会主义市场经济体制初步建立",改革开放进入完善社会主义市场经济体制新阶段。这次会议把"三个代表"重要思想同毛泽东思想、邓小平理论一道定为党的指导思想,制定了紧紧抓住21世纪头20年这一重要战略机遇期,全面建设小康社会的战略任务。党的十六大以来,以胡锦涛为总书记的党中央始终坚持解放思想、实事求是、与时俱进、求真务实,在理论上形成并提出了科学发展观等重大战略思想,开拓了马克思主义中国化的新境界,在实践上统筹城乡、区域、经济社会、人与自然、国内发展与对外开放的协调发展,促进了科学发展。随着我国改革开放不断深入,对金融发展和金融安全提出更高要求。胡锦涛总书记在中央政治局第四十三次集体学习时的讲话中指出,做好金融工作,保障金融安全,是推动经济社会又好又快发展的基本条件,是维护经济安全,促进社会和谐的重要保障。

第二节 金融加快改革与发展

中国加入世界贸易组织后,金融业按照《服务贸易总协定》

的基本原则和金融服务协议的要求逐步开放。我国金融业面对日益复杂多变的国内外经济形势，全面落实科学发展观，加快改革和扩大开放，有力地支持和促进了国民经济又好又快地发展。

一、完善现代中央银行制度

党的十六大报告提出要完善社会主义市场经济体制，推动经济结构战略性调整；完善国家计划和财政政策、货币政策等相互配合的宏观调控体系，发挥经济杠杆的调节作用；加强金融监管，防范和化解金融风险，使金融更好地为经济社会发展服务。江泽民在2002年全国金融工作会议上的讲话中指出，金融是调控宏观经济的重要杠杆，金融在市场配置中起核心作用，金融安全是国家经济安全的核心。2003年，按照党的十六届二中全会审议通过的《关于深化行政管理体制和机构改革的意见》和第十届全国人大第一次会议批准的国务院机构改革方案，将中国人民银行对银行业金融机构的监管职能分离出来，并和中央金融工委的相关职能进行整合，成立中国银行业监督管理委员会。

修改后的《中华人民共和国中国人民银行法》将中国人民银行的职责调整为制定和执行货币政策、维护金融稳定和提供金融服务三个方面。概括而言，中国人民银行在履行职责方面最大的变化集中体现在"一个强化、一个转换和两个增加"："一个强化"就是强化了中国人民银行与制定和执行货币政策有关的职责。"一个转换"即由过去主要通过对银行业金融机构的设立审批、业务审批和高级管理人员任职资格审查及日常监督管理等直接监管的职能，转换为履行对金融业宏观调控和防范与化解系统性金融风险的职能，也就是维护金融稳定职能。"两个增加"是指增加反洗钱和管理信贷征信业两项职能。

中国人民银行面对新的挑战，牢固树立科学发展观，一手抓系统建设，一手抓履行职能，统筹兼顾，协调推进。一是狠抓完善组织体系和职能配置。根据中国人民银行新的职能定位健全中国人民银行总行和分支行内设机构，明确了中国人民银行总行、分支行以及中国人民银行总行各职能部门之间的职能定位和职能配置。2005年8月，为更好地发挥中央银行宏观调控职能，完善中央银行决策和操作体系，中国人民银行撤销了原上海分行，成立了中国人民银行上海总部。中国人民银行于2005年启动了直属企业建立现代企业制度改革，强化了直属单位对中央银行履行职责的支持作用。2008年，中国人民银行进行了职责调整，进一步健全了货币政策体系和加强了金融监管协调机制。二是狠抓领导班子和干部队伍建设。加强各级行领导班子建设，调整优化领导班子结构。提出"五型"干部队伍和"创建学习型组织、争做知识型职工"的目标，推进正确的用人导向。三是狠抓思想观念和工作方式转变。增强与时俱进的观念，高度重视分析研究工作，培养职工的宏观意识、全球视野和研究能力。四是狠抓提高科学决策和执行水平。在制定重大政策和部门规章过程中强化科学化、民主化和透明度。加强外部沟通协调，发挥货币信贷政策与其他经济政策的整体效力。

二、全面推进大型商业银行的股份制改革

加入世界贸易组织，标志着我国经济、金融的发展融入到经济全球化和金融全球化进程之中，要按照世界贸易组织的规则开放金融业，因此，我国银行业面临着机遇和挑战。

2002年2月全国金融工作会议在北京召开，国务院总理朱镕基在会议上指出，要借鉴国外银行先进经验，结合我国实际，围

绕建立现代金融企业制度的目标，着眼于显著增强经济实力、市场竞争力和抗御风险能力，全面推进国有商业银行改革。改革的目标是，真正把国有独资商业银行办成法人治理结构完善，运行机制健全，经营目标明确，财务状况良好，具有较强国际竞争力的现代金融企业。对国有独资商业银行进行股份制改造，是公有制多种实现形式的重要探索。具备条件的国有独资商业银行可改组为国家控股的股份制商业银行，完善法人治理结构，条件成熟的可以上市。

2003年3月17日，十届全国人大一次会议结束后，新一届中央政府成立。3月18日，国务院总理温家宝在中外记者招待会上强调指出："根本解决银行的问题在于改革，在于建立现代的公司治理结构和现代金融企业制度，并且创造条件实行股份制。"2003年9月，中共中央政治局常委会和国务院第22次常务会分别听取了关于国有独资商业银行股份制改革的汇报，并原则通过了改革总体方案。为了推进银行改革工作，国务院成立了国有独资商业银行股份制改革试点工作领导小组。温家宝总理指出，国有商业银行股份制改造是"背水一战"，是一场输不起的实践，只能成功，不能失败。在整个改革筹划和推进过程中，胡锦涛总书记、温家宝总理多次主持会议听取汇报，研究明确改革工作方案、部门分工和实施步骤，要求根据各家银行的不同特点实行"一行一策"，并为这次改革确立了总体目标：按照"产权清晰、权责明确、政企分开、管理科学"的现代企业制度的要求，通过国家注资、财务重组、内部改革、严格监管，创造条件并选择有利时机在境内外上市，实现公众持股，真正建立现代金融企业制度，健全法人治理结构，转换经营机制，加强内部管理，实现可持续发展，成为资本充足、内控严密、运营安全、服务和效益良好、具有国际竞争力的现代商业银行。

自2003年以来，国家相继对中国银行、中国建设银行、交通银行、中国工商银行进行股份制改革。这四家银行按照"一行一策"原则，稳步推进国家注资、剥离处置不良资产，设立股份公司、引进境内外战略投资者、择机上市等工作。

引进合格的境外机构投资者是我国银行业深化改革、扩大开放的重要内容。2003年12月，中国银监会发布了《境外金融机构投资入股中资金融机构管理办法》。国有大型商业银行在股份制改革中，纷纷引进境内外战略投资者。例如，汇丰银行入股交通银行，美国银行、淡马锡公司入股中国建设银行，苏格兰皇家银行、亚洲开发银行等入股中国银行，高盛集团、安联保险公司、美国运通公司等入股中国工商银行。引进战略投资者增强了国有商业银行的资本实力，改善了股权结构；吸收了国际银行的先进经营管理方法、人才和技术；改善了公司治理，提升了经营管理水平和服务能力与竞争能力。

中央汇金投资有限责任公司向试点银行注入资本金。2003年12月16日，由国家外汇储备出资的中央汇金投资有限责任公司（以下简称汇金公司）成立，12月30日代表国家将450亿美元注入中国银行、中国建设银行，国有银行改革正式启动。2004年6月，汇金公司向交通银行注资30亿元人民币。2005年4月18日，国务院批准了中国工商银行实施股份制改革的方案。汇金公司向中国工商银行注资150亿美元。

四家国有商业银行股份制改造顺利完成并成功上市。2005年6月，交通银行在香港联交所正式挂牌上市交易，成为首家登陆海外资本市场的中国内地银行。中国建设银行于2005年10月在香港成功上市，并于2007年9月在上海证券交易所上市。中国银行分别于2006年6月和7月在香港H股市场和境内A股市场成功上市。中国工商银行于2006年10月以A+H股的方式在中国内地和香港同时成功上市。

经过几年时间，四家国有商业银行的股份制改革已取得明显成效，初步建立了相对规范的公司治理架构，内部管理和风险控制能力不断增强；市场约束机制明显增强，资本充足率显著提高，资产质量和盈利能力逐年改善。

三、中小商业银行迅速发展

随着改革开放进程的不断深入，中小商业银行加快了改革步伐，努力提高竞争能力。

一是成立新的银行和进行股份制改造。2003年，在烟台住房储蓄银行基础上经过整体股份制改造，成立了恒丰银行股份有限公司，注册资本金为10亿元人民币，总行设在烟台。2004年8月18日，浙商银行正式开业，注册资本为15亿元，总行设在杭州。2005年12月31日，渤海银行股份有限公司正式成立，注册资本金为50亿元人民币。

二是积极引进民间资本和战略投资者。如汇丰银行入股交通银行，国际金融公司入股民生银行和南京城市银行，花旗银行入股上海浦东发展银行，恒生银行入股兴业银行等。截至2009年末，20余家中小商业银行引进合格战略投资者，共引进资本300多亿元。2010年6月，在深圳发展银行完成了向平安寿险定向增发股份后，中国平安及其关联方共持有深圳发展银行的股份提升至10.45亿股，占总股本的29.99%。截至2011年末，在股份制商业银行和城市商业银行总股本中，民间资本（含境内法人股、自然人股和其他社会公众股）占比分别为42%和54%。在农村中小金融机构总股本中,民间资本占比92%。

三是继续完善公司治理和理顺管理体制。股份制商业银行借鉴国外惯例和经验,逐步规范公司治理结构并提高内部控制的有效性。为了督促商业银行建立良好的公司治理结构,中国人民银行于2002年5月正式颁布《股份制商业银行公司治理指引》。在监管机构的大力敦促和支持下,各股份制商业银行围绕完善公司治理做了大量工作。各股份制商业银行从修订章程着手,建立风险控制、关联交易、薪酬和提名等董事会下的专门委员会,并引入了独立董事和外部监事制度,逐步规范公司治理结构并提高内部控制的有效性。广东发展银行启动了内部改革程序,相关利益主体配合协作增强,总体风险开始下降。深圳发展银行顺利完成股权分置改革,步入良性发展轨道。到2007年末,12家股份制商业银行和110多家城市商业银行基本都设立了"三会一层",其中,120多家商业银行的董事会设立了专门委员会,80多家商业银行聘请了独立董事,内部控制能力和风险管理水平逐步提高。部分商业银行开始尝试组织架构改革,逐步向流程银行转变。风险评估和核查由原来主要以经验和估算为主,逐步向以先进的量化模型进行科学测算为基础转变。随着我国银行业改革开放的推进,股份制商业银行瞄准机遇,稳步展开了华东、华南经济发达城市的机构布局。经过跨区域经营的发展,各股份制商业银行突破了业务的区域性限制,有效打开了市场,培育了新的利润增长点。此后,各商业银行在立足华东、华南的基础上,加快了机构网点向内陆地区的延伸,从而逐步完成了从区域性商业银行到全国性商业银行的转变。值得一提的是,各家股份制商业银行在通过分支机构建设推动跨区域发展的同时,十分注重无形网络和合作网络的建设,一方面不断加大本行自助服务机具投入,另一方面大力发展网络银行、电话银行和手机银行,加强有形网点与无线网点的结合,有效弥补了单一机构网点建设的不足。

近年来,城市商业银行在公司治理逐步完善、风险管理水平不断提高的情况下,提出了拓展发展空间、实现跨区域发展的要求。监管机构按照"扶优限劣"的原则,审慎批准城市商业银行设立异地分支机构。2005年,上海银行首次突破区域限制,获准在宁波设立异地分行,北京银行获准设立天津分行。到2009年末,我国城市商业银行已跨省(自治区、直辖市)设立10多家分行。

四是改革重组和改制上市。中小商业银行通过重组和上市等措施建立多元化的股权结构、规范化的公司治理结构,完善呆账准备金制度,建立有效的资本补充机制,提高经营管理水平。从2005年开始,我国城市商业银行开始向社会披露年度财务报告。2005年,安徽省6家城市商业银行和7家城市信用社重组为徽商银行。2006年以来,江苏省10家城市商业银行重组为江苏银行,山东省十几家城市商业银行探索组建合作联盟,搭建合作平台。2007年,宁波银行、南京银行和北京银行三家城市商业银行成功在境内资本市场上市交易。股份制商业银行在强化内部治理的同时,积极谋求公开上市,通过建立外部的市场约束提升公司治理水平。进入21世纪以来,先后有民生银行、招商银行、华夏银行、交通银行、上海浦东发展银行、中信银行等多家股份制商业银行公开上市。2007年8月,光大银行重组方案获国家有关部门批准。方案要求改革和重组光大银行,成立光大股份有限公司,通过市场化方式集中处置不良资产,适时引入战略投资者,优化股权结构,择机公开发行上市。2007年11月14日、11月28日,光大银行董事会、股东大会先后通过汇金公司入股方案；11月30日，汇金公司向光大银行注入等值于人民币200亿元的美元作为资本金，光大银行改革重组取得实质进展。2010年8月18日，光大银行在上海证券交易所挂牌上市。

五是加快金融创新和提高竞争能力。相比较国有商业银行，中小商业银行虽然规模小，实力弱，但体制灵活、创新能力强，在群雄并起的大改革时代，中小商业银行能够迅速壮大，取得快速发展，金融产品创新起到了重要作用。中小商业银行将特色化、差异化作为经营方向和发展目标，培养国际化竞争意识，提高管理水平和核心竞争力，加快转型步伐。中小商业银行普遍树立了"科技兴行"的发展理念，加大信息化建设的投入；不仅在存款、贷款、结算等传统银行业务领域实现了业务多样化和产品多元化，而且在资产管理、理财产品、贸易融资、信用卡、基金托管、金融衍生产品交易等多个产品和业务领域锐意创新，金融产品日益丰富，服务水平明显提高。

20世纪90年代末，我国一些商业银行开始尝试向客户提供专业化的投资顾问和个人外汇理财业务。2000年9月，中国人民银行改革外汇利率管理体制，为外汇理财业务创造了政策通道，其后几年，外汇理财产品一直处于主导地位，但是总体规模不大，没有形成竞争性的市场。外汇理财业务只是银行对理财业务的最初探索，而真正意义上的银行人民币理财业务开始于2004年。2004年11月，光大银行推出了投资于银行间债券市场的"阳光理财B计划"，开创了国内人民币理财产品的先河。中小股份制商业银行成为推动人民币理财业务发展先锋的直接原因是，在当时信贷投放高速增长的背景下，中小银行定期储蓄存款占比较低，缺乏稳定的资金来源，而发行人民币理财产品能够增强其吸储能力，缓解资金趋紧压力。2005年9月，中国银监会出台了《商业银行个人理财业务管理暂行办法》，银行个人理财业务被定义为"商业银行为个人客户提供的财务分析、财务规划、投资顾问、资产管理等专业化服务活动"。2006年以来，随着客户理财服务需求的日益旺盛和市场竞争主体的多元化发展，银行理财产品市场规模呈现爆发式增长的态势。2005年，我国银行个人理财产品的发行规模为2000亿元人民币，2006年达到4000亿元，2007年则达到8190亿元，2008年更是历史性地达到3.7万亿元。2010年，商业银行发行的个人理财产品规模进一步扩大，募集资金总额为46370.2亿元，同比增长45.1%。2011年我国银行理财产品的发行有明显提速迹象。全年发行规模为16.99万亿元人民币，较2010年增长140.99%。

一些中小商业银行审慎开展综合经营试点，将业务范围扩展至证券、保险、租赁等领域；开办节能减排信贷业务，发展绿色信贷，支持低碳经济。中小商业银行在商业可持续、风险可控、成本可算的原则下，纷纷到县域设立分支机构，直接到一线服务县域经济、新农村建设。

对于银行来说，对中小企业融资具有资本消耗低、议价能力高的特点，因此，中小企业逐步成为银行推进战略转型的共同选择。它们"以市场为导向，以客户为中心"，纷纷通过提升小企业服务功能，加大小企业金融服务力度，降低服务"门槛"，扩大服务覆盖面，开发了一批小企业融资"拳头"产品、特色产品。如招商银行的"专业市场贷"、华夏银行的"接力贷"和"增值贷"等。民生银行加大在小微金融领域拓展业务的力度，面向小微企业、工商个体户、私营业主推出"商贷通"，以资本收益率为考核指标，坚持"收益覆盖风险"的原则，资产质量优良，并有效地优化了银行的贷款利率结构。2009年末,"商贷通"贷款余额为448.09亿元,占个人贷款余额的比例达到27.3%,获得了快速发展。

截至2011年末,股份制商业银行总资产达到18.37万亿元,占比为16.2%,不良贷款率为0.6%;城市商业银行总资产达到9.98万亿元,占比为8.8%,不良贷款率为0.8%。

四、非银行金融机构规范发展

进入21世纪后,我国非银行金融机构经过不断规范整顿,逐渐回归本业,在支持企业改革和经济增长等方面发挥了重要作用。2003年中国银监会成立以后,一直把非银行金融机构功能定位的完善作为非银行金融机构监管工作的重点,作为解决非银行金融机构改革发展的突破口,借鉴国外先进经验和结合中国国情,加大制度建设和监管引领力度,促进非银行金融机构改革和逐步完善功能与定位,机构体系不断丰富,公司治理和内控机制不断加强,风险管理能力、创新能力和竞争能力不断提升,取得了较好成效。我国非银行金融机构对外开放逐步扩大,2009年末,29家非银行金融机构引进了27家境外投资者,引进境外资本11.99亿美元。

(一)信托公司的功能定位和战略转型

2001年1月10日,中国人民银行颁布了《信托投资公司管理办法》,对信托机构的设立、变更和终止,地位功能,业务范围等作出了界定。2001年10月1日,《中华人民共和国信托法》正式施行。这部法律与2002年5月9日起施行的《信托投资公司管理办法》以及2002年7月18日起施行的《信托投资公司资金信托管理暂行办法》构成了信托业"一法两规"的基本法律框架,明确了信托定位,为中国信托业的发展夯实了基础。

随着国内外经济、金融形势的发展,信托投资公司在发展中仍然面临较多问题:一是一些信托投资公司市场定位不明确,存在偏离信托本业、风险管理能力较弱、公司治理不完善,以及少数股东和高管人员违规经营,造成公司经营风险时有发生。二是公司业务模式与国际信托业发达国家和地区相比还存在较大差距。三是原有的信托监管法规需要根据形势发展加以修改和完善。

为大力推动信托公司功能定位改革,2007年3月1日,中国银监会修订并重新颁布了信托"两新规"——《信托公司管理办法》和《信托公司集合资金信托计划管理办法》,印发了《信托公司治理指引》。新办法主要从压缩固有业务、限制关联交易、引入合格投资者和受益人大会制度等方面着手,同时还规定信托资金发放贷款业务的比例,强化风险管理要求,督促信托公司保障受益人、股东及其他利益相关者的合法权益,推动信托公司从融资平台向受人之托、代人理财的理财机构转型。信托公司依据有关规章,重新进行功能定位,专注于信托本业,改变了过去信托公司从事贷款或投融资,并通过关联交易进行利益输送的融资平台形象。为督促非银行金融机构切实转变经营理念和发展模式,中国银监会还陆续制定了对新业务、新产品的试点办法或指引。根据信托资金风险管理属性不同,制定了《信托公司受托境外理财业务管理暂行办法》、《信托公司私人股权投资信托业务操作指引》等。为了实施"扶优限劣、分类监管",中国银监会对2005年出台的《信托公司评级办法》进行修改,参考国际上信托评级的做法,将信托财产管理能力、信托业务收入比重等列为重要指标。新办法及其他配套制度的出台,进一步明确了信托公司的功能定位,增强了信托市场的信心。国内外大型金融机构纷纷表达了以收购兼并等形式加强与信托公司深度合作的意愿。信托公司通过引进境内外战略投资者，化解金融风险、改善公司治理、开拓业务创新、提高风险管理能力和市场竞争力。从全行业看，信托业整顿改革使信托公司历史遗留风险逐步化解，行业整体逐步向专业化理财机构转变，业务规模取得实质性增长，展业能力不断增强，信托市场发展进入了快车道。截至2011年末，全国正常经营信托公司66家。

（二）企业集团财务公司的调整和稳步发展

我国企业集团财务公司是在"大公司、大集团"战略的背景下诞生的，并顺应市场经济和企业集团的需要而发展，功能定位也随之逐步调整，整个行业呈稳步发展的态势。

2000年，中国人民银行出台了《企业集团财务公司管理办法》，将财务公司的功能定位由原来的以短期信贷为主转向支持企业集团技术改造、新产品开发及产品销售融资等中长期业务为主，提高了市场准入标准及综合性监管要求，放宽了财务公司的业务范围。2003年中国银监会成立后，针对财务公司在发展中存在的问题，在总结过去经验的基础上，于2004年7月修订和颁布了新的《企业集团财务公司管理办法》，把财务公司的功能定位为"以加强企业集团资金集中管理和提高企业集团资金使用效率为目的，为企业集团成员单位提供财务管理服务的非银行金融机构"。围绕企业集团财务公司功能定位改革，为促进企业集团财务公司健康发展，中国银监会坚持以风险管理为核心，出台了一系列财务公司监管制度：下发了《关于实施〈企业集团财务公司管理办法〉有关问题的通知》；重启了新设财务公司市场准入办法，出台了《申请设立企业集团财务公司操作规程》和《非银行金融机构行政许可事项实施办法》；出台了《企业集团财务公司风险监管指标考核暂行办法》，结合财务公司的功能定位，以防范风险为核心，制定了资本充足率、不良资产率、长短期投资比例等11个监控指标和存贷比、利润率5个监测指标。进一步规范财务公司业务：下发了《关于对财务公司证券投资业务进行风险提示的通知》和《关于进一步规范企业集团财务公司委托业务的通知》；出台了《关于企业集团财务公司发行金融债券有关问题的通知》，要求发债所得资金的用途要符合国家产业政策和相关政策规定，主要用于支持集团主业发展和配置中长期资产，解决财务公司负债与资产不匹配的问题；颁布了《企业集团财务公司风险评价和分类监管指引》，从管理状况、经营状况和所属集团影响度三大方面对财务公司进行评价，并根据风险评价结果，在监管资源配备、市场准入限制、非现场监测重点、现场检查频率及范围等方面体现了有区别的监管强度和政策支持。经过重新定位，财务公司能够更好地为企业集团发挥金融服务职能。财务公司的公司治理和内控机制逐步完善，合规经营和风险防范意识不断提高，整体资金集中管理能力明显增强，信息化水平不断提高，经营管理不断改善，进入了健康发展的新阶段。截至2011年末，我国共有企业集团财务公司127家。

(三) 金融租赁公司的整顿和发展

从2000年下半年开始，监管机构对融资租赁业进行行业规范，要求按照金融租赁公司管理办法，通过增资扩股，使注册资本金达到5亿元的要求。2002年，中国人民银行开始加强对金融租赁公司的整顿规范和日常监管工作：按照《金融租赁公司管理办法》的要求，督促不符合办法规定的金融租赁公司清理违规业务、调整业务范围及增资扩股；根据对全国金融租赁公司的风险程度分类，进一步强化了非现场监管和现场检查工作，对各金融租赁公司遵照2001年度监管意见所进行的整改落实情况进行全面检查，并完成公司法人治理结构的检查。

我国在加入世界贸易组织的有关协议中，承诺向外国商业银行开放金融租赁市场，允许外资金融租赁公司与中资金融租赁公司在相同时间提供金融租赁服务。到2006年末，5年的加入世界贸易组织过渡期已经结束，我国金融租赁业面临全面开放的新形势。为进一步推动中国融资租赁业的健康发展，中国银监会按照充分借鉴国外经验和结合中国实际的原则，开始酝酿对金融租赁公司功能定位改革和监管政策进行重大调整。2006年3月，国务院批复同意了中国银监会关于商业银行试点设立或参股设立金融租赁公司试点工作的意见。2007年初，中国银监会公布了修订后的《金融租赁公司管理办法》，并于当年3月1日开始实施，该办法主要体现了几个方面的监管政策调整：规定主要出资人必须为商业银行、租赁公司及制造商；调低了最低注册资本金要求，但提出必须满足8%的资本充足率的要求；调整业务范围，督促金融租赁公司发展租赁本业，调整了风险指标，加强对关联交易和售后回租业务的监管；要求以银行为主要出资人的金融租赁公司必须与母行并表管理，实施资本监管和考核。该办法允许银行出资设立金融租赁公司，给金融租赁业带来了新的发展机遇。经国务院同意，2007年11月至2008年4月，中国银监会先后批准了中国工商银行、中国建设银行、交通银行、民生银行和招商银行5家银行试点设立金融租赁公司。在这5家公司中，资本金最多是45亿元，最少的是20亿元，其中，中国建设银行与美国银行合资成立了建信金融租赁公司。银行附属租赁公司的陆续成立壮大了金融租赁业的整体实力，给金融租赁行业的发展注入了新生力量。截至2011年末，我国金融租赁公司的总数达到18家。

(四) 其他非银行金融机构的设立和发展

2003年中国银监会成立后，深入研究论证国外汽车金融公司的功能作用，结合我国现阶段汽车产业和汽车金融市场的发展实际，坚持审慎原则，首先明确汽车金融公司基本功能定位和业务范围。2003年中国银监会相继出台了《汽车金融公司管理办法》及其实施细则，并于当年12月，首次批准3家汽车金融公司筹建，分别是：上汽通用汽车金融有限责任公司、丰田汽车金融（中国）有限公司和大众汽车金融（中国）有限公司。2008年1月，中国银监会颁布了新的《汽车金融公司管理办法》，更加突出了对汽车金融公司专业化发展和核心主业的要求，拓宽了汽车金融公司的融资渠道，2010年10月，上汽通用汽车金融有限责任公司在银行间市场成功发行15亿元人民币金融债券；新增加了汽车金融公司的业务范围，加强了对汽车金融公司的监管，促进汽车金融公司稳定发展。截至2011年末，我国设立了14家汽车金融公司。

2000年，我国已开始研究论证引入货币经纪公司的必要性和可行性。2003年，中国银监会成立后加快了研究与探索的步伐，借鉴国际经验，立足于我国金融市场发展的需要，适时审慎地提出了在我国建立货币经纪制度的试点方案，明确了以设立中外合资的货币经纪公司作为试点引入货币经纪制度。2005年8月8日，中国银监会颁布了《货币经纪公司试点管理办法》，并于同年9月1日起实行。2005年我国第一家货币经纪公司——上海国利货币经纪公司挂牌营业。截至2011年末，我国设立了4家货币经纪公司。

中国银监会从2007年末开始，对国内外消费金融行业的发展情况进行了研究。通过研究，比较清晰地了解了消费金融在国际上的发展情况、运营模式，进而分析了在我国发展消费金融的意义、必要性及推动方式。中国银监会于2009年7月公布了《消费金融公司试点管理办法》，经国务院批准，在北京、天津、上海、成都启动消费金融公司试点审批工作。2010年，首批试点4家消费金融公司正式设立运营。其中，北京银行在北京独资设立北银消费金融有限公司，成都银行联合马来西亚丰隆银行在成都设立四川锦程消费金融有限责任公司，中国银行联合百联集团有限公司和上海陆家嘴金融发展有限公司在上海设立中银消费金融有限公司，捷克PPF集团在天津独资设立捷信消费金融公司。4家消费金融公司积极尝试运用多种方式，宣传推广特色产品，消费者认知程度不断提高，业务规模逐步扩大。截至2011年末，我国设立了4家消费金融公司。

五、建立和完善支持农村经济发展的金融体系

2002年2月，国务院召开了全国金融工作会议，明确提出加快农村金融改革步伐，建立健全农村金融体系。国务院于2002年4月成立了由中国人民银行牵头的深化农村金融和农村信用社改革专题小组，负责研究制订深化农村信用社改革方案。

（一）确立农村金融机构市场定位和服务方向

2003年3月，国务院第一次全体会议提出要加快农村信用社改革步伐。按照"明晰产权关系、强化约束机制、增强服务功能、国家适当支持、地方政府负责"的总体要求，加快农村信用社管理体制和产权制度改革，把农村信用社逐步办成为由农民、农村工商户和各类经济组织入股，为"三农"经济发展服务的社区性地方金融机构。2003年6月，国务院常务会议审议通过了深化农村信用社改革试点实施方案，下发了《关于印发深化农村信用社

改革试点方案的通知》，研究确定了在吉林、山东、江西、浙江、江苏、陕西、贵州和重庆8个省（直辖市）率先进行改革试点。2003年8月18日，时任国务院副总理黄菊同志主持召开首批8个省（直辖市）政府负责人座谈会，要求扎实有效地做好农村信用社改革试点工作，更好地增强服务"三农"功能、促进城乡经济协调发展。同日，中国人民银行、中国银监会等部门联合召开深化农村信用社改革试点工作会议，对改革试点实施工作作了具体部署，8个省（直辖市）深化农村信用社改革试点工作正式启动。2004年8月，国务院印发了《关于进一步深化农村信用社改革试点的意见》，决定将深化改革试点范围扩大至北京、天津等21个省（自治区、直辖市），并召开深化农村信用社改革试点工作会议进行专题部署。2006年12月，海南省农村信用社纳入深化改革试点。至此，农村信用社改革在全国30个省（自治区、直辖市）全面推开。

（二）化解农村信用社历史包袱

为帮助农村信用社化解历史包袱，促进改革试点顺利进行，国家在财政、税收、资金等方面给予政策扶持。其中，中国人民银行负责制定和实施资金支持政策，即按2002年末实际资不抵债数额的50%，发放专项借款和专项中央银行票据帮助试点地区农村信用社化解历史包袱，共计安排资金支持1718亿元，其中专项中央银行票据1699亿元。中国人民银行综合运用支农再贷款、差别存款准备金率、涉农票据、再贴现等货币政策工具，增加支农资金来源，改善农村金融服务；推进农村信用体系建设和支付清算体系建设。

（三）有条件地组建农村商业银行

2001年11月，由农村信用社改制设立的全国第一批农村商业银行——张家港、常熟、江阴农村商业银行正式成立。2003年的深化农村信用社改革方案明确提出,在经济比较发达、城乡一体化程度较高的少数地区对资产规模较大且已商业化经营的信用社,可以组建股份制银行机构。2003年9月,中国银监会及时出台了《农村商业银行管理暂行规定》、《农村合作银行管理暂行规定》和《关于农村信用社以县市为单位统一法人工作的指导意见》等规范性文件。

(四)发展新型农村金融机构

2006年12月,中国银监会印发《关于调整放宽农村地区银行业金融机构准入政策 更好支持社会主义新农村建设的若干意见》,按照"低门槛、严监管"原则,调整放宽农村地区银行业金融机构准入政策,鼓励各类投资者到农村地区投资,设立村镇银行、贷款公司和农村资金互助社等新型农村金融机构。2007年2月,全国首家农村资金互助社在吉林省梨树县开业,名称为梨树县闫家村百信农村资金互助社。2007年3月1日,由南充市商业银行作为发起人和出资人的四川仪陇惠民村镇银行挂牌开业,由此诞生了我国第一家村镇银行。2007年3月1日,由四川南充市商业银行出资的我国第一家贷款公司四川仪陇惠民贷款有限责任公司在仪陇县挂牌营业。截至2007年7月31日,首批试点的6个省(自治区)已有21家新型农村金融机构应运而生,初步实现了把农村资金留在农村、把城市资金引入农村和激活农村金融市场的目的。经国务院同意,2007年10月,新型农村金融机构试点范围由6个省(自治区)扩大到全国31个省(自治区、直辖市)。2009年7月,中国银监会发布了《新型农村金融机构2009—2011年总体工作安排》,提出计划未来3年在全国再设立约1300家新型农村金融机构。

自 2005 年开始，中国人民银行先后在山西、四川、贵州、陕西、内蒙古 5 个省（自治区）开展了由民营资本投资的"只贷不存"商业化小额信贷试点。2008 年 5 月，中国银监会和中国人民银行联合发布《关于小额贷款公司试点的指导意见》。

（五）邮政储蓄银行扎根农村金融服务

2005 年 8 月，国务院正式出台《邮政体制改革方案》。2007 年 3 月，中国邮政储蓄银行正式挂牌成立，注册资本金为 200 亿元。中国邮政储蓄银行网点 3.7 万余个，70% 分布在县及县以下地区，"三农"服务水平和覆盖面明显提高，在改善城市社区和农村金融环境、提高农村金融服务水平方面发挥了积极作用。

六、提高保险业的竞争力

中国保险业在改革和发展中逐渐壮大，但在国际化的环境下，对内需要提高服务质量和效益，对外需要增强整体实力和市场竞争能力。

（一）进一步转换保险公司经营机制

为巩固和发展股份制改革成果，国有保险公司着力推进经营机制转换。第一，推进人力资源改革。实施人员重组和竞聘上岗，调整充实分支机构领导班子；引入先进管理理念，打破单一的行政序列，建立比较科学合理的职级序列，开辟多样化的人才升迁渠道。第二，建立了市场化的激励约束机制。改革了薪酬制度，结合岗位、责任和业绩定薪酬，体现岗位差别；实施高管人员股票增值权计划，建立了高管人员的激励机制。第三，建立了利润导向的考核体系。按照"公平、公正、公开"原则，实现考核办法科学化、制度化，将市场的压力传导到分支机构，引导分支机构强化效益观念，调动经营管理的积极性和主动性。第四，实施业务流程再造，把转换机制同加强内部管理结合起来。

（二）不断创新和发展保险新业务

保险业不断完善运行机制和进行业务创新；扩大农业保险，发展出口信用保险，发展再保险业务；拓宽营销渠道，推动了保险市场的快速发展。在产品创新方面，1999年10月，中国平安保险股份有限公司率先在上海推出投资连结险，拉开了新型产品迅速发展的序幕。此后，各寿险公司相继推出了投资连结险、分红险和万能险等一系列新型人身保险产品，这些产品兼具投资功能和保障功能，设计更加透明，种类更为丰富。在营销渠道创新方面，保险中介机构迅速发展。2000年，一些保险公司开始通过银行代理销售保险产品，并根据银行代理销售的特点开发了专门的银行保险产品。保险产品和营销渠道的创新对于优化保险产品结构、推动保险公司提高经营管理水平、扩大保险业对宏观经济的影响等起到了积极作用。

（三）股份制改造和上市

2002年2月5日，全国金融工作会议提出，加快国有保险公司改革步伐。在坚持国家控股的原则下，进行股份制改造。通过吸收外资和社会资金参股，实现股权结构多元化。积极创造条件，推动国有保险公司规范上市。

我国保险业认真贯彻落实中央关于国有企业改革的精神，把国有保险公司改革作为保险业改革的中心环节，率先在金融业完成了国有公司的股份制改革。2003年以来，中国人民财产保险公司、中国人寿保险公司完成了重组改制工作。2003年11月6日，中国人民财产保险股份有限公司在香港联交所主板市场以H股成功挂牌上市，成为第一家在境外上市的国内金融企业；中国人寿保险股份有限公司于2003年12月17日、18日分别在美国纽约证券交易所和香港联合交易所成功挂牌上市。平安保险集团公司、太平洋保险集团公司先后实现整体上市。2007年，中国再保险集团的股份制改造完成。2009年10月，中国人民保险集团股份有限公司（以下简称人保集团）正式成立，标志着人保集团由一家国有独资保险集团成功改制为国家控股的股份制保险集团公司。目前，已有6家中资保险公司先后在境内外上市，进一步增强了保险公司的资本实力，改善了公司治理结构，扩大了行业影响力。2002年以来，有30多家保险公司通过增资扩股、发行次级债、引入外资战略投资者和上市等方式，充实了资本金，从根本上提高了防范化解风险的能力。

（四）提升保险资金运用能力

国务院于2004年出台《关于推进资本市场改革开放和稳步发展的若干意见》明确指出，"支持保险资金以多种方式直接投资资本市场"、"使基金管理公司和保险公司为主的机构投资者成为资本市场的主导力量"、"逐步扩大保险资金进入资本市场的比例"。2004年10月，经国务院批准，中国保监会、中国证监会联合发布并实施《保险机构投资者股票投资管理暂行办法》。2006年出台的《国务院关于保险业改革发展的若干意见》明确提出，"在风险可控的前提下，鼓励保险资金直接或间接投资资本市场，逐步提高投资比例，稳步扩大保险资金投资资产证券化产品的规模和品种，开展保险资金投资不动产和创业投资企业的试点。支持保险资金参股商业银行。支持保险资金境外投资。"2007年7月，中国保监会会同中国人民银行和国家外汇管理局正式发布了《保险资金境外投资管理暂行办法》。中国保监会于2009年9月发布《关于债券投资有关事项的通知》，于同年11月发布了《商业银行投资保险公司股权试点管理办法》。保险业资金运用渠道进一步拓宽，投资结构不断优化；成立了集中管理和运用保险资金的保险资产管理公司，提高了保险资金运用的效率。

第三节　金融市场在创新中规范发展

一、积极推进资本市场改革和规范发展

加入世界贸易组织以来，中国证券市场加快发展。2004年，国务院发布《国务院关于推进资本市场改革开放和稳定发展的若干意见》，要求将大力发展资本市场作为一项重要的战略任务。2007年召开的全国金融工作会议强调"扩大直接融资规模和比重"。2010年10月发布的《中共中央关于制定国民经济和社会发展第十二个五年规划的建议》中明确提出"加快多层次资本市场体系建设，显著提高直接融资比重"。中国资本市场进行一系列改革，推进多层次资本市场体系的构建。进一步完善证券市场法制，完善各项基础性制度，推进市场创新和风险管理体系建设，主要包括实行股权分置改革、启动融资融券业务试点工作、推动信息披露建设、提高上市公司质量、对证券公司综合治理、大力发展机构投资者、改革发行制度、严厉打击非法证券活动等，取得显著成效。

（一）稳妥实施股权分置改革

在比较成熟的股票市场中，绝大多数上市公司股票都是全流通的。与国际股票市场不同，在2005年以前，中国股票市场上存在大量的非流通股，这种流通股与非流通股并存的独特股权结构

又被称为股权分置。随着我国资本市场的不断发展,股权分置格局日益成为股票市场健康发展的障碍。党的十四届五中全会《关于国有企业改革和发展若干重大问题的决定》提出,"要提高直接融资比重——并适当提高上市公司公众流通股的比重;要选择一些信誉好、发展潜力大的国有控股上市公司,在不影响国家控股的前提下,适当减持部分国有股。所得资金用于国有企业的改革和发展。"2004年7月,根据国务院的有关指示,成立了由中国证监会、国资委、财政部、中国人民银行等多个部委组成的"解决股权分置问题工作小组"。2005年3月,温家宝总理在十届全国人大三次会议答记者问时表示,要"妥善解决股市发展中积累的历史遗留问题"。2005年4月,中国证监会发布《关于上市公司股权分置改革试点有关问题的通知》,启动了股权分置改革试点工作。股权分置改革按照"统一组织、分散决策"的原则进行。到2007年末,已完成或进入股权分置改革程序的上市公司市值占应改革上市公司总市值的比重达到98%,股权分置改革基本完成。股权分置改革为中国资本市场优化资源配置功能的进一步发挥奠定了市场化基础,使中国资本市场在市场基础制度层面上与国际市场不再有本质区别。

(二) 积极推进股票发行体制改革

2001年3月,中国证监会取消了股票发行额度、发行指标等行政性手段的限制,新股发行由审批制改为核准制,确立了以强制性信息披露为核心的事前问责、依法披露和事后追究的责任机制,并初步建立起证券发行监管的法规体系,提高了发行审核工作的程序化和标准化程度。中国证监会于2009年6月发布《关于进一步改革和完善新股发行体制的指导意见》,就完善询价和申购机制、优化网上发行制度、重视中小投资者参与意愿、加强风险提示、推动市场参与主体归位尽责等方面提出进一步改革措施。2010年10月，中国证监会正式发布《关于深化新股发行体制改革的指导意见》，新股发行体制第二阶段改革开始启动，主要措施包括：进一步完善询价过程中报价和配售约束机制，提高单个机构获配股份数量，扩大询价对象范围，充实网下机构投资者，增强定价信息透明度，完善回拨和中止发行机制。这些措施进一步强化了新股发行过程中各参与主体的市场约束，改革的成效逐步显现。

（三）启动融资融券业务试点工作

中国证监会于2008年7月发布了《证券公司融资融券业务试点管理办法》和《证券公司融资融券业务试点内部控制指引》，并自当年8月起正式实施，随后制定了相应的一系列配套制度。按照"试点先行、逐步推开"的思路，自2010年3月起，融资融券试点正式启动，共有6家证券公司获得第一批试点资格，6月，又有5家证券公司获得第二批试点资格。融资融券业务的推出，在风险可控的基础上，有助于促进市场价格发现功能的形成，增强证券市场的流动性，并为投资者提供一种规避市场风险的工具。

（四）推进多层次市场体系建设

推进多层次、多功能的市场体系建设。大力发展主板市场。2004年6月在深圳证券交易所推出中小企业板。2009年10月创业板市场正式启动。推进场外市场建设，期货市场稳步发展。2011年末，沪、深股市上市公司达2342家，总市值为21.48万亿元；流通市值为16.49万亿元，筹资金额为7506.22亿元，投资者开户数为14050.37万户。

二、货币市场不断完善和稳步发展

党的十六大以来，中国人民银行进一步推动货币市场发展，不断促进货币市场产品创新，完善市场基础设施建设，推动金融市场对外开放，各项工作取得了积极成效。

货币市场制度不断完善，市场基础设施进一步夯实，市场功能不断深化。2005年5月，中国人民银行重新启动企业短期融资券，发行方式从原先的审批制转变为备案制。2007年7月，中国人民银行制定并公布《同业拆借管理办法》。2008年4月，中国人民银行发布《银行间债券市场非金融企业债务融资工具管理办法》。2009年3月，中国人民银行发布《银行间债券市场债券登记托管结算管理办法》。2009年，经中国人民银行授权，中国银行间市场交易商协会制订并发布了《中国银行间市场金融衍生品交易主协议（2009年版）》，为市场参与者提供了从事金融衍生产品交易的基本准则。2010年10月，中国证监会、中国人民银行、中国银监会联合发布《关于上市商业银行在证券交易所参与债券交易试点有关问题的通知》，这是推进债券市场发展的重要举措。2010年12月，中国银行间市场交易商协会发布《银行间债券市场非金融企业超短期融资券业务规程（试行）》，正式在银行间债券市场推出超短期融资券。

银行间债券市场已发展为以做市商、结算代理人为核心、金融机构为主体、其他机构投资者共同参与的多层次债券市场体系。2007年，成立中国银行间市场交易商协会，银行间市场行业自律组织建设不断强化。推动成立中债信用增信投资股份有限公司和中债资信评估有限责任公司，建立债券外部增信机制等市场化的风险分担机制和投资人付费、双评级等评级制度安排。建立公司信用类债券部际协调机制，促进监管协调。推动建立银行间市场债券发行系统和信息披露与报价交易系统，推出了交易结算的券款对付（DVP）和直通式处理（STP），大大提高了市场结算效率。2009年推动成立上海清算所，为开展场外市场集中清算奠定基础。不断深化债券市场化发行，将发行审批制逐步转变为核准制、备案制和注册制。

市场主体不断丰富，创新品种和交易工具进一步增加。截至2011年末，我国货币市场参与机构超过1万家，基本上涵盖了银行、证券公司、基金公司、保险机构、非银行机构、企业等所有类型市场主体。目前，银行间债券市场发行主体包括政府、金融机构、中外企业、国际开发机构等，投资主体涵盖了金融机构、企业等各类法人机构以及基金、保险产品等非法人集合性资金，同时逐步引入了境外机构投资者。债券产品从最初的国债和企业债，扩大到政策性金融债、中央银行票据、普通金融债、商业银行次级债券、混合资本债、资产支持债券、国际开发机构债、地方政府债、政府支持机构债、超短期融资券、短期融资券、中期票据、非公开定向债务融资工具等多个产品。推出债券远期、人民币利率互换、远期利率协议及信用风险缓释工具等衍生产品，以及买断式回购、债券借贷等交易工具，极大地丰富了投资者的投资运作与风险管理手段，促进了市场效率的提高。2005年3月正式启动信贷资产证券化试点工作，中国人民银行与有关部门联合发布一系列管理办法。2011年5月，国务院批复同意继续扩大信贷资产证券化试点。2010年8月，中国人民银行发布了《关于境外人民币清算行等三类机构运用人民币投资银行间债券市场试点有关事宜的通知》。配合跨境贸易人民币结算试点工作开展，批准港澳人民币清算行进入全国银行间同业拆借市场。2010年，中银香港和中银澳门分行合计与境内银行进行187.4亿元人民币拆借交易。

随着货币市场机制日趋完善，市场运行效率不断提高，货币市场已经成为企业短期直接融资、各类金融机构调节资金头寸、进行流动性管理以及中央银行传导货币政策的重要场所。货币市场利率已经基本实现市场化，初步形成包括同业拆借、回购以及银行间同业拆放利率（Shibor）的市场利率体系，对利率市场化改革、中央银行实现通过利率传导机制传导货币政策创造了良好的基础条件。

2011年，银行间市场同业拆借累计成交33.40万亿元；累计发行各类债券（不含中央银行票据）6.41万亿元；银行间债券市场债券回购累计成交99.5万亿元，现券累计成交63.6万亿元；短期融资券累计发行10118.3亿元（其中，超短期融资券2090亿元），年末市场余额达8311.3亿元（其中，超短期融资券450亿元）；交易所债券回购累计成交20万亿元，国债现券成交1253亿元。2011年末，我国债券市场余额的排名从1997年世界第25位、亚洲第5位大幅跃升至世界第3位、亚洲第2位。2011年，企业累计签发商业汇票15.1万亿元；累计贴现25.0万亿元，累计办理再贴现1712亿元。

三、外汇市场建设深入推进

2005年人民币汇率形成机制改革以后，中国人民银行出台了一系列配套措施，大力推进外汇市场建设。2005年8月，中国人民银行发布《关于扩大外汇指定银行对客户远期结售汇业务和开办人民币与外币掉期业务有关问题的通知》，将办理远期结售汇业务的主体范围扩大到所有符合条件的外汇指定银行，放开了交易期限，允许银行自主定价，增加了掉期业务。发布《关于加快发展外汇市场有关问题的通知》，推出了银行间远期外汇交易。2006年1月4日，在银行间即期市场引入了询价方式（OTC方式），同时保留撮合方式；在银行间市场引入做市商制度，为市场提供流动性。2006年4月24日，银行间外汇市场人民币对外币掉期业务上线运行。2011年4月1日，在银行柜台和银行间市场还推出了人民币外汇期权交易。

截至2011年末，共有即期市场会员318家，远期市场会员73家，掉期会员71家，期权会员27家，即期市场做市商26家，远期市场做市商20家。2011年，人民币外汇即期成交35538亿美元，人民币外汇掉期交易累计成交金额折合17710亿美元，人民币外汇远期市场累计成交2146亿美元，全年"外币对"累计成交金额折合946.7亿美元。

四、黄金市场平稳快速发展

经过许多年的发展，上海黄金交易所向市场提供的服务能力不断增强，黄金市场逐步走向市场化和国际化。1993年9月，改革了黄金收售价格，改固定定价方式为浮动定价方式。1999年10月，中国人民银行下发《关于白银管理改革有关问题的通知》，决定放开白银市场。2001年4月，中国人民银行宣布取消黄金"统购统配"的计划管理体制政策，中国黄金业开始步入市场化发展道路。2002年黄金价格放开与国际金价接轨。2002年10月30日，上海黄金交易所正式开业运行，标志着中国黄金管理体制改革取得重大进展。2003年3月，中国人民银行发出通知，停止执行黄金行政审批项目，标志着我国黄金市场发展与国际黄金市场进一步接轨。自2007年3月1日起，上海黄金交易所将黄金夜市交易时段延长到次日凌晨2:30，使我国黄金交易时间与欧美黄金市场交易时间进一步衔接，受到市场成员的普遍欢迎。2010年7月，中国人民银行会同国家发展改革委、工业和信息化部、财政部、国家税务总局、中国证监会联合出台了《关于促进黄金市场发展的若干意见》，明确了黄金市场未来发展的总体思路和主要任务。

2011年，上海黄金交易所交易规模大幅增加，黄金交易累计成交7438.5吨，成交金额为2.48万亿元。上海黄金交易所在全球交易所市场黄金现货交易量中位居第一。

第四节　完善金融宏观调控体系

党的十六大以来，我国金融宏观调控体系不断完善，在保持经济和物价水平稳定、克服国际金融危机冲击中发挥了重要作用。与其他金砖国家和新兴经济体相比，中国经济保持了增长速度较快、物价相对平稳的良好态势，就业稳定增长，国际收支趋于平衡。

一、积极创新货币政策调控工具

按照金融宏观调控的国际经验，中央银行在公开市场上买卖的有价证券主要是财政部发行的国债。1998年以来，公开市场业务已成为中国人民银行货币政策日常操作的重要工具，但将有限的国债用于公开市场操作难以适应宏观调控的要求。2002年9月，中国人民银行将当时公开市场操作未到期正回购转换为中央银行票据。2003年4月，中国人民银行开始直接发行中央银行票据。2003年12月，对法定存款准备金与超额存款准备金分别计息。2004年3月，实行再贷款浮息制度。中国人民银行于2004年4月起实行差别存款准备金率制度。

二、完善人民币汇率形成机制

2003年10月，党的十六届三中全会通过的《中共中央关于完善社会主义市场经济体制若干问题的决定》明确提出要"完善人民币汇率形成机制，保持人民币汇率在合理、均衡水平上的基本稳定"。

经过精心准备和周密部署，2005年7月21日，中国人民银行发布《中国人民银行关于完善人民币汇率形成机制改革的公告》，开始实行以市场供求为基础、参考一篮子货币进行调节、有管理的浮动汇率制度。

2006年1月3日，为完善人民币汇率形成机制，促进外汇市场发展，丰富外汇交易方式，提高金融机构自主定价的能力，中国人民银行发布《关于进一步完善银行间即期外汇市场的公告》，自2006年1月4日起在银行间即期外汇市场引入询价交易方式，人民币兑美元汇率中间价的形成方式由此前根据银行间外汇市场以撮合方式产生的收盘价确定的方式改进为银行间外汇市场做市商报价的加权平均值。

2007年5月18日，中国人民银行发布《中国人民银行关于扩大银行间即期外汇市场人民币兑美元交易价浮动幅度的公告》，宣布自2007年5月21日起，银行间即期外汇市场人民币兑美元交易价浮动幅度由千分之三扩大至千分之五。

2010年6月19日，在全球经济逐步复苏，我国经济回升向好的基础进一步巩固的背景下，中国人民银行宣布进一步推进人民币汇率形成机制改革，增强人民币汇率弹性，重在坚持以市场供求为基础，参考一篮子货币进行调节。

2012年4月16日，为顺应市场发展的要求，促进人民币汇率的价格发现，增强人民币汇率双向浮动弹性，完善有管理的浮动汇率制度建设，中国人民银行发布《中国人民银行关于扩大银行间即期外汇市场人民币兑美元交易价浮动幅度的公告》，扩大外汇市场人民币兑美元汇率浮动幅度，银行间即期外汇市场人民币兑美元交易价浮动幅度由千分之五扩大至百分之一，外汇指定银行为客户提供当日美元汇率最高现汇卖出价与最低现汇买入价之差不得超过当日汇率中间价的幅度由百分之一扩大至百分之二。

党的十六大以来，人民币汇率形成机制改革稳步推进，人民币汇率双向波动，弹性显著增强，市场供求在汇率形成中的基础性作用进一步发挥，与其他结构性政策相配合，在推动我国对外贸易结构调整、经济结构优化、产业升级、实现经济可持续发展方面的积极作用正在逐步显现。近几年，我国贸易顺差和经常项目顺差与GDP之比持续下降，外汇市场供求趋于平衡。企业和金融机构等微观主体主动适应汇率浮动的意识增强，应对市场变化的灵活性和能力也有了较大的提高。外汇市场快速发展，市场有效配置资源的作用得到进一步发挥。人民币汇率形成机制改革有序推进，总体上对我国实体经济产生了积极影响，为宏观调控创造了有利条件，也在应对国内外形势变化中发挥了重要作用，提升了我国的国际话语权和国际地位。

三、稳步推进利率市场化改革

2003年10月，党的十六届三中全会通过的《中共中央关于完善社会主义市场经济体制若干问题的决定》进一步明确了利率市场化改革的目标，即"稳步推进利率市场化，建立健全由市场供求决定的利率形成机制，中央银行通过运用货币政策工具引导市场利率"。按照这一总体部署，近年来，我国利率市场化不断推进并取得重要进展。

(一) 金融机构存贷款利率浮动区间不断扩大

2004年10月29日，中国人民银行下发了《关于调整金融机构存、贷款利率的通知》，放开了金融机构贷款利率上限（城乡信用社贷款利率上限为基准利率的2.3倍），下限为贷款基准利率的0.9倍；同时，取消存款利率下限，上限为存款基准利率。利率市场化改革实现了"存款利率管上限、贷款利率管下限"的阶段性目标。金融机构可根据自身经营状况在政策范围内自主确定具体利率水平。2006年8月19日，中国人民银行下发《关于调整金融机构人民币存贷款基准利率的通知》，进一步推进商业性个人住房贷款利率市场化，将商业性个人住房贷款利率的下限由基准利率的0.9倍扩大为0.85倍。其他商业性贷款利率下限仍保持0.9倍不变。2008年10月27日，为支持居民住房消费，促进扩大内需，中国人民银行下发《中国人民银行关于扩大商业性个人住房贷款利率下浮幅度等有关问题的通知》，进一步将商业性个人住房贷款利率的下限扩大为基准利率的0.7倍。2012年6月，存贷款利率浮动区间进一步扩大，其中存款利率上限调整为存款基准利率的1.1倍，贷款利率的下限调整为贷款基准利率的0.8倍，7月，贷款利率下限扩大为贷款基准利率的0.7倍。逐步扩大存贷款利率浮动区间，赋予金融机构更大的自主定价权，有利于促进金融机构不断完善内部管理机制，提升经营管理水平，强化通过提高和改善金融服务参与市场竞争的理念。

(二) 积极构建和培育货币市场基准利率体系

随着我国利率市场化的推进，市场基准利率体系的建设成为极其重要的问题。为此，2006年9月，中国人民银行发布《中国人民银行关于构建中国货币市场基准利率有关问题的通知》,组织构建了上海银行间同业拆放利率(Shibor),市场基准利率体系的建设和培育工作随之展开。2007年1月,Shibor正式运行。随着近年来基准利率培育工作的不断深化,Shibor的基准地位不断提高,Shibor已经成为我国金融市场上重要的指标性利率,在浮动利率债券以及衍生产品方面发挥了定价基准的作用,并为拆借及回购交易、票据、短期融资券等产品提供了定价参考,以Shibor与国债收益率曲线为核心的我国基准利率体系初步形成。目前,我国已初步建立了中央银行运用货币政策工具引导市场利率、市场利率引导金融机构利率定价进而影响企业与居民行为的利率结构和传导框架。中国人民银行对利率的调控由过去的行政化管理逐渐向市场引导过渡,利率调控能力逐步增强。金融机构自主定价权不断扩大,风险定价水平及差别化定价意识均有所提高。金融市场迅速发展,利率、汇率等金融衍生产品不断涌现,金融市场规模不断扩大。企业居民等微观经济主体对利率的敏感性显著增强。总结我国利率市场化改革实践,渐进式的改革模式是基本经验。只有在市场机制发挥作用的条件下,利率市场化改革的政策效果才能充分体现,实现"放得开、形得成、可调控"的政策目标。

四、采取综合措施进行宏观调控

2003年,全球经济克服地缘政治冲突、流行性疾病等不利因素影响,较快地走向复苏,主要新兴市场经济体和转轨国家的经济继续保持了强劲增长。2003年第一季度,我国GDP增长9.9%,第二季度受"非典"的影响增长6.7%,但"非典"疫情缓解后,增长迅速反弹,全年增长9.1%。2003年,金融宏观调控面临复杂的局面。中国人民银行对经济、金融运行状况密切监测，继续执行稳健的货币政策，针对外汇占款投放基础货币大幅增长、信贷货币过快增长的趋势及时进行"预调"和"微调"。灵活运用公开市场操作，保持基础货币平稳增长和货币市场利率相对稳定；上调存款准备金率，适度调低超额存款准备金利率；扩大贷款利率浮动区间，稳步推进利率市场化进程；密切监测房地产贷款状况，对商业银行贷款进行必要的"窗口指导"；保持人民币汇率基本稳定，促进国际收支平衡。金融宏观调控措施取得了积极成效，货币信贷增长偏快的趋势得到一定程度的控制，为国民经济健康发展提供了稳定的金融环境。

从2003年到2008年上半年，在经济的市场化和国际化程度日益提高、国内工业化和城镇化程度进一步加快的背景下，我国经济在加快增长的同时面临流动性过剩、通货膨胀压力逐渐加大等问题。这一时期，宏观调控的主要任务是防止经济过热，应对通货膨胀，货币政策由稳健逐步转向"稳中适度从紧"再到"从紧"。2003—2007年，先后15次提高法定存款准备金率；先后8次上调存款基准利率，9次上调贷款基准利率。灵活开展公开市场操作，搭配使用中央银行票据和以特别国债为工具的正回购操作，尽可能地多收回银行体系过剩流动性。中国人民银行按照"区别对待，有保有压"的宏观调控方针，有针对性地对商业银行加强"窗口指导"和风险提示，引导各金融机构合理把握贷款进度，优化信贷结构，完善各项金融服务，促进经济结构调整。

在金融宏观调控措施的综合作用下，货币信贷过快增长势头有所缓解，信贷结构进一步优化。截至2008年4月末，广义货币供应量M_2增长速度已由2003年的最高点21.6%降至16.94%，金融机构人民币贷款增速由2003年的最高点23.9%降至14.72%；

中长期贷款快速增长势头也趋于减弱。2008年4月末，个人消费贷款余额3.43万亿元，同比增长30.49%；农业贷款余额达1.72万亿元，比2002年末增长1.5倍。

第五节 金融监管体制逐步完善

党的十六大以来，金融体制改革不断深化，金融监管体系逐步完善。2003年，根据第十届全国人民代表大会审议通过《中华人民共和国银行业监督管理法》、第十届全国人民代表大会第一次会议批准的国务院机构改革方案和《国务院关于机构设置的通知》，设立中国银行业监督管理委员会。2003年3月24日，中共中央发布了《中共中央关于调整金融监管机构党的领导体制有关问题的通知》，决定成立中共中国银行业监督管理委员会委员会（以下简称中国银监会党委）。调整中共中国证券监督管理委员会委员会（以下简称中国证监会党委）和中共中国保险监督管理委员会委员会（以下简称中国保监会党委）的职责。撤销中共中央金融工作委员会。

一、银行业监管体制的健全和完善

《中华人民共和国银行业监督管理法》的颁布和中国银监会的成立是我国银行业监管体制改革的重大举措，标志着银行业监管工作进入新阶段。同年，中国银监会国际咨询委员会经国务院批准成立。中国银监会根据国际国内经济金融环境发生重大变化的形势，在结合中国实际并总结以往监管经验的基础上，提出并确立了四条监管理念、四个监管目标和六条良好监管标准。四条监管理念：管法人、管风险、管内控、提高透明度四条监管新理念。四个监管目标：通过审慎有效的监管，保护广大存款人和消费者的利益；通过审慎有效的监管，增进市场信心；通过宣传教育和信息披露，增进公众对现代银行业金融产品、服务的了解和相应风险的识别；努力减少银行业金融犯罪，维护金融稳定。六条良好监管标准：促进金融稳定和金融创新共同发展；努力提升我国银行业在国际金融服务中的竞争力；各类监管设限科学、合理，有所为，有所不为，减少一切不必要的限制；鼓励公平竞争，反对无序竞争；对监管者和被监管者实施严格、明确的问责制；高效、节约地使用一切监管资源。中国银监会明确了"提高贷款质量分类的准确性—提足拨备—做实利润—资本充足达标"的持续监管思路，对银行业金融机构实施以风险为本的审慎有效监管，并要求监管工作中必须遵守"约法三章"；通过加强银行监管的基础工作，进行持续有效的监管评估，加大监管力度等一系列政策措施，构建中国特色的银行业监管框架，监管的专业性和有效性明显增强。

市场准入监管是中国银行业监管的重要组成部分，把好准入关是保障银行业金融机构稳健运行和金融体系安全的重要基础。中国银监会成立以后，积极借鉴国际经验和结合中国国情，及时转变银行业准入监管的理念、范围、方式，在市场准入监管方面进行了全方位的探索和完善。主要遵循了科学、合理设限，有所为、有所不为，减少一切不必要的限制的思路，以法律规定和审慎监管原则为基础，从调整市场准入标准、管理方式和程序着手，推动市场准入向更加规范、简化、透明的方向改进。

非现场监管信息系统是银行业监管工作的一项基础设施，对提高非现场监管水平、提高监管有效性、加强监管能力建设有着重要意义。2007年4月，由中国银监会组织开发的全国银行业非现场监管系统开始正式运行，第一次独立地对全部银行业机构的数据进行采集、审核、加工和披露，实现了对银行业机构并表统计和对全国银行业审慎数据的汇总分析，使监管人员和统计分析人员首次能够通过计算机系统采用多种方法分析全部银行业金融机构的风险情况，标志着我国银行业监管方式实现了历史性变革。2008年，法人机构非现场监管信息系统运行平稳，各类基础报表和特色报表数据的采集基本做到及时、准确和完整。2008年1月，分支机构非现场监管信息系统正式运行。同时，银行风险早期预警系统投入运行。2009年，非现场监管信息系统进行全面改造升级。采用新的技术架构和平台标准，对非现场监管信息系统进行重新设计开发，实现统一数据采集平台、法人和分支机构非现场监管系统业务功能需求，以及7个监管部门数据集中系统的改造整合，提高系统对业务需求变更的响应速度及处理能力。同时还开发非银行金融机构监管综合信息平台。2010年，进一步完善监管指标体系，加强风险评估矩阵分析，提高风险量化分析水平和运用复杂监管技术的能力。推广早期预警系统运用，并及时验证修订。设计风险标准化分析模块，推广并表监管的工具与方法，设计国别或主权债务风险敞口并表监管统计表。深化监管联动，加强信息共享。强化属地联动监管的法人导向，强化非现场监管信息系统的管理功能，完善特色报表及相关制度。

现场检查逐步走向规范化和信息化。2008年，中国银监会跨部门集中力量，研发现场"检查分析技术系统"（EAST系统）。力图从检查流程、检查技术、检查辅助工具等方面帮助现场检查人员提高检查的有效性。现场检查分析系统在采集商业银行法人原始业务数据基础上实施监督检查分析，按照"法人采集、底层采集、准确指导、上下联动"的设计理念和运用模式，以现场检查操作流程为主线，实现现场检查工作的整体化、信息化、协同化和规范化。现场检查分析系统与非现场监管系统共同构成监管部门监督检查的完整功能回路，以监管科技创新提升监督检查有效性的成效初步显现。逐步完善现场检查立项机制，改进现场检查项目组织实施机制，推动实施现场检查项目负责人制度、全流程质量控制制度。创新现场检查工具与方法。严肃现场检查纪律，明确提出"约法三章"、现场检查"八不准"，部分现场检查项目还制发"廉政监管卡"，提高公信力和权威性。

建立和完善实施《巴塞尔新资本协议》的体制和机制。商业银行的资本金一般被认为是自身抵御风险的最后一道防线，资本充足率作为银行稳定经营的基础一直受到各个国家和地区的高度重视。

2010年11月，二十国集团领导人"首尔峰会"批准了巴塞尔委员会提交的商业银行资本和流动性监管改革方案。12月16日，巴塞尔委员会发布了《巴塞尔协议Ⅲ》的正式文本，要求国际银行业从2013年1月1日开始实施新的监管标准，2019年1月1日前全面达标。

实施《巴塞尔新资本协议》是对现行的资本管理体制的革命性变革，是一项涉及范围广，技术复杂程度高的系统工程。为确保《巴塞尔新资本协议》的顺利实施，在借鉴国际经验、积极与国内大型银行充分沟通的基础上，中国银行业《巴塞尔新资本协议》相关规则采用"搭积木"方法，逐步构建起支持《巴塞尔新资本协议》实施的监管制度框架。中国银监会和中国人民银行加快推进商业银行实施《巴塞尔新资本协议》配套制度建设，基本建立了涵盖银行业主要风险领域的审慎监管法规体系，积极开展定量影响评估，对拟实施《巴塞尔新资本协议》商业银行的内部评级体系和风险计量模型进行验证和现场检查，确保《巴塞尔新资本协议》按计划如期实施。同时，各主要商业银行结合自身实际，建立完善实施《巴塞尔新资本协议》的工作机制，从制度、设备、技术、数据、人才等各个方面为实施《巴塞尔新资本协议》做好准备。

2006年12月，中国银监会召开工作会议，部署我国《巴塞尔新资本协议》的实施工作，明确提出在境外设有业务活跃的经营性机构、国际业务占相当比重的大型商业银行从2010年末起（最迟不晚于2013年末）开始实施《巴塞尔新资本协议》。先后出台了《商业银行资本充足率管理办法》、《商业银行投资保险公司股权试点管理办法》、《商业银行资本充足率信息披露指引》、《商业银行资本计量高级方法验证指引》、《商业银行账户利率风险管理指引》、《商业银行信用风险缓释监管资本计量指引》、《商业银行市场风险资本计量内部模型法监管指引》等规章制度。2007年2月，中国银监会发布了关于实施《巴塞尔新资本协议》的指导意见。2008年，中国银监会针对我国银行业实际，总结改善《巴塞尔新资本协议》在国际金融危机中暴露的一些薄弱环节，继续积极推进实施《巴塞尔新资本协议》，全面启动《巴塞尔新资本协议》实施配套的规制工作。2008年9月末，中国银监会正式发布了实施《巴塞尔新资本协议》的第一批五个监管指引。2009年，中国银监会陆续发布第二批和第三批实施《巴塞尔新资本协议》监管指引。2010年，中国银监会发布了《商业银行资本充足率监督检查指引》。按照中国银监会的要求，系统重要性银行和非系统重要性银行的资本充足率不得低于11.5%和10.5%。

2011年4月,中国银监会印发了《中国银行业实施新监管标准指导意见》,随后发布了《商业银行杠杆率管理办法》和《商业银行贷款损失准备管理办法》,确立了我国银行业杠杆率和贷款损失准备金监管的总体政策框架。同时,起草了《商业银行资本管理办法》的征求意见稿。

加强规范和审慎的市场准入管理,加强非现场监管和现场检查。坚守市场准入风险底线,从源头上防范重大风险隐患,注重事前结构化限制性监管安排,强调主动退出的监管要求;坚持通过市场准入引领银行业资源合理有效配置,促进经济结构和区域协调发展。进一步加强非现场监管,完善并表监管制度,强化非现场监测分析和风险提示,加强监管评级工作。更加注重以风险为本的监管,根据法人机构和分支机构的不同性质,区分法人机构的评级要素和分支机构的评价要素,不仅对合规性进行检查,还重点检查机构的资产质量、资本充足率、流动性、盈利性、管理与内控、风险集中以及关联交易。在现场检查的效果上,强调查处结合,跟踪机构整改情况,并对每年的检查项目开展后评价,有效地提高了监管工作绩效。要求银行业金融机构按照职责界面清晰、制衡协调有序、决策民主科学、运行规范高效、信息及时透明的原则,完善公司治理体制机制,提升公司治理有效性。建立和完善事前防范、事后监督和纠正的动态控制过程和机制。重点关注财务、风险管理、运营、合规等四个方面的内部控制。要求商业银行完善内部控制机制,加强信息系统建设和流程银行建设,加强合规文化建设,不断优化组织框架和业务规程,进一步加强自我约束和相互制衡机制。

国际金融危机爆发以来,受资产价格持续上涨和存款准备金率几次上调的影响,银行业金融机构流动性风险进一步增加。到

2008年，受资本市场、房地产市场波动、货币政策调整及全球金融危机的影响，银行体系流动性状况变化迅速，流动性风险加大。中国银监会高度关注银行业金融机构流动性，对银行业金融机构整体流动性水平、不同类别机构的流动性水平、单个机构的流动性水平进行密切分类监测、通过定期的经济金融形势通报会和非现场监测报告，及时向银行业金融机构提出风险警示，并督促其定期进行压力测试，综合考察流动性风险。2011年，中国银监会起草了《商业银行流动性风险管理办法（试行）》的征求意见稿。中国银监会还将督促商业银行进行有效的信用风险管理，努力实现不良贷款余额和比率"双降"作为监管工作一段时间内的重中之重。加强信贷投放的"窗口指导"和风险指标监管，督促提升资产质量和风险防御能力，并引导金融机构加强对经济支持的力度。

2011年，为切实缓解小微企业融资难问题，中国银监会印发了《关于支持商业银行进一步改进小企业金融服务的通知》和补充通知，要求银行对小企业不良贷款比率实行差异化考核、提高小企业不良贷款比率容忍度等措施，特许银行发行面向小企业的金融债，并在存贷比、贷款风险权重等监管指标中给予优惠处理，推动银行业金融机构加强对小微企业的信贷支持力度。

为促进"三农"金融服务，中国银监会要求银行继续加强对"三农"领域的信贷支持力度，确保涉农信贷发放，实现涉农贷款增速不低于全部贷款平均增速。为发挥好金融的支持作用、培育新的经济增长点，中国银监会鼓励银行以银团贷款形式支持保障性安居工程建设，要求银行科学设定还款方式、严格收费制度、根据风险原则定价、确保贷款资金专款专用，以及做实银行间的交叉违约信息共享机制。

为了降低地方融资平台贷款对银行造成的冲击，中国银监会印发了《关于切实做好2011年地方政府融资平台贷款风险监管工作的通知》及其相关问题的说明，要求银行实施动态台账管理、严格分类处置、贷款合同补正、补充抵质押等措施，对相关资产进行清理规范。并加大现场检查力度，督促银行业金融机构落实相关监管政策。

为了降低经济繁荣时期的不审慎风险，中国银监会督促银行做好差别化信贷政策执行工作，要求银行业金融机构在加强对土地、房产等押品及时估值和持续管理、合理支持真实自住购房需求的同时，严格执行土地储备贷款、开发商贷款和个人住房贷款等监管规则。

2011年1月，中国银监会修订了《金融机构衍生产品交易业务管理暂行办法》，将银行业衍生产品交易业务分为套期保值类衍生产品交易和非套期保值类衍生产品交易，并实施分类监管。对合格的银行开放商品、能源、股权、信用等其他衍生品，鼓励银行开展衍生品交易。另外，针对信用卡业务快速发展中出现的一些不规范的问题，中国银监会于2011年1月发布《商业银行信用卡业务监督管理办法》，对信用卡的市场准入、市场营销、超限额信用卡、催收管理等作出了明确规范。

持续跟踪研究经济形势和监测银行业信用风险变化。综合运用经济金融形势季度通报会、分类别银行业金融机构季度风险例会、监管会谈等多种形式，加大信用风险提示和预警，加大对信贷投放节奏和结构的有效督导，要求防止信贷投放大起大落，警惕新增贷款的风险，提高资本质量，提升有效拨备，确保风险资产与资本、核心资本匹配增长。2011年末，商业银行不良贷款余额为4279亿元，不良贷款率为1%，拨备覆盖率为278.1%。

二、证券期货监管体制逐步完善

我国证券市场集中统一监管体制建立以来,为适应市场发展的需要,证券期货监管体制逐步完善。

一是逐步完善证券市场的法律法规体系。2005年10月,全国人大修订了《中华人民共和国公司法》和《中华人民共和国证券法》,并于2006年1月1日开始实施。与《中华人民共和国公司法》和《中华人民共和国证券法》的修订相适应,各有关部门对相关法律、法规和规章进行了梳理和调整。2009年,中国证监会出台《证券公司分类监管规定》和《关于加强上市证券公司监管的规定》等规章、规范性文件,促进证券公司持续规范发展,提升公司治理水平。2009年9月,《期货公司分类监管规定(试行)》开始实施,对于强化期货公司合规经营意识、促进期货行业稳定、健康发展具有积极意义。2009年11月,中国证监会发布《证券投资基金评价业务管理暂行办法》,规范证券投资基金评价业务,引导长期投资理念,保护投资者合法权益。2009年12月,发布《开放式证券投资基金销售费用管理规定》,规范基金销售市场秩序,完善基金销售费用结构和水平,促进基金业健康发展。2010年,发布《中国证券监督管理委员会行政复议办法》、《关于修改〈证券发行与承销管理办法〉的决定》等,进一步完善证券期货法律法规体系。

二是逐步完善证券期货监管体制。2004年,中国证监会改变跨区域监管体制,实行按行政区域设监管局,并初步建立了与地方政府协作的综合监管体系。2007年,为适应市场发展需要,证券执法体制又进行了重大改革,建立了集中统一指挥的稽查体制。从制度上确定了"查审分离"模式,形成了调查与处罚权力的相互制约机制，以提高执法的专业水平、效率和公正程度。2010年，对内幕交易打击防控工作进行了统一部署，进一步明确了国务院相关部门、地方政府和监管部门的职责任务。证券期货监管效能显著增强，形成了中国证监会机关、派出机构、证券交易所"三点一线"，覆盖全市场的快速联动监管机制。

三是加强监管和防范市场风险。正确处理政府与市场的关系，完善法律和监管体系。提高执法人员的自身素质和执法水平，树立与时俱进的监管理念，建立健全与证券市场发展阶段相适应的监管方式。进一步简化行政审批，培育市场化发行和创新机制；完善法律体系，加大执法力度；完善监管手段，提高监管效率。充分发挥行业自律和社会监督作用。通过实施有效的市场监管，努力提高市场公正性、透明度和效率，防范金融风险，保障市场参与者的合法权益。

进一步完善上市公司监管体制。强化信息披露、规范公司治理。为配合新的《中华人民共和国公司法》、《中华人民共和国证券法》对上市公司信息披露提出的更高要求，2007年2月，中国证监会颁布了《上市公司信息披露管理办法》，进一步完善信息披露规则和监管流程，提高上市公司信息披露质量及监管的有效性。2008年9月，上海证券交易所、深圳证券交易所分别颁布了《股票上市规则（2008年修订稿）》，总结了2006年以来上市公司信息披露规则执行与监管的经验，特别是以股价异动为监管重点，进一步健全了上市公司信息披露和市场监管联动快速反应机制。

建立和完善期货公司的分类监管制度。期货公司的分类监管制度主要包括评价指标、评价方法、分类方法、组织实施和结果运用等方面。为保证分类监管工作的公信力和权威性，建立了分类评审的集体决策制度；在分类评价工作中，坚持客观、公平、公正的评价原则。分类评价体现了监管导向，强化了监管权威，无论是在提高监管效能、还是在促进期货行业功能发挥、期货公司抗风险能力增强方面，都取得了较好效果，对期货行业发展产生了积极影响。

由于体制、机制上存在缺陷，证券公司在发展过程中积累了许多矛盾和问题。一些证券公司随意挪用客户交易结算资金和证券、违规理财以及股东和关联方占用资金等现象屡有发生。2004年前后，证券公司长期积累的问题充分暴露，风险集中爆发。为从根本上解决问题，中国证监会在国务院的部署下，按照风险处置、日常监管和推进行业发展三管齐下，防治结合，以防为主，标本兼治，形成机制的总体思路，对证券公司实施综合治理。到2007年8月末，综合治理工作结束，实现了各项主要目标。证券公司长期积累的风险和历史遗留问题平稳化解，曾严重困扰证券业健康发展的财务信息虚假、账外经营、挪用客户资产、股东及关联方占用等问题基本解决，初步建立了风险防范的长效机制，各项基础制度得到改革和完善。

三、现代保险监管框架的建立和完善

加入世界贸易组织以来，中国保监会在深化体制改革、完善制度体系、规范市场行为、引领行业发展等方面取得了显著的成效，现代保险监管框架初步确立。

为加强对保险公司、保险中介机构的规范管理，中国保监会陆续制定了大批规章、规范性文件，初步建立起保险监管法律框架。2008年重新修订《中华人民共和国保险法》，突出保护保险消费者利益，突出加强监管和防范风险，突出拓宽保险服务领域。2009年，以实施新修订的《中华人民共和国保险法》为契机，加强监管制度建设，全面梳理监管规章制度。修订颁布《保险公司管理规定》、《保险公司董事监事和高级管理人员任职资格管理规定》、《保险公司中介业务违法行为处罚办法》等7部规章制度。2010年出台《人身保险公司全面风险管理实施指引》、《关于进一步加强人身保险收付费环节资金管理的通知》、《关于开展保险公司中介业务现场检查工作的通知》、《关于依法严肃处理保险公司中介业务违法违规机构和责任人员有关问题的通知》等，不断健全保险监管和保险经营的制度体系，全面推进依法监管和依法经营。

中国保监会逐步全面实行《保险公司最低偿付能力及监管指标管理规定》，并启用了一整套衡量保险公司经营状况的新监管指标。对保险公司的风险监管主要内容有：保险公司必须建立和完善"分保共保"制度，分散经营风险；规定保险公司要有足够的资本金和留足各类准备金，保证其有足够的清偿能力；限制保险公司的业务范围和资金运用，规定保险公司不得同时兼营财产保险业务和人身保险业务，对保险公司的资金运用做了比较严格的限制，保证其有履行保险责任的能力，避免营运资金遭受风险。2003年初，中国保监会发布了《保险公司偿付能力额度及监管指标管理规定》，保险监管逐步从以市场行为监管为主过渡到市场行为和偿付能力监管并重。2006年初，中国保监会发布了《关于规范保险公司治理结构的指导意见》，引入了保险公司治理结构监管，初步形成了以偿付能力、公司治理和市场行为监管为三大支柱的现代保险监管框架。

中国保监会切实加强监管信息化建设，初步建成信息化基础平台，基本覆盖非现场监管的主要领域。积极推进分类监管，加强保险集团监管工作。2008年加强了对保险公司的偿付能力约束，对少数偿付能力不足的公司采取了叫停相关业务、暂停审批分支机构以及保险公司停止向董事和高管发放奖励性薪酬等措施。当年有40家保险公司进行了增资扩股。在公司治理监管方面，出台了《保险公司董事会运作指引》和《关于规范保险公司章程的意见》等文件。在加强市场行为监管方面，加大行政处罚力度。2009年，继续加强偿付能力监管，健全偿付能力监管机制，完善偿付能力监管标准。依法采取措施，先后推动45家公司增资扩股225亿元、10家公司发行次级债180亿元，督促不达标的公司改善偿付能力状况，减少资本消耗。资金运用监管不断加强，保险资产配置较好地实现了安全性、流动性和收益性的平衡。在试点和总结经验的基础上，中国保监会制定了新的分类监管制度，决定从2009年1月1日起正式实施对产险公司、寿险公司及保险专业中介机构的分类监管。中国保监会围绕保护被保险人利益，加大现场检查力度，通过专项检查、重点检查、综合性检查等方式，着重开展数据不真实、理赔不规范、准备金提取不合理及销售误导、银邮代理、意外险、中介业务等检查工作。在财产险方面，以提高数据真实性和规范车险市场为重点。在人身险方面，以整治销售误导和规范银保业务为重点。在保险中介方面，以保险公司中介业务合规性检查为重点。在综合性检查方面，以加强对保险总公司的检查为重点。深入开展打击假保险机构、假保单和假赔案"三假"专项工作，取得了阶段性成效。

四、建立金融监管协调机制和化解历史形成的金融风险

为顺应金融业综合经营趋势，我国稳步推进金融监管协调机制建设，进一步提高金融监管水平，防范跨行业、跨市场、跨境金融风险，维护金融稳定和金融安全。

2000年8月,中国人民银行、中国证监会、中国保监会建立了金融监管联席会议制度,各方轮流召集,共同讨论有关金融监管问题。2003年修订的《中华人民共和国中国人民银行法》规定,"国务院建立金融监督管理协调机制","中国人民银行应当和国务院银行业监督管理机构、国务院其他金融监督管理机构建立监督管理信息共享机制"。2004年6月,中国银监会、中国证监会、中国保监会建立了"三会"监管联席会议制度,达成《金融监管分工合作备忘录》。2005年,"一行三会"的信息统计部门建立了统计信息交流与共享制度,初步实现了一定范围内的信息共享。2007年7月,经国务院批准,中国人民银行牵头建立了异常外汇资金流动监管协调机制,在跨境资金流动监管方面,形成了较有力的联合监管平台。

中国人民银行积极推进风险监测与评估系统的建设,加强存款保险制度的研究论证;加大对银行间同业拆借市场、银行间债券市场、银行间票据市场、银行间外汇市场和黄金市场及上述市场的有关衍生产品市场的监督管理。继续致力于防范和化解金融风险,牵头及配合处置了一些高风险银行业和证券业的金融机构,妥善解决大量历史遗留问题,有效化解了金融风险,维护了金融体系平稳健康运行。

一是牵头证券公司重组。中国人民银行会同有关部门按照行政指导和市场化相结合的原则,以中央汇金公司、中国建银投资有限公司作为重组平台,采取股东注资、提供流动性支持以及引进战略投资者等多种方式,推动银河证券等9家大型证券公司重组。2006年末,9家证券公司的重组工作基本完成,有效化解了证券公司风险,维护了证券市场稳定。

二是牵头做好德隆系风险处置工作。会同有关部门提出了风险处置的总体意见和基本原则，及时研究解决风险处置中遇到的问题，最大限度地减少了国家和债权人的损失。

三是配合中国证监会妥善处置南方证券等28家高风险证券公司。研究制定个人债权及客户证券交易结算资金收购的一系列政策，认真做好金融稳定再贷款的审查、发放、管理工作。2007年8月，证券公司综合治理工作圆满完成，证券公司长期积累的风险得到妥善解决。

四是积极推动保险公司改革重组工作。2006年末，针对中国再保险集团公司经营中的问题，中国人民银行会同有关部门制定了改革方案。2007年4月，中央汇金公司注资40亿美元。2007年10月，中国再保险（集团）股份有限公司挂牌成立。中国人民银行配合中国保监会积极推动新华人寿、中华联合等高风险机构重组工作，维护了金融和社会稳定。此外，部分保险公司引进战略投资者、上市等工作也取得了积极进展。通过改革和重组，保险公司资本实力得到增强，公司治理不断完善，竞争能力和抗风险能力稳步增强。

五是建立健全金融稳定长效机制，有效提升金融体系抗风险能力。积极推动建立证券、保险业投资者保护制度。为改变由再贷款支付被处置证券公司个人债权收购及弥补客户交易结算资金缺口可能引发的道德风险，中国人民银行会同有关部门推动建立证券投资者保护制度。2005年8月，中国证券投资者保护基金公司成立，标志着证券公司市场化风险处置长效机制初步建立。中国人民银行还积极配合中国保监会推动保险保障基金的市场化运作。2008年9月，中国保险保障基金有限责任公司正式挂牌成立，建立了符合市场化原则的保险公司退出和风险处置机制。证券业和保险业投资者保护制度的初步建立，进一步完善了我国的金融安全网。

不断完善证券市场基础性制度建设。以证券公司风险处置为契机，中国人民银行要求利用国家公共资金和资源进行重组的证券公司必须率先实现证券客户交易结算资金的第三方存管。该制度于2007年8月在全行业实施，从而在机制上杜绝了证券公司挪用客户结算资金等违规事件的发生。此外，积极推动实施交易所国债回购制度改革，从制度上保证投资者资产安全。

积极推动我国存款保险制度建设。从我国的情况看，建立存款保险制度，形成有效的风险处置机制和市场化的退出机制，可以为防范和化解金融风险提供制度保障，推动建立更加竞争、多元和开放的基层金融服务体系。目前，中国人民银行会同有关部门已就建立和实施存款保险制度的主要问题进行了系统研究，并抓紧研究完善存款保险实施方案，推动存款保险制度尽早建立。

第六节 金融对外开放深入进行

2001年12月11日，我国正式加入世界贸易组织，从这一刻开始，我国金融业改革开放进入了一个新纪元。

一、银行业按照有关承诺逐步实施开放政策

我国银行业已全面履行加入世界贸易组织的承诺。我国加入世界贸易组织后，我国银行业按照有关承诺逐步实施开放政策，具体包括以下几个方面：一是履行承诺开放与自主开放相结合，不断提高开放水平；二是对外开放和国内改革相结合，促进银行

业改革不断深化；三是发展传统业务与开放新型业务相结合，促进银行业金融创新；四是"引进来"和"走出去"相结合，促进中资银行全面发展；五是兑现加入世界贸易组织承诺与合理运用其规则相结合，维护中国银行业稳健运营。

我国加入世界贸易组织后的5年过渡期内，银行业加快对外开放。加入时，我国银行业向外资银行开放了对所有客户的外汇业务；逐步将外资银行经营人民币业务的地域从加入时的上海、深圳、天津、大连四个城市扩大到全国所有地区，部分城市开放的时间比承诺的时间甚至提前了一年；逐步将外资银行人民币业务的客户对象从外资企业和外国人扩大到中国企业和中国居民。同时，逐步放松对外资银行在华经营的限制，取消外资银行人民币负债不得超过外汇负债50%的比例的规定；放宽对外资银行在境内吸收外汇存款的比例限制；取消对外资银行经营人民币业务的地域和客户限制，取消对外资银行在华经营的非审慎性限制，在承诺的基础上，逐步给予外资银行以国民待遇。另外，逐步放开外资非银行金融机构提供汽车消费信贷业务；经审批，允许外资金融租赁公司按照与中资金融租赁公司相同的条件，提供金融租赁服务；允许外资机构在我国设立货币经纪公司。

随着一系列对外开放措施的稳步实施，我国银行业在地域上逐步形成了以长江三角洲、珠江三角洲和环渤海经济圈为核心，向周边地区辐射的对外开放格局。截至2006年末，22个国家和地区的74家外资银行在中国的25个城市设立了200家分行（下设支行79家）和14家外资法人机构（下设分支行和附属机构19家），41个国家和地区的186家银行在中国24个城市开设了242家代表处。在非银行金融机构方面，截至2006年末，已批准设立5家外商独资汽车金融公司、3家中外合资汽车金融公司、2家中外合资货币经纪公司。

为了促进外资银行在华的稳健发展，同时顺应国际银行业发展趋势和普遍做法，2006年末，根据新颁布的《外资银行管理条例》，中国银监会对外资银行在华发展实行分行与法人双轨并行、法人银行导向政策。法人银行导向政策在允许外资银行自主选择在华商业存在的形态的前提下，鼓励机构网点多、存款业务规模较大并准备发展人民币零售业务的外资银行分行转制为我国注册的法人银行，不强制要求外资银行分行法人化。转制后，外资法人银行的市场准入条件及审慎监管标准将与中资银行保持一致。

近年来，外资银行不断加大对中国市场的开拓力度，加大了资金和人员等各方面的资源投入力度，在华服务网络稳步增加，业务规模逐步扩大，与中资银行的合作日益深化。截至2011年末，45个国家和地区的181家银行在华设立209家代表处；14个国家和地区的银行在华设立37家外商独资银行（下设245家分行）、2家合资银行（下设7家分行，1家附属机构）、1家外商独资财务公司；26个国家和地区的77家外国银行在华设立94家分行。外资银行在我国27个省（自治区、直辖市）50个城市设立机构网点，较2003年初增加30个城市。同时，共有6家外资法人银行分行获准在其所在城市辖内外向型企业密集市县设立支行。截至2011年末，35家外资法人银行、45家外国银行分行获准经营人民币业务，25家外资法人银行、25家外国银行分行获准从事金融衍生产品交易业务，5家外资法人银行获准发行人民币金融债。

截至2011年末，在华外资银行营业性机构资产总额（含外资法人银行和外国银行分行）为2.15万亿元，同比增长23.60%；各项存款余额为1.32万亿元，增长25.27%；各项贷款余额为

9785亿元，增长7.10%；流动性比例为69.53%；实现税后利润167.3亿元；不良贷款率为0.41%；外资法人银行资本充足率为18.83%，核心资本充足率为18.38%。总体上看，在华外资银行营业性机构主要指标均高于监管要求，基本面健康。

我国银行业国际化进程大大加快，商业银行"走出去"的步伐不断提速，取得了较好成效。我国银行业稳妥实施境外机构布局战略，拓宽业务领域，进一步提升跨境金融服务能力。2010年，中国工商银行米兰分行、马德里分行、巴黎分行、布鲁塞尔分行、阿姆斯特丹分行、卡拉奇分行，中国银行金边分行，中国建设银行悉尼分行，交通银行胡志明市分行均顺利获得境外监管机构批准。中资银行不仅加快在海外新设分支机构，还积极寻求海外并购的机会，在海外直接并购方面迈出了实质性步伐。截至2010年末，5家大型商业银行在亚洲、欧洲、美洲、非洲和大洋洲共设有89家一级境外营业性机构，收购（或）参股10家境外机构，6家股份制商业银行在境外设立5家分行、5家代表处，2家城市商业银行在境外设立2家代表处。2011年，中国银行业审慎、稳妥地推进机构海外布局，拓展业务范围。中国工商银行新设孟买分行等11家海外分支机构；中国农业银行伦敦代表处和首尔代表处升格为伦敦子行和首尔分行的申请已获当地监管当局批准；中国银行新设12家海外分支机构，其中伊斯坦布尔代表处的设立进一步覆盖了海外空白地区；中国建设银行新设莫斯科代表处等2家海外分支机构；交通银行新设胡志明市分行等4家海外分支机构。

二、证券业加快对外开放的步伐

自2001年12月中国加入世界贸易组织后，中国资本市场对外开放步伐明显加快。截至2006年末，中国已全部履行了加入世界贸易组织时有关证券市场对外开放的承诺，主动实施了部分自主开放的措施。允许外资证券机构从事外资股业务；实施合格境外机构投资者（QFII）制度，实施合格境内投资者（QDII）制度；允许符合条件的中国香港、澳门期货公司参股内地期货公司，股权比例不超过49%，并允许内地期货公司到中国香港设立从事期货业务的子公司。采取试点方式，允许外资证券机构参股国内证券公司。

2001年以来，国内大型企业境外上市不断增加，境外上市融资额逐年上升，金融、石化、通讯等行业的一批龙头企业相继实现海外上市，H股、红筹股成为中国香港资本市场的重要组成部分。根据1999年《期货交易管理暂行条例》和2001年《国有企业境外期货套期保值业务管理办法》，经国务院同意，中国证监会先后分四批共批准31家国有企业从事境外期货业务。2001年11月，原对外贸易经济合作部和中国证监会联合发布《关于上市公司涉及外商投资有关问题的若干意见》，允许符合条件的外商投资股份公司申请在中国境内上市。此前，已经陆续批准一些中外合资公司上市。2002年11月，中国证监会、财政部和原国家经贸委联合发布《关于向外商转让上市公司国有股和法人股有关问题的通知》，允许外资受让上市公司非流通股股权。2006年2月商务部、中国证监会等五部委联合发布《外国投资者对上市公司战略投资管理办法》，允许外国投资者对已完成股权分置改革的上市公司通过具有一定规模的中长期战略性并购投资取得该公司A股股份。内地金融机构到香港特别行政区发行人民币债券和国际开发机构发行人民币债券。经国务院批准，2007年1月，中国人民银行发布公告，决定扩大为香港银行办理人民币业务提供平台及清算安排的范围,内地金融机构经批准可以赴香港发行人民币债券。按照《国际开发机构人民币债券发行管理暂行办法》,国际金融公司、亚洲开发银行等国际机构发行了人民币债券。

对外开放推进了中国资本市场的市场化、国际化进程,中国资本市场对国际资本市场的依存度有所提高,促进了市场的成熟和发展壮大。

三、保险业积极、稳妥地扩大对外开放

长期以来,中国保险市场一直被国际保险业视为最有潜力的市场。从1992年美国国际集团回归上海,建立第一家外资保险公司以来,外资保险公司在中国经济的高速发展,潜力巨大的保险市场吸引下,积极投资中国的保险市场。加入世界贸易组织以后,随着中国保险市场进一步开放,国内保费收入高速增长,中资保险公司与外资保险公司对保险市场的争夺更加激烈。为适应加入世界贸易组织的需要,2001年,中国保监会全面清理了与世界贸易组织规则和对外承诺不符的法规和部门规章8件,涉及条款22项,并颁布了《外资保险公司管理条例》,加强对外资保险公司的管理。一批中外合资保险公司和外资保险公司先后成立,世界上主要跨国保险金融集团和发达国家的保险公司都已进入中国。我国保险业坚持"以我为主、安全可控、优势互补、合作共赢、和谐发展"的原则,严格履行加入世界贸易组织承诺,积极、稳妥地扩大保险市场对外开放。目前,除了外资在合资寿险公司中的股比不得超过50%、外资产险公司不得经营机动车第三责任险的限制外,保险业已基本实现全面对外开放。截至2011年末,共有16个国家和地区的保险公司在我国设立了54家外资保险公司,外资保险机构代表处达156家。外资保险公司总部设在上海的有25

家，设在北京的有 17 家，其余分布在广州、深圳、大连、天津、重庆、厦门等经济发达城市。2011 年，外资保险公司实现保费收入 438.5 亿元，占全国保费收入的 3.1%；各类赔款与给付支出 74.3 亿元。外资保险公司总资产达 2807.4 亿元，同比增长 9.2%，占全国保险业总资产的 4.7%。

第七节 金融法制和基础制度与设施建设成效显著

一、金融法律框架逐步完善

中国金融立法的进程是与中国金融改革的进程相伴推进的。一方面，金融改革的成果需要通过法律来肯定和巩固；另一方面，法律的适时出台，又推动改革进程中的分歧和问题的解决，推进金融制度创新。

1995—2002 年为我国金融立法全面发展阶段。随着 1993 年 12 月 25 日《国务院关于金融体制改革的决定》的颁布，我国开始了新一轮的金融体制改革和金融法制建设。1995 年是我国金融法制史上具有里程碑意义的年份，被公认为我国的"金融立法年"。在这一年，全国人大及其常委会先后颁布了"五法一决定"，即《中华人民共和国中国人民银行法》（1995 年 3 月 18 日）、《中华人民共和国商业银行法》（1995 年 5 月 10 日）、《中华人民共和国票据法》（1995 年 5 月 10 日）、《中华人民共和国担保法》（1995 年 6 月 30 日）、《中华人民共和国保险法》（1995 年 6

月30日），以及《全国人大常委会关于惩治破坏金融秩序犯罪的决定》（1995年6月30日）。这五部金融基本法律及一个决定的颁布，从根本上改变了我国金融领域基本法律规范欠缺的局面，初步形成了我国金融法律规范的基本框架。为使改革成果法律化，更好地适应改革开放的要求，国务院于1996年1月29日发布了《外汇管理条例》，并于1997年进行了修订。1999年7月1日《中华人民共和国证券法》正式实施，以法律形式确认了证券市场的地位，为证券市场的规范发展提供了法制保障。之后，我国又制定和实施了《期货交易管理暂行条例》（1999年）、《人民币管理条例》（2000年）、《中华人民共和国信托法》（2001年）等法律和行政法规。在这个时期，我国的金融法制得到了全面发展。

2003—2011年为我国金融立法深入发展阶段。2003年10月14日，《中共中央关于完善社会主义市场经济体制若干问题的决定》颁布，决定进一步深化金融企业改革、健全金融调控机制和完善金融监管体制。在此精神指导下，我国金融法制建设深入发展。据统计，在"十一五"时期，国家颁布实施或修订涉及金融领域的法律、行政法规10余部，中国人民银行、中国银监会、中国证监会、中国保监会和国家外汇管理局还发布了大量规章和规范性文件。

我国出台了一系列重要金融法律、法规，并对一些金融法律法规和规范性文件进行了修改。2003年12月27日，第十届全国人民代表大会常务委员会第六次会议审议通过了《中华人民共和国中国人民银行法》和《中华人民共和国商业银行法》修正案，制定了《中华人民共和国银行业监督管理法》。2004年8月28日，修改了《中华人民共和国票据法》，2005年10月27日，修改了《中华人民共和国证券法》，2006年6月29日，修改了《中华人民共和国刑法》。2006年10月，颁布了《中华人民共和国反洗钱法》，2011年10月29日，通过了《全国人民代表大会常务委员会关于加强反恐怖工作有关问题的决定》。全国人民代表大会还制定了《中华人民共和国证券投资基金法》以及《中华人民共和国企业破产法》。修订后的《中华人民共和国保险法》于2009年2月28日第十一届全国人民代表大会常务委员会第七次会议表决通过，自2009年10月1日起施行。2010年10月通过的《中华人民共和国涉外民事法律关系法律适用法》，对我国涉外民事法律关系法律适用进行了系统规定，明确了我国金融业涉外业务的法律适用问题，为金融业"走出去"提供了法律支持。2010年4月通过的修订后的《中华人民共和国保守国家秘密法》对金融决策过程中涉密事项的保护起到了重要保障作用。

相关金融管理部门规章制度不断完善。中国人民银行相继出台各类金融管理规章、规范性文件，如《银行间债券市场登记托管结算管理办法》、《全国银行间债券市场金融债券发行管理操作规程》、《电子商业汇票业务管理办法》、《中国人民银行执法检查程序规定》等法规。中国银监会发布了一系列银行业监督管理办法，包括《消费金融公司试点管理办法》、《小额贷款公司改制设立村镇银行暂行规定》、《固定资产贷款管理暂行办法》、《项目融资业务指引》、《个人贷款管理暂行办法》、《流动资金贷款管理暂行办法》、修订后的《信托公司集合资金信托计划管理办法》等。中国证监会修订了《中国证券监督管理委员会发行审核委员会办法》，制定了《证券发行上市保荐业务管理办法》、《首次公开发行股票并在创业板上市管理暂行办法》等。中国保监会根据修订的《中华人民共和国保险法》出台了一系列规章，如《保险公司管理规定》、《保险专业代理机构监管规定》、《保险经纪机构监管规定》、《保险公估机构监管规定》、《财产保险公司保险条款和保险费率管理办法》、《保险资金运用管理暂行办法》等。

在这个时期,我国的金融执法体系逐步完善,执法水平进一步提高,依法行政的意识进一步加强,各监管部门根据分业监管的原则,各司其职,依法监管,保障金融执法的公正、公开、公平,提高金融监督管理的权威性;法制宣传和法制基础工作得到进一步加强,金融法制工作不断进步。

二、支付体系、征信体系建设和反洗钱工作不断加强

(一) 加快建立现代化支付清算系统

中国人民银行专门行使中央银行的职能后,开始推动对支付结算体系的改革,不断改进和完善支付清算基础设施。1989年5月,全国卫星通信电子联行系统建设正式开始;1990年5月,中国人民银行成立清算总中心。电子联行系统于1991年4月1日投入试运行。1994年,金卡工程作为国家信息化重点工程之一正式实施。到1997年末,金卡工程12个试点城市银行卡信息交换中心全部开通。1995年5月,中国人民银行组织实施了电子联行"天地对接"工程。到20世纪90年代末期,电子联行系统覆盖了全国所有省、自治区、直辖市,中国人民银行电子联行业务到县的建设工作基本完成。

加快中国现代化支付系统建设。2000年10月,中国人民银行决定"调整定位、借鉴吸收、以我为主、自主开发、边建边用",加快现代化支付建设的步伐。2001年12月,温家宝同志到中国人民银行视察银行卡联网通用工作,就大力发展银行卡作出重要指示,要求尽快实现"314"目标("314"目标即国有商业银行在300个以上地市级分支机构实现行内的联网通用;全国性股份制银

行和邮政储蓄机构在所有的地市级分支机构实现行内的联网通用；在100个以上城市实现银行卡跨行通用；在40个以上城市推广普及"银联"标识，实现银行卡的异地跨行通用），"314"目标于2003年末基本实现；2005年启动农民工银行卡特色服务；2005年6月，大额实时支付系统顺利建成并推广到全国；2005年6月，由中国人民银行建设的人民币银行账户管理系统在全国投入运行，2007年又完成了第二期建设；2006年6月，小额批量支付系统推广到全国；2007年，全国支票影像交换系统建成运行；2008年4月，中国人民银行建成运行了境内外币支付系统；2009年，中国人民银行研究下发了《关于改善农村支付服务环境指导意见》；2009年10月，中国电子商业汇票系统投产运行。第二代支付系统暨中央银行会计数据集中核算系统建设稳步推进。2010年1月16日，胡锦涛总书记视察中国银联并作出重要指示，要求努力把"银联"打造成国际主要银行卡品牌。加强和完善对非金融机构支付服务的监督管理，2010年，发布《非金融支付服务管理方法》及其实施细则，截至2011年末，中国人民银行依法向101家非金融支付服务机构颁发《支付业务许可证》。推进支付清算行业自律管理。2011年，推动成立中国支付清算协会，引入支付服务市场主体自我管理、自我约束和自主创新机制。截至2011年末，接入人民银行支付系统的农村金融机构及分支机构共有34203个，农信银支付清算系统覆盖农村合作金融机构等营业网点达33624家，同比增长23%。截至2011年末，农村地区单位银行结算账户达960万户；个人银行结算账户达19亿户，人均超过2个账户。2011年，支付系统共处理支付业务155.23亿笔，金额为1991.90万亿元。大额实时支付系统处理业务3.72亿笔，金额为1355.28万亿元；小额批量支付系统办理业务5.63亿笔，金额为18.36万亿元。2011年,全国共办理非现金支付业务338.30亿笔,金额为1104.35万亿元,全年银行卡渗透率达到38.6%。

(二)征信体系逐步健全和完善

中国征信体系建设可追溯至20世纪80年代末,当时随着股票市场和债券市场的恢复发展,国内陆续成立了一批信用评级公司,开展信用评级服务。90年代后期,为解决商业银行客户多头贷款产生的信息不对称,同时加强对金融风险的监控,中国人民银行启动了企业和个人征信系统建设。

一是建立和完善银行信贷登记咨询系统。1992年,中国人民银行原深圳分行率先推行贷款证制度,把企业的概况和在各家银行的借款、还款情况由各贷款银行登记在一个纸质的文本贷款证上。在企业向银行申请借款时,必须提供贷款证,这样贷款银行就可以查验企业在其他银行的借款信息。1995年11月,中国人民银行制定了《贷款证管理办法》,将贷款证作为一项制度推广至全国。1997年,中国人民银行提出贷款证制度要由文本登记方式逐步向电子化管理转变,并于当年年末开始建设银行信贷登记咨询系统。到1999年末,银行信贷登记咨询系统在全国31个省、自治区、直辖市的301个城市安装并成功运行。到2001年初,该系统形成地市、省和总行三级数据库全国联网,开始全面投入运行。2002年末,银行信贷登记咨询系统建成地市、省市和总行三级数据库体系,实现以地市级数据库为基础的省内数据共享。从2004年上半年起,中国人民银行开始对该系统进行升级改造,并于2006年7月末实现全国联网运行。自2006年7月开始,还开展了中小企业信用体系建设工作。截至2011年末,企业征信系统为1800多万户企业和其他组织建立了信用档案;其中,有贷款卡的企业和其他组织844.3万户,企业征信系统开通查询用户12.6万户，全年企业征信系统累计查询次数6930.7万次，日均查询次数19万次。

二是个人征信系统全面建设步伐加快。1999年7月，中国人民银行批准个人征信在上海试点，为以后全国统一的个人征信体系建设积累经验。2001年，中国人民银行向国务院上报个人征信系统建设方案。2003年11月，中国人民银行成立征信管理局。2004年2月，中国人民银行正式启动个人信用信息基础数据库建设。个人信用信息基础数据库于2004年12月实现15家全国性商业银行和8家城市商业银行在全国7个城市的联网试运行；2005年8月末，完成了与全国所有商业银行和部分有条件的农村信用社的联网运行。2006年1月，全国集中统一的个人信用信息基础数据库建成并正式运行。2006年3月，中国人民银行征信中心成立。同年，中国人民银行在部分地区探索以"建立农户信用档案和开展农户信用评价"为主要内容的农村信用体系建设，并于2009年在全国全面推广。截至2012年3月末，全国共为1.4亿多农户建立了信用档案，对9400多万农户进行了信用评定，8200多万农户获得贷款，贷款余额近1.6万亿元。截至2011年末，个人征信系统为8亿多自然人建立了信用档案；其中，有信贷记录的2.6亿多自然人，个人征信系统开通查询用户19.8万户，全年个人征信系统累计查询次数2.4亿次，日均查询次数66.2万次。

（三）建立和完善反洗钱制度

我国反洗钱工作起步较晚，但是发展很快，在较短时间内，在刑事立法、预防措施、制度安排和国际合作四个方面都取得了快速发展和显著进步，建立起了我国较为完整的反洗钱制度。

在国际合作方面，我国已经签署并批准联合国通过的所有与反洗钱和反恐融资有关的国际公约。2004年10月，我国与俄罗斯等6个国家发起成立了欧亚反洗钱与反恐融资组织（EAG）。我国以加入国际反洗钱权威组织（FATF）为重点，全面开展反洗钱国际合作。2007年6月28日，FATF在巴黎召开的第十八届第三次全体会议上，各方同意接纳中国为该组织正式成员。根据国务院授权，我国于2009年7月正式恢复在亚太反洗钱组织（APG）的活动，进一步扩大了在反洗钱国际领域的影响。

2006年10月，《中华人民共和国反洗钱法》由第十届全国人民代表大会常务委员会第24次会议通过并自2007年1月1日起施行。中国人民银行为贯彻落实《中华人民共和国反洗钱法》，先后起草并印发了《金融机构反洗钱规定》、《金融机构大额交易和可疑交易报告管理办法》、《金融机构报告涉嫌恐怖融资的可疑交易管理办法》等规章制度。

2003年5月，国务院批准由中国人民银行牵头承担组织、协调国家反洗钱工作的职责。同年9月，中国人民银行反洗钱局成立。2004年4月，中国人民银行设立中国反洗钱监测分析中心。2004年5月，按国务院批复，中国人民银行牵头召集有关部委参加的反洗钱工作部际联席会议。2006年，新的《反洗钱工作部际联席会议制度》经国务院批准后，调整和充实了部际联席会议成员单位，修改和明确了反洗钱工作各相关部门的职责。2009年12月，经国务院同意，部际联席会议办公室正式对外发布了《中国反洗钱战略》。目前，金融机构基本建立了预防洗钱体系，实现了数据联网报送，形成了一个覆盖全国金融业的大额和可疑交易报告与监测分析系统，反洗钱监测分析能力稳步提高。中国人民银行在反洗钱监测分析体系基础上，着力开展反洗钱调查和案件协查工作，完善与执法部门的合作机制，反洗钱制度的成效开始显现。截至2011年末，履行反洗钱报告义务的机构已覆盖到共1290

家金融机构，累计接受大额交易报告9.32亿份，可疑交易报告2.29亿份。针对发现的可疑交易活动进行反洗钱调查，自2007年至2011年末，共对6000多个重点可疑交易线索实施反洗钱调查2万余次，涉及金额折合人民币约2.3万亿元，有力地打击了洗钱犯罪及相关犯罪。此外，中国人民银行还配合有关部门严厉查处了一批涉嫌洗钱和恐怖融资犯罪的案件。2008年至2010年，中国人民银行开展了"平安奥运"和"护航2009"反恐融资专项行动，督促金融机构建立健全反恐融资制度，积极配合反恐部门防范和打击境内恐怖活动，保障了北京奥运会、新中国成立60周年大庆、上海世博会和广州亚运会的顺利进行。

三、金融会计统计制度逐步完善

（一）金融调查统计制度的建立和完善

改革开放以来，金融调查统计始终围绕我国金融工作的中心服务，及时全面地反映经济、金融活动，为国家制定政策提供准确、可靠的金融数据资料。

1984年我国出台《金融统计管理暂行规定》，1995年、2002年两次进行了修订，初步形成金融统计的法律框架。中国人民银行专门行使中央银行职能以后，金融统计作为中央银行业务的基础不断进行改革和完善。为了及时、准确反映国民经济发展态势，从1986年起，中国人民银行先后建立起了工业景气调查统计制度、居民储蓄问卷调查统计制度和物价调查统计制度。

1997年，在金融系统开始实行新的指标体系，又称全科目上报。1998年对外汇、现金统计制度进行了改革，2002年进行了本外币并表，并实现了统计数据的归口管理。根据需要，2003年又新增了多项专项统计。到2008年，已公布包括金融机构各类信贷收支表、货币当局资产负债表、货币供应量以及金融市场交易期限分类统计和企业商品价格指数等共计22项统计报表。

我国自1982年开始公布国际收支平衡表。从1996年起,国家外汇管理局根据经验并参照国际规范,制定并实施了新的《国际收支统计申报办法》。

自2007年起,我国就开始深入研究金融统计标准化问题,借鉴了国际切实可行的成功做法,并逐步形成了一套完整的设想和实施思路。目前中国的金融统计工作已实现了国际货币基金组织"数据公布通用系统(GDDS)"的各项要求。

我国标准化统计信息监测系统初显成效,标准影响力、辐射力明显加大,中国人民银行与中国证监会、中国保监会共同设计了标准化的核心指标采集体系,探索开展金融业综合统计。适应我国金融市场多元化发展趋势,从2011年开始,正式开展社会融资规模的统计、监测与分析,较好地弥补了传统总量指标的不足,为进一步加强金融调控、实施逆周期宏观审慎管理提供了新的抓手。不断丰富经济金融调查体系,加强民间借贷、房价等问题的调查监测,提高预测工作水平。

(二) 金融会计财务制度建设不断加强

1979年,中国人民银行修订了《中国人民银行会计基本制度(试行)》。1987年2月,中国人民银行重新设置和发布了《全国银行统一会计科目及统一会计报表制度》;同年4月,根据《中华人民共和国会计法》和《中华人民共和国银行管理暂行条例》的精神,中国人民银行制定了《全国银行统一会计基本制度(试行本)》,统一我国银行业的会计标准。1993年3月,中国人民银行、财政部联合颁布了《金融企业会计制度》。1999年10月,《中华人民共和国会计法》修订通过。2001年,中国人民银行配合财政部修订了《金融企业会计制度》。我国金融会计制度化建设不断加强。2009年是中国实施新企业会计准则体系的第三年，新企业会计准则体系已在绝大部分金融企业和大部分大中型非金融企业得到平稳实施。2010年4月，财政部正式发布了《中国企业会计准则与国际财务报告准则持续趋同路线图》，表明了中国支持建立全球统一的高质量会计准则，积极推进中国会计准则持续国际趋同的态度。

四、货币制度、国库体系、金融信息化体系和金融人才的建设取得显著成效

（一）货币发行与流通体制的完善

2000年2月，国务院颁布了《中华人民共和国人民币管理条例》。该条例对人民币的地位、单位、进制、种类、管理机关、设计和印制、发行和回收、流通和保护等做了明确规定。

中国人民银行稳步推进货币发行现代化建设，其中包括货币发行业务信息化建设、钞票处理现代化建设和发行库建设。20世纪90年代以前，货币发行业务会计核算工作一直采取手工记账、邮局电报传递信息的方式。90年代初，中国人民银行开始在全国推广使用微机电传报送货币发行业务数据。90年代后期，中国人民银行推广应用了货币发行管理信息系统。2005年，货币金银管理信息系统在全国范围内正式运行。自1994年开始，中国人民银行充分借鉴国外中央银行的做法，开始进行钞票自动清分处理和利用大型机械销毁残损人民币的试点工作。截至2011年末，共建立了60个钞票处理中心，配置钞票处理设备510套（台），钞票年清分量达157亿张，残损人民币年销毁量达2.75万吨。

采用先进的印制技术。中国是现金使用大国，也是现金制造大国，目前，人民币现钞印制生产量居世界第一。据统计，2005年末，市场货币流通量是2.4万亿元，到2011年末，市场货币流通量已达5.1万亿元。6年的时间，市场货币流通量增长了1.13倍。为把印制行业的潜力发挥到最大，中国人民银行从印制行业内部进行改革，建立了现代企业制度。2005年11月，中国人民银行党委关于在所属三家直属企业进行现代企业制度改革试点的决定，在经过两年酝酿后正式出台。2006年3月，中国印钞造币行业改革的大幕正式开启，中国印钞造币作为传统的国有企业，开始了一场与现代企业制度对接的旅程。中国印钞造币行业五年的改革之路，取得了令人振奋的成绩。"十一五"期间，人民币钞币年产能分别增长58%和33%，钞票纸和专用设备累计产量同比分别增长101%、127%。

　　为保证人民币发行的集中统一，中国人民银行设立人民币发行库。改革印制生产计划管理方式，科学制定人民币印制计划，合理确定券别结构。提高流通中人民币整洁度，逐步加大小面额货币投放力度，稳步推进小面额货币硬币化，调增发行基金铺底库存，加大发行基金储备。改革了发行基金调拨管理体制，开展了跨行政区划就近调拨发行基金。

　　坚持统一的货币发行权。人民币由中国人民银行依法统一印制、发行、销毁。1948年12月1日，中国人民银行在河北省石家庄市成立，同日开始发行统一的人民币。为了进一步健全我国货币制度，中国人民银行自1955年3月1日起发行第二套人民币，收回第一套人民币。1962年4月17日，中国人民银行发布《关于发行棕色伍元券和枣红色壹角券的通告》，4月20日，发行枣红色壹角券，标志着第三套人民币的发行。第四套人民币于1987年4月27日开始陆续发行。1999年10月1日，在中华人民共和国成立50周年之际，根据中华人民共和国国务院第268号令，中国人民银行陆续发行第五套人民币。2003年12月，中国人民银行公布了《中国人民银行残缺污损人民币兑换办法》，对残缺、污损人民币的兑换标准再次作了明确具体的规定。

发展货币文化。纪念币是依据国家重大政治、经济、历史、文化等内容，具有特定主题、限量发行的法定货币，包括普通金属等值可流通和贵金属不等值纪念币两大类。1984年，中国人民银行发行了成立35周年普通纪念币，之后陆续发行了国内外重大事件系列、领袖人物系列等多种题材的普通纪念币。贵金属纪念币的发行比普通纪念币早5年。1979年，在中华人民共和国成立30周年之际，中国人民银行发行了该题材的纪念金币一套。30年来，中国人民银行共发行了涉及政治、经济、军事、科技、文化、历史、体育等十大系列1500多个品种的贵金属纪念币。

1980年4月1日，根据中国改革开放和贸易形势的需要，国务院授权中国银行发行外汇兑换券。外汇券是一种含有外汇价值的人民币票券，不是一种货币，只能在指定的范围内与人民币等值使用。随着中国经济改革开放的快速发展，外汇券的做法已经影响外汇和人民币管理系统，中国银行1994年1月1日奉命停止发行外汇兑换券，从1995年1月1日起，外汇兑换券停止流通。

打击货币犯罪活动。人民币是国内的法定货币。《中华人民共和国刑法》、《中华人民共和国中国人民银行法》、全国人大常委会通过的《关于惩治破坏金融秩序犯罪的决定》、中国人民银行公布的《中国人民银行假币收缴、鉴定管理办法》、最高人民法院发布的《关于办理伪造国家货币、贩运伪造的国家货币、走私伪造的货币犯罪案件具体应用法律的若干问题解释》等法律法规的颁布实施，有效地保护了人民币的安全运行。经国务院批准，1994

年11月，建立了由中国人民银行和各有关单位参加的"国务院反假货币工作联席会议"制度，各省、自治区、直辖市建立了相应的联席会议制度。全国形成了反假货币工作的组织机构体系，反假货币工作已纳入法制轨道。

人民币是非自由兑换货币。1993年1月，国务院发布新的《中华人民共和国国家货币出入境管理办法》，授权中国人民银行确定国家货币出入境限额。1993年2月，中国人民银行发布《关于国家货币出入境限额的公告》；2004年11月，中国人民银行又根据新的形势发布了调整人民币出入境限额的公告。

人民币与香港特别行政区货币、澳门特别行政区货币。1993年，香港政府批准了中国银行参与发钞的申请，并通过了有关法律文件，从而使中国银行成为除汇丰银行和渣打银行之外的第三家发钞银行。1994年5月2日，中国银行开始在香港发行港元钞票。1997年7月1日，香港回归祖国，香港特别行政区成立。按照《中华人民共和国香港特别行政区基本法》的规定，香港特别行政区政府自行制定货币金融政策，保障金融企业和金融市场的经营自由，并依法进行管理和监督；港元为香港特别行政区法定货币，继续流通；港元的发行权属于香港特别行政区政府。人民币与港元是在一个主权国家的不同社会经济制度区域内流通的两种法币，它们所隶属的货币管理当局按照各自的货币管理方法发行和管理货币。1905年9月4日，澳门政府授权葡萄牙大西洋银行澳门分行，由其代表政府发行澳门货币，称澳门元。1906年初，澳门元正式流通。1980年，澳门政府成立了澳门发行机构（IEM）。根据IEM与大西洋银行的协议规定，大西洋银行只代理发行纸币，硬币的发行则由IEM负责。1989年7月1日，成立澳门货币暨汇兑监理署（AMCM），同时撤销IEM，但AMCM未被授予货币发行权。为此，澳门政府直接与大西洋银行签订协议，授权其发行澳门元，协议期限至1995年10月15日为止。随着中葡两国政府关于澳门问题联合声明的签署，澳门正式进入政权移交过渡期。为保证澳门货币的发行顺利过渡到1999年以后，中葡联络小组于1993年开始讨论中国银行澳门分行发钞问题。经协商，澳门政府于1995年宣布，大西洋银行和中国银行澳门分行共同享有发钞权。1999年12月20日，澳门回归中国，澳门特别行政区成立。AMCM易名为澳门金融管理局（AMM）。

（二）国库服务体系进一步完善

1994年颁布的《中华人民共和国预算法》，明确中央国库业务由中国人民银行经理。1995年颁布并于2003年修订的《中华人民共和国中国人民银行法》进一步明确中国人民银行经理国库的职能。中国人民银行经理国库体制的确立，使人民银行由受政府委托代理国库业务转为依法经理国库。1998年，全国各级国库陆续对外公开挂牌。经过多年来的建设，基本构架起了以中国人民银行为主导，商业银行、信用社为补充，较为完整的国库组织体系。

1985年，我国中央总金库开始建立计算机网络系统。到1998年，全国省级国库电子网络覆盖面已达100%，省内分库与中心支库联网达到90%，少数地区已全部实现省、地、县三级联网。1998年，中国人民银行开发了全国统一的国库会计核算程序。2001年以来，全国国库系统推广应用了统一的国库会计核算系统。2003年以来，中国人民银行建立了以支付系统为核心、同城票据交换和国库内部往来为补充、相对独立的国库资金清算体系。2005年，中国人民银行推行了预算收入汇划报解新模式，大大加速了资金的汇划速度，国库资金汇划报解基本实现"零在途"。目前,国库信息化建设取得显著成效。以国库会计核算系统(TBS)、国库会计核算数据集中系统(TCBS)、财税库银横向联网系统(TIPS)和国库管理信息系统(TMIS)为技术支撑的现代国库管理体系初步形成,实现了国库业务的电子化、网络化、统一化、规范化。截至2011年末,全国共有33个省(自治区、直辖市、计划单列市)的229家金融机构接入TIPS;通过TIPS累计办理缴库业务金额达7.18万亿元,年均增长86%。

截至2011年末,全国共办理国库直接支付业务4134万笔,金额达335.85亿元。2006年至2010年,共查出商业银行延压预算收入19.7万笔,金额达470.28亿元,挪用财政性资金9902笔,金额达8.38亿元;清理商业银行为征收机关开立的各类不合规过渡性账户5239户,涉及金额80.23亿元。规范国债承销机构管理,建立了良好的国债发行激励机制,并努力提高国债管理水平。"十一五"期间,共组织国债承销机构顺利发行储蓄类国债10691.07亿元,办理储蓄类国债兑付11000亿元。稳步推进中央国库现金管理,初步建立了货币政策调控与国库资金管理相协调的国库现金管理制度框架。从2006年至2012年6月末,中国人民银行共实施国库定期存款操作47期,累计投放资金16996.4亿元,预计到期收益约339亿元。"十一五"期间,中国人民银行加强国库现金管理对市场流动性、货币政策、宏观经济等方面影响的研究。国库统计报表体系不断完善,报表内容和品种不断增加,进一步提高了国库统计数据的参考利用价值。

(三)加快金融信息化建设

中国人民银行专门行使中央银行职能以后,即开始加强了金融电子化、信息化建设。1988年7月,中国人民银行成立了中国金融电子化公司。1991年,中国人民银行总行成立金融科技司;

1994年，又将金融科技司更名为支付与科技司。

20世纪90年代以来，中国人民银行从制定和实施货币政策、金融监管和支付清算等基本职能需要出发，确立了加快金融数据通信网络以及支付清算系统和信息系统建设的电子化建设总体思路。1996年中国人民银行组织各家商业银行与邮电部共同投资、联合建设金融数据通信网地面骨干网，到1997年，实现了全国200个地市以上城市的全网联通。2009年，通过"金宏"工程的建设，进一步整合中央银行行内和行外金融数据，加大了部门间数据共享和分析的力度。

"十一五"期间，金融业信息化建设由分散走向集中，数据集中成为信息化发展的主要趋势。这一时期，金融标准逐渐渗透到经济金融活动的各个层面，我国金融标准化也呈现出跨越式发展趋势。2006年至2010年，中国人民银行组织金标委共发布实施金融国家标准29项，金融行业标准52项，分别占全部出台的金融国家标准和行业标准70.73%和64.2%。2010年，首次发布《中国金融标准化报告》，对我国金融标准化工作进行了全面总结和分析。2011年成立金融统计标准化工作领导小组，发布了《中国人民银行调查统计司关于金融统计标准研究工作流程的指导意见》和《中国人民银行关于贯彻落实金融统计标准工作的指导意见》。

2009年7月，人民币跨境收付信息管理系统上线运行。2009年10月，电子商业汇票系统投入运行。国家外汇管理局推广了直接投资外汇业务信息系统境外投资模块，实现了中国对境内企业境外投资外汇业务全面监督管理和联网操作。新一代外汇交易系统（三期）、新一代本币交易系统上线运行，提高了中国外汇交易的自动化水平。全国推广《中央银行会计核算电子对账系统》，实现了中国人民银行与开户单位之间的电子化对账。中国人民银行电视会议系统改造顺利完成。中国人民银行数据中心投产运行，完成了数据大集中等系统架构优化工作。按照"规范现行、架构管控"的技术管理体系开展应用系统建设，完成支付类、国库类、统计类、征信类、办公类等十三类应用系统的建设和部署，应用系统建设基本覆盖中央银行各业务领域，面向中国人民银行、国家部委、金融机构和全国公众提供服务，与中国人民银行联网的机构多达5600家，联通的银行网点20多万个，中国人民银行的网络和信息系统成为金融业重要的基础设施。

（四）金融人才建设取得积极成效

我国金融人才建设成效显著，人才招录、聘任、使用、薪酬机制等方面创新步伐加快，金融业海外高层次人才引进工作大力推进，高端人才建设初见成效。2010年5月，全国人才工作会议召开以后，中国人民银行专门召开了人才工作会议，传达全国人才工作会议和国家人才规划精神，结合当前及今后一段时期金融改革发展的形势任务，部署实施了"人才强行"战略，提出加快建设一支适应新形势下中央银行履职需要的学习型、研究型、专家型、务实型、开拓型的干部人才队伍目标。为在金融领域有效贯彻落实国家人才规划，2011年1月，中国人民银行会同中国银监会、中国证监会、中国保监会，共同制定印发了《金融人才发展中长期规划（2010—2020年)》，明确了今后10年人才发展的战略目标、指导方针和重大政策。

第十二章 应对国际金融危机和提升金融竞争力（2007—2011年）

第一节 加强宏观调控和妥善应对国际金融危机

国际金融危机爆发以来，在党中央、国务院的领导下，中国人民银行始终注意在危机发展演变的不同阶段把握好政策的取向和力度，货币政策适时适度调整，不断扩大应对危机冲击的成果，处理好保增长、调结构与稳物价之间的关系。在危机冲击最严重时果断实施适度宽松的货币政策，对提振信心、扩大内需、促进经济回升发挥了重要作用；在国内经济向好势头逐步巩固后及时转向并回归稳健，总体保持了经济平稳较快发展的势头，物价涨势得到有效控制。

一、根据形势需要适时调整货币政策

从2007年初开始，美国次贷危机逐步升级，进而引发了一场全球金融动荡。2008年7月后，国际金融危机蔓延加剧，导致中国出口萎缩，总需求疲软。中国人民银行及时调整了货币政策的方向、重点和力度，按照既要保持经济平稳较快发展、又要控制物价上涨的要求，引导金融机构扩大信贷总量，增加对地震灾区、

"三农"和中小企业的信贷支持。2008年9月以后，国际金融形势急剧恶化，对中国经济的冲击明显加大。2008年11月5日，温家宝总理主持国务院常务会议，明确提出要实施积极的财政政策和适度宽松的货币政策，要求"出手快、出拳重、措施准"，积极扩大内需，促进经济增长，迅速推出4万亿元刺激经济的一揽子计划。随后，国务院又陆续公布了落实适度宽松货币政策的9条措施和30条具体措施。中国人民银行自2008年第三季度后4次下调存款准备金率，5次下调金融机构存贷款基准利率，适时调整公开市场操作力度，暂停发行3年期中央银行票据，降低1年期和3个月期中央银行票据发行频率，保证流动性供应，促进经济回暖。

2008年末，广义货币M_2余额47.5万亿元，同比增长17.8%，比上年提高1.1百分点；人民币贷款余额30.3万亿元，同比增长18.8%，比上年同期高2.7个百分点；全年贷款增加4.9万亿元，同比多增1.3万亿元。2008年，我国国内生产总值（GDP）同比增长9%，高出2008年世界经济2.5%的平均增速6.5个百分点；居民消费价格（CPI）涨幅逐渐回落，全年上涨5.9%。

2009年，世界经济逐步从波动中缓慢复苏，中国经济持续向好回升。但是世界经济复苏的基础仍比较薄弱，同时，我国经济社会发展仍然面临严峻挑战。我国面临的深层次问题并没有得到根本性解决，国内内需回升的基础还不平衡，民间投资和内生增长动力尚待强化，持续扩大居民消费、促进经济发展方式转变和经济结构优化的任务还很艰巨。2009年，面对国际金融危机的严重冲击，中国人民银行按照党中央、国务院的统一部署，认真贯彻适度宽松的货币政策，十分重视信贷平稳、可持续增长和防范金融风险，前瞻、灵活地调整政策的重点、力度和节奏，通过"窗口指导"、风险提示、公开市场操作等多种方式，保持银行体系流动性充裕，引导金融机构扩大信贷投放，优化信贷结构，加强金融风险防范，加大金融支持经济发展的力度。总体上，适度宽松的货币政策得到了有效传导，对扩大总需求、支持经济回升、遏制年初的通货紧缩预期发挥了重要作用。

2010年，中国人民银行按照中央经济工作会议精神和国务院统一部署，根据新形势、新情况，不断提高政策的针对性和灵活性。在通货膨胀压力上升的情况下，以稳定物价为首要任务，逐步转向稳健货币政策，综合运用货币政策工具，加强金融宏观调控，引导货币条件从应对危机状态向常态回归。中国人民银行于2010年4月初适时重启3年期中央银行票据发行，与1年期以内的操作品种相配合，灵活调节银行体系流动性；先后6次上调存款准备金率，2次上调存贷款基准利率。我国经济增长率从2009年第一季度6.1%的低谷回升到2010年的10.3%，GDP达到39.8万亿元，超越日本成为全球第二大经济体；CPI同比上涨3.3%。

2011年前三个季度，面对通货膨胀压力不断加大的形势，中国人民银行实施稳健的货币政策，综合、交替使用数量型工具和价格型工具以及宏观审慎政策工具，先后6次上调存款准备金率，3次上调存贷款基准利率，灵活开展公开市场操作，实施差别准备金动态调整，引导货币信贷增长平稳回调。进入10月以后，针对欧洲主权债务危机继续蔓延、国内经济增速放缓、价格涨幅逐步回落等形势变化，暂停发行3年期中央银行票据，下调存款准备金率0.5个百分点，调整优化差别准备金动态调整机制有关参数，引导金融机构加大对小型微型企业、"三农"和国家重点在建续建项目的信贷支持。

总体看，稳健货币政策实施成效逐步显现。2011年末，广义货币供应量M_2余额为85.2万亿元，同比增长13.6%，增速比上年低6.1个百分点。狭义货币供应量M_1余额为29.0万亿元，同比增长7.9%，增速比上年末低13.3个百分点。流通中货币M_0余额为5.1万亿元，同比增长13.8%，增速比上年末低2.9个百分点。2011年现金净投放6161亿元，同比少投放214亿元。2011年末，全部金融机构本外币贷款余额为58.2万亿元，同比增长15.7%，增速比上年末低4.0个百分点，比年初增加7.9万亿元，同比少增3779亿元。2011年末，人民币贷款余额为54.8万亿元，同比增长15.8%，增速比上年末低4.1个百分点，比年初增加7.47万亿元，同比少增3901亿元。2011年，实现国内生产总值（GDP）47.1万亿元，同比增长9.2%，居民消费价格指数（CPI）同比上涨5.4%。国民经济朝着宏观调控的预期方向发展。

二、执行宏观审慎政策和保障经济金融稳定运行

2008年国际金融危机爆发后，构建宏观审慎政策框架成为国际金融改革的重点之一。宏观审慎政策是指以防范系统性金融风险为目标，主要采用审慎工具，以必要的治理架构为支持的相关政策。宏观审慎政策是宏观的、逆周期的政策，目的是更好地防范和管理跨时间维度和跨行业维度的整个金融体系的风险，解决金融体系顺经济周期性和系统性风险集中的问题。

我国高度重视加强宏观审慎管理，在宏观审慎管理政策的制定和实施方面进行了有益探索。实施差别准备金动态调整措施，探索建立逆周期资本缓冲和系统重要性附加资本要求，提高资本质量和流动性水平，在会计准则、建立中央交易对手方面积极向国际标准靠拢等。

中国人民银行按照党中央、国务院的统一部署，加强与中国银监会、中国证监会和中国保监会之间的信息共享与合作，密切关注国内金融机构经营状况。根据形势变化及时启动保障经济金融稳健运行的各项应对预案，加强国际协作，应对金融危机的不确定性冲击。高度重视从防范系统性风险的角度增强宏观调控弹性，运用信贷政策、差别准备金动态调整、住房抵押贷款按揭成数等手段加强审慎管理，引导货币信贷平稳增长，取得了较好的成效。

第二节 金融深化改革和转变发展方式

一、深入推进外汇管理体制改革

我国外汇管理理念和方式加快转变，跨境贸易和投资便利化加快实施。进一步完善经常项目外汇管理，提高贸易便利化程度；改变"宽进严出"的管理模式，实行资金流入流出均衡管理，逐步使资金双向流动的条件和环境趋于一致；调整"内紧外松"的管理格局，逐步减少对内资、外资的区别待遇，创造公平竞争的市场环境；转变"重公轻私"的管理观念，规范居民个人和非居民个人外汇收支；减少行政管制，外汇管理逐步从直接管理转向主要监管金融机构的间接管理，从主要进行事前审批转向主要依靠事后监督管理。在外汇储备规模逐步扩大的情况下，不断加强和改进外汇储备经营管理，拓展多元化投资，确保外汇储备资产总体安全、流动和保值增值。

2010年，开展进口付汇核销改革试点，并在全国范围内推广，合规企业的正常进口付汇业务无须再办理现场核销手续，便利了企业贸易对外支付。不断简化服务贸易真实性审核程序，扩大免于提交税务凭证的范围。对个人结汇、境内个人购汇实行等值5万美元年度总额管理。强制结售汇制度被取消，境内市场主体经常项目外汇收入可自主保留。扩大境外放款主体和境外放款的资金来源，简化相关核准和汇兑手续。完善对外担保管理，有力支持境内机构"走出去"。人民币资本项目可兑换继续推进。稳步实施合格境外机构投资者（QFII）制度和合格境内机构投资者（QDII）制度，促进资本双向流动。截至2010年末，累计批准97家QFII机构共计197.2亿美元额度；累计批准90家QDII机构投资额度共计696.61亿美元。2011年，共批准23家QFII境内证券投资额度19.2亿美元，15家QDII境外证券投资额度52.9亿美元。在国际货币基金组织划分的七大类共40项资本项目交易中，除跨境金融衍生工具交易等仍严格管制外，其他项目已实现一定程度可兑换。

二、深化大型商业银行改革

为巩固改革发展成果，深化改革和加快金融创新，中国人民银行协调有关部门先后出台营业税减免、监管费减免和差别化存款准备金率等支持政策。大型商业银行深化组织机构扁平化改革、事业部制和流程银行改革；完善公司治理机制，提高董事会的独立性和专业性；加大内部评级法的开发力度，积极准备实施《巴塞尔新资本协议》，增强资本约束意识，逐步提高资本质量，不断提高决策水平和效能，全面提升风险管理和内部控制水平。截至2011年末，中国工商银行、中国银行、中国建设银行和交通银行的资本充足率分别为12.0%、12.5%、12.4%和12.1%，不良贷款率分别为1.09%、1.20%、1.01%和1.13%，税后利润分别为1564亿元、995亿元、1333亿元和418亿元。

2008年，中国人民银行会同有关部门抓紧研究论证农业银行改革方案，稳步推进各项改革工作。2008年10月，国务院召开第32次常务会议审议并原则通过了《农业银行股份制改革实施总体方案》；中投公司通过汇金公司向农业银行注资1300亿元人民币等值的美元。2008年11月，财政部下发了《财政部关于中国农业银行不良资产剥离有关问题的通知》，同意中国农业银行对可疑类、损失类不良资产和绝大部分非信贷不良资产进行剥离。中国农业银行相继完成了资产评估、土地确权和不良资产剥离等工作；同时，逐步扩大县域事业部制改革试点，增加对"三农"的信贷支持。2009年1月，中国农业银行股份有限公司创立大会暨第一次股东大会在北京召开，"三会一层"的公司治理架构初步设立。1月16日，中国农业银行股份公司在人民大会堂举行开业仪式。中国农业银行股份有限公司注册资本为2600亿元，财政部、汇金公司各持有50%的股份。中国农业银行积极探索"面向三农"和"商业运作"相结合的有效途径，稳步推进"三农"金融事业部改革，于2010年5月选择四川、重庆、湖北、广西、甘肃、吉林、福建、山东8个省（自治区、直辖市）进行深化改革试点，并于2011年9月将黑龙江、河南、河北和安徽纳入扩大改革试点范围，构建一整套有别于城市业务的体制机制和运营模式，促进"三农"金融业务的决策重心下沉，调动县域支行面向"三农"的积极性，为"三农"和县域业务发展提供有力的体制机制保障；不断增加涉农信贷投放，加强和改进"三农"金融服务。改革后，中国农业银行资产规模逐步扩大，财务状况显著改善。2010年7

月15日、16日，中国农业银行股票分别在上海证券交易所和香港联交所挂牌上市，共募集资金221亿美元。以中国农业银行股改上市为标志，大型商业银行顺利完成股份制改革，实现由国有独资银行向股权结构多元化的公众持股上市银行的历史转变。积极推进中信集团整体改制，中信集团有限公司和中信股份有限公司已于2011年12月召开创立大会。

2011年末，银行业金融机构总资产为113.28万亿元，同比增长18.90%。其中，大型商业银行总资产53.63万亿元，占比47.30%；不良贷款余额为2996亿元，不良贷款率为1.10%。

三、政策性金融机构改革取得新进展

（一）国家开发银行商业化转型成效显著

2006年12月，中央经济工作会议要求深化政策性银行改革，重点是推进国家开发银行改革。2007年1月，全国金融工作会议明确指出，政策性银行改革坚持"分类指导、一行一策"的原则，首先是推进国家开发银行改革，按照建立现代金融企业制度的要求，全面推行商业化运作，实现自主经营、自担风险、自负盈亏。2007年12月，汇金公司向国家开发银行注资200亿美元，拉开了国家开发银行商业化改革的序幕。2008年12月，召开了国家开发银行股份有限公司创立大会，按照《中华人民共和国公司法》的要求，产生了新一届董事会、监事会、高管层等；经国务院同意，中国银监会正式批复国家开发银行以发起设立的方式进行改制，设立国家开发银行股份有限公司。2008年12月16日，国家开发银行股份有限公司正式挂牌成立，注册资本为3000亿元，财政部和中央汇金公司作为发起人分别占51.3%和48.7%的股份。国家开发银行股份有限公司依法继承原国家开发银行的全部资产和负

债，主要从事中长期信贷与投资等金融业务，为国民经济重大中长期发展战略服务。国家开发银行改制后，稳步推进风险管理和内部控制等制度建设，完善运作机制，逐步转型为资本充足、内控严密、运营安全、服务优质、效益良好、创新能力和竞争能力强的商业银行。2009年8月末，国家开发银行设立的国开金融有限责任公司挂牌成立。国开金融有限责任公司的成立，标志着国家开发银行商业化改革的进一步深化。2010年8月，国开证券有限责任公司在北京成立，组织架构不断完善。截至2011年末，国家开发银行资产总额突破6万亿元，不良贷款率为0.4%。

(二) 其他政策性金融机构改革深入进行

随着我国对外开放深入发展，中国进出口银行积极运用国内国际两个市场、两种资源，坚持"引进来"与"走出去"相结合的对外开放战略，遵循"以政策为导向、以客户为中心"的原则，加快内部管理改革，提高内部控制和风险管理水平，积极进行金融创新探索。2009年3月，中国人民银行会同有关单位和部门成立了中国进出口银行和中国出口信用保险公司改革工作小组，围绕政策性功能定位、业务范围、国家注资、公司治理和内部改革、章程修订、外部监管、协调机制、配套改革措施等主要问题进行了一系列调研，并对一些国家同类机构的具体实践进行了比较研究，在此基础上按照建立现代金融企业制度的改革方向和原则，拟定了中国进出口银行的改革实施总体方案及其章程的修订草案，改革的总体思路已经国务院原则同意。中国出口信用保险公司改革实施总体方案获得国务院批准，200亿元注资已经到位，改革方案正在进一步落实。成立中国农业发展银行改革工作小组，建立相关工作协调机制，明确了推进改革的重点工作和任务分工。中国农业发展银行也不断深化内部改革，加强风险管理和内控机制建设，稳步开展新业务，为全面改革创造条件。金融资产管理公司改革工作稳步推进。财政部牵头有关部门成立了金融资产管理公司改革发展工作小组，中国人民银行作为小组成员之一，积极配合财政部研究、推进资产管理公司改革工作。2010年，信达资产管理公司改革试点方案率先获得国务院批准，于6月底挂牌成立股份有限公司。2012年3月，信达资产管理公司成功引入社保基金、瑞银集团、中信资本控股有限公司和渣打银行四家境内外战略投资者。2012年1月，华融资产管理公司转型改制方案获得国务院批准。此外，东方资产管理公司、长城资产管理公司也在加快推进内部改革，为商业化改革积极做好准备。

四、农村金融改革取得重大进展

2009年以来，财政部和国家税务总局实施和完善了农村金融机构定向费用补贴政策、县域金融机构涉农贷款增量奖励政策、金融机构农户小额贷款税收优惠政策、农业保险保费补贴试点等。中国人民银行和中国银监会于2010年9月印发《关于鼓励县域法人金融机构将新增存款一定比例用于当地贷款的考核办法（试行）》，并于2011年开始考核。2011年，全国已兑付专项票据的县（市）农村信用社达到2311个，兑付额度为1683亿元，占发行票据总额的99%以上。为了巩固改革成果，从2011年开始，中国人民银行对已兑付票据的农村信用社的改革成效进行监测考核，并分类实施了激励约束措施。2011年3月末，对同时达到新增存款一定比例用于当地贷款、政策考核标准和专项票据兑付后续监测考核标准的425个县（市）农村信用社安排增加支农再贷款额度195.4亿元，期限1年；对达到专项票据兑付后续监测考核标准的农村信用社，在支农再贷款、再贴现等方面适当加大政策支持力度；对考核不达标的农村信用社，采取一定的约束措施。上述政策的实施，对激励农村信用社进一步深化改革，引导扩大涉农信贷投放发挥了重要作用。农村信用社改革取得明显成效，资产质量和经营财务状况显著改善，资金实力和支农信贷投放大幅增长。按照贷款五级分类口径统计，2011年末，全国农村信用社不良贷款比例为5.5%，比上年末下降1.9个百分点；资本充足率为10.7%，比上年末提高2个百分点；资产利润率为1%，比上年末提高0.28个百分点。2011年全国农村信用社新增涉农贷款和农户贷款分别为7374亿元和3093亿元，期末余额同比增长19%和15%。2011年末涉农贷款余额占各项贷款的比例为68.9%，比上年末提高0.5个百分点。农村金融机构产权制度改革稳步推进。截至2011年末，全国共组建以县（市）为单位的统一法人农村信用社1882家，农村商业银行212家，农村合作银行190家。截至2011年末，全国已组建新型农村金融机构786家，其中，村镇银行726家，贷款公司10家，农村资金互助社50家。截至2011年末，全国共有小额贷款公司4282家，贷款余额3915亿元。

五、保险业加快转变发展方式

为应对国际金融危机，在危机中捕捉发展新机遇，2008年8月，中国保险业提出了全方位多层次推进结构调整的目标。2009年初，中国保监会专门下发了《关于加快业务结构调整进一步发挥保险保障功能的指导意见》，要求坚定不移地推进结构调整，转变保险业发展方式，提高服务经济社会的效能。结构调整既是应对金融危机的有效手段，也是保险业实现自身良性发展的客观要求，更是提升保险业服务经济社会发展能力的重要保障。推进保险业结构调整，关键是进一步明确保障型业务作为保险业发展主业的地位，推动行业大力发展风险保障型和长期储蓄型等体现保险行业自身优势的业务，满足被保险人的真实保险需求和服务经济社会大局。

近年来，中国保险业深入贯彻落实科学发展观，坚持"想全局，干本行、干好本行、服务全局"，行业转变发展方式的成效逐步显现，较好地发挥了经济补偿和社会风险管理功能。加快国有保险公司改革步伐。鼓励保险公司结合自身优势走差异化发展道路，实现从价格、规模竞争转向产品、服务和管理质量的理性竞争，增强盈利能力。逐步调整业务结构，积极发展满足消费者需求、体现核心优势的保障型业务。扩大保险覆盖面，大力发展农业保险、养老保险、医疗保险、健康保险，配合农业发展战略、社会保障体系和城镇化建设；加快建立巨灾保险体系，有效防范重大自然灾害对社会经济和保险业造成的系统性风险。

"十一五"期间，全国保费收入持续稳定快速增长，年均增长达26.5%；保险公司累计赔付支出1.3万亿元，是"十五"期间的3倍。保险业资产积累的速度明显加快，特别是近3年以每年约1万亿元的速度在增加。2011年末，保险业总资产达到6.01万亿元。2011年，全国保费收入为1.43万亿元，赔付支出为0.39万亿元，资金运用为5.55万亿元。保险业对经济社会发展和人民群众生产生活的风险保障能力大幅提升。

第三节　加强国际金融合作和参与应对国际金融危机

我国金融系统按照党中央、国务院的战略部署，坚持深化金融对外开放，把握好对外开放的时机、力度和节奏，着力提升我国在国际金融事务中的话语权及影响力，为顺利推进我国经济体制改革营造有利的国际环境。

一、积极参与国际金融事务，国际地位及影响力日益提高

中国人民银行配合我国总体外交战略，全方位、多层次、灵活务实地开展金融对外交流与合作。利用各种场合加强与主要国家的经济金融政策对话，增信释疑，加强政策协调。2003年以来，多次参加西方七国集团（G7）的财政/央行部长级或副部长级对话；积极参加与美国、日本、欧元区等五方关于全球失衡的国际货币基金组织多边磋商；继续在G7+1、二十国集团（G20）和其他多边组织框架下积极开展对话。国际金融危机爆发后，中国通过国际货币基金组织资金交易计划以中国已认缴份额参与国际货币基金组织危机救助，于2009年9月与国际货币基金组织签署了500亿美元的票据购买协议并于2012年6月宣布参与国际货币基金组织增资430亿美元，为国际货币基金组织提供应急资金支持。此外，积极参与国际货币基金组织和世界银行的"金融部门评估规划"（FSAP），继续支持国际货币基金组织的减贷减债事业。同时积极推动"清迈倡议"多边化及其项下的储备库建设，为区域经济金融稳定提供资金支持。

利用二十国集团多边合作平台，积极参与全球经济治理。2008年11月，第一次二十国集团领导人峰会在华盛顿召开，中国国家主席胡锦涛代表中国出席会议。此后，我国作为二十国集团成员国之一，参加了历次峰会。就全球经济复苏及危机应对加强与各方的协调合作，为全球稳定与增长作出贡献；同时有力地宣传了我国为维护经济和金融稳定实施的重大举措，引导全球合作

方向，维护我国利益。

积极参与国际货币基金组织改革，提升我国发言权及影响力。推动国际货币基金组织份额改革。2001年至今，通过数次特别增资促使我国在国际货币基金组织份额增至6.394%，排名上升至第三位。推动国际货币基金组织监督改革，促使国际货币基金组织执董会推出整合多边和双边监督、从汇率监督转向对各项宏观政策的全面监督的新监督决定。在争取国际货币基金组织高管职位上取得进展。推动国际货币体系改革。金融危机爆发后，就建立超主权货币、改革特别提款权（SDR）货币篮子等相继提出主张，促成二十国集团戛纳峰会在建立更稳定和更有弹性的国际货币体系上达成共识。

本轮国际金融危机后，二十国集团、金融稳定理事会（FSB）等国际组织在深刻反思危机成因和教训的基础上，陆续出台了一系列国际金融监管改革相关标准及原则。积极参与国际规则制定，深度介入国际清算银行（BIS）、金融稳定理事会及巴塞尔银行监管委员会（BCBS）等国际金融组织和国际标准制定机构的工作，在对外参与各项标准制定和修改方面取得成效。2006年7月，国际清算银行增选中国人民银行行长周小川为该行董事会董事，陆续加入30人小组（G30）、国际货币基金组织外部融资名人委员会、世界银行增长与发展委员会；加入欧亚反洗钱组织和金融行动特别工作组（FATF）。

中国银监会积极开展与银行业监管相关的双边、多边国际交流与合作活动。中国银监会已与美国、英国、加拿大、德国、法国、韩国、新加坡、越南、吉尔吉斯斯坦、巴基斯坦、爱尔兰、波兰、意大利、菲律宾、俄罗斯、中国香港、中国澳门等国家和地区的金融监管当局签署了双边监管合作谅解备忘录和监管合作协议。中国银监会还与部分国家和地区的金融监管当局建立了定期磋商机制，共同探讨国际监管热点、难点问题，加强信息交流。中国银监会保持与世界银行、国际货币基金组织、巴塞尔银行监管委员会、环太平洋中央银行组织、东新澳中央银行组织等国际或地区性监管组织或金融机构的联系；积极参加巴塞尔银行监管委员会、环太平洋中央银行组织和东新澳中央银行组织下设的银行监管工作组的研究工作和会议。2009年3月，巴塞尔银行监管委员会决定吸收包括中国在内的7个新兴市场国家新成员，中国人民银行和中国银监会成为巴塞尔委员会的正式成员。2009年11月，中国银监会在北京召开中国工商银行监管（国际）联席会议，10个国家和地区的11个监管机构的19名代表出席会议。此次会议是我国金融监管史上的第一次监管（国际）联席会议，为跨境监管协调进行有益探索，积累宝贵经验。

中国证监会加强证券监管的国际合作。经国务院批准，2004年6月，中国证监会国际顾问委员会成立。中国证监会与境外证券期货监管机构、国际证监会组织（IOSCO）以及其他国际组织的交流与合作不断加强。2006年6月，中国证监会主席尚福林当选国际证监会组织执委会副主席，并在2008年和2010年两次连任该职务。成为IOSCO成员以来，中国证监会一直积极并不断深入地参与IOSCO的各项活动，包括参与IOSCO执行委员会战略方向改革讨论、国际证券期货监管标准的制定、担任新兴市场委员会下设工作组的主席等。中国证监会与30多个国家和地区的证券期货监管机构签署了多个双边合作备忘录，相互提供跨境调查协助，开展人员交流与研究合作。在国际金融危机不断深化的背景下，中国证监会始终配合和参与其他部委所牵头的历次二十国集团金融峰会和金融稳定理事会有关工作，在积极研判国际经济金融形势、深入研究欧美国家金融监管体制、认真分析国际金融危机和金融监管改革对我国影响的基础上,积极参与历次峰会中国立场文件的起草、峰会议题的讨论以及中国承诺的落实,特别是就推进国际金融监管合作、扩大金融监管范围、强化金融市场风险管理、改进金融企业薪酬机制等提出意见和建议。

中国保监会加强国际保险监管交流与合作。我国作为国际保险监管者组织的成员,定期参加该组织的会议和论坛,参与国际保险规则的拟定,加强与其他国家保险监管机构的联系与合作。我国还与外国保险监管机构签订双边监管合作协议,形成制度化的监管合作和安排。中国保监会已先后与新加坡、德国、美国、韩国等签署了保险监管谅解备忘录,谅解备忘录的签署对于加强双边保险业交流合作,完善高层对话机制,研讨两国保险市场的发展趋势和监管政策的制定,以及推动双方保险监管经验技术的交流都起到积极的促进作用。2010年12月,中国保监会作为东道主在北京发起召开首次保险监管国际联席会议,来自法国、德国、美国等11个国家和地区的保险监督官出席会议。

二、区域金融合作不断深化

我国充分利用东盟与中日韩(10+3)财长和央行行长会议、东亚及太平洋地区中央银行行长会议(EMEAP)、东南亚中央银行组织(SEACEN)等合作磋商机制,深化与区域内相关国家金融合作。2004年,正式加入西非开发银行;以准会员身份加入伊斯兰金融服务委员会(IFSB);成功举办2007年非洲开发银行集团理事会年会;2009年1月,加入泛美开发银行集团,借助多边开发机构提升我国在非洲拉美地区影响力。积极参与中美战略经济对话(SED)、中美战略与经济对话(S&ED)、中日经济高层对话、中俄金融合作分委会、中欧央行工作组等双边磋商协作。与境外央行双边本币互换及结算工作顺利实施。2008年以来，中国人民银行先后与韩国、马来西亚、中国香港、白俄罗斯、阿根廷、印度尼西亚、冰岛、新加坡、新西兰、乌兹别克斯坦、蒙古、哈萨克斯坦、泰国、巴基斯坦、阿联酋、土耳其、澳大利亚、乌克兰等18个国家和地区的中央银行或货币当局签署了双边本币互换协议。2002—2009年，中国人民银行先后与越南、蒙古、老挝、尼泊尔、俄罗斯、吉尔吉斯斯坦、朝鲜、哈萨克斯坦8个国家的中央银行签订了双边边贸本币结算协定，于2010年与2011年分别与白俄罗斯中央银行和俄罗斯中央银行签订了一般贸易双边本币结算协定。2011年12月，中国人民银行在云南省推出人民币对泰铢区域银行间市场交易，这是首例人民币对非主要国际储备货币区域银行间市场交易。经过10年的发展，10+3财金合作在外汇储备库方面取得了一定成果。在2000年5月举行的泰国清迈10+3财长会议上，各方通过了"清迈倡议"，同意建立双边货币互换协议网络。2003年，温家宝总理在10+3领导人会议上首次提出"将'清迈倡议'多边化的倡议"。2010年3月24日，《"清迈倡议"多边化（CMIM）协议》正式生效，总规模为1200亿美元的区域外汇储备库正式成立。2012年5月，在菲律宾马尼拉举行的10+3财长和央行行长会议上，各方就储备库总规模扩大1倍到2400亿美元达成共识，中国（含香港）、日本各出资768亿美元，韩国出资384亿美元，分别占储备库的32%、32%和16%，剩下的20%由东盟10国提供。2009年10月，在第十二次中国与东盟领导人会议上，中国领导人提出设立"中国—东盟投资合作基金"。2010年1月，中国—东盟自由贸易区正式启动，使双方金融合作迎来了新的机遇，展现出广阔的发展前景。

持续推进两岸三地金融合作。逐步开放港澳人民币业务，推动港澳人民币业务范围持续扩大。2009年12月，中国人民银行决定扩大为澳门银行办理人民币业务提供平台及清算安排范围，中国人民银行还与澳门金融管理局签署《补充监管合作备忘录》。2010年7月，中国人民银行与香港金融管理局签订了《中国人民银行与香港金融管理局补充合作备忘录（四）号》。2009年8月，正式开通银联卡台湾受理业务，新台币与人民币的双向兑换业务逐步扩大。根据《海峡两岸金融合作协议》，2010年7月，中国人民银行与中国银行（香港）有限公司签署《关于向台湾提供人民币现钞业务的清算协议》，授权中银香港为台湾地区提供人民币现钞清算服务，为推动建立两岸货币清算机制奠定了基础。2012年8月31日，两岸货币管理机构签署《海峡两岸货币清算合作备忘录》，成为两岸金融合作的又一重要里程碑。

三、人民币跨境使用取得重大进展

2009年7月，中国人民银行、财政部、商务部、海关总署、国家税务总局和中国银监会联合发布《跨境贸易人民币结算试点管理办法》，中国人民银行发布《跨境贸易人民币结算试点管理办法实施细则》。2009年7月，在上海市和广东省广州、深圳、珠海、东莞4城市相继开展跨境贸易人民币结算业务，跨境贸易人民币结算试点工作全面展开。2010年6月，中国人民银行、财政部、商务部、海关总署、国家税务总局和中国银监会联合发布《关于扩大跨境贸易人民币结算试点有关问题的通知》，将跨境贸易人民币结算试点范围扩大至20个省（自治区、直辖市）。跨境贸易人民币结算的境外地域由港澳、东盟地区扩展到所有国家和地区。2011年1月，中国人民银行发布《境外直接投资人民币结算试点管理办法》。2011年8月，中国人民银行会同五部委发布《关于扩大跨境贸易人民币结算地区的通知》，将跨境贸易人民币结算境内地域范围扩大至全国。目前，跨境贸易人民币结算业务范围涵盖货物贸易、服务贸易和其他经常项目人民币结算。为配合跨境贸易人民币结算试点工作，中国人民银行组织开展了人民币跨境投融资结算业务，允许境内机构以人民币进行对外直接投资和境外投资者以人民币到境内开展直接投资。2011年10月，商务部和中国人民银行分别发布《关于跨境人民币直接投资有关问题的通知》、《外商直接投资人民币结算业务管理办法》。自试点开始至2011年末，银行累计办理跨境贸易人民币结算业务2.08万亿元，同比增长3.1倍。2011年末，银行累计办理对外直接投资人民币结算业务201.5亿元，外商直接投资人民币结算业务907.2亿元。

2010年8月，中国人民银行发布《中国人民银行关于境外人民币清算行等三类机构运用人民币投资银行间债券市场试点有关事宜的通知》，允许境外中央银行或货币当局、港澳人民币清算行和境外参加银行等三类机构进入银行间债券市场投资并开始试点工作。2011年10月，中国人民银行发布《中国人民银行关于境内银行业金融机构境外项目人民币贷款的指导意见》，明确了商业银行开展境外项目人民币贷款的有关要求，有力地拓展了人民币输出渠道，支持了企业"走出去"。为拓宽人民币回流渠道，2011年8月，李克强副总理在香港提出"允许以人民币境外合格机构投资者方式（RQFII）投资境内证券市场"。2011年12月，中国证监会、中国人民银行和国家外汇管理局联合发布《基金管理公司、证券公司人民币合格境外机构投资者境内证券投资试点办法》，随后分别发布了相关实施细则。截至2012年1月，首批共计200亿元人民币的RQFII投资额度已分配完毕，共有21家符合条件的试点机构获得了首批试点资格。2012年4月，经国务院批准，RQFII投资额度增加500亿元人民币，专门用于发行人民币A股ETF产品，投资于A股指数成分股并在香港证券交易所上市。

为促进香港人民币业务发展，2007年6月，中国人民银行和国家发展改革委联合颁布《境内金融机构赴香港特别行政区发行人民币债券管理暂行办法》，明确政策性银行和国内商业银行可在香港发行人民币债券。2010年7月，为配合跨境贸易人民币结算试点的扩大，中国人民银行和中银香港再次修改《关于人民币业务的清算协议》，允许符合条件的企业开设人民币账户，允许银行、证券及基金公司开发及销售人民币产品，为在香港发行人民币债券提供了良好的市场环境。2010年2月，香港金融管理局发布《香港人民币业务的监管原则及操作安排的诠释》，宣布放宽在香港发行人民币债券的限制，允许香港当地及海外企业在香港发行人民币债券。截至2011年末，香港累计发行人民币债券2259亿元。

我国在国际经济金融领域的地位和影响力日益提高，金融对外交流与合作的广度和深度不断拓展。通过对外开放，引进国外先进的经营管理技术，努力缩短与国际先进金融机构的差距，增强自身发展活力；通过对外开放，促使我国金融业进一步走向国际市场，接受国际竞争的考验，提高国际竞争力；通过对外开放，引进各类资本，壮大我国金融业整体实力，增强抵御各种风险的能力。

附 录

中国人民银行历任行长

姓 名	性别	任职时间	备注
南汉宸	男	1949年10月—1954年10月	
曹菊如	男	1954年11月—1964年10月	
胡立教（代行长）	男	1964年10月—"文革"期间	
陈希愈	男	1973年5月—1978年1月	
李葆华	男	1978年3月—1982年5月	
吕培俭	男	1982年5月—1985年3月	
陈慕华	女	1985年3月—1988年4月	
李贵鲜	男	1988年4月—1993年7月	
朱镕基	男	1993年7月—1995年6月	
戴相龙	男	1995年6月—2002年12月	
周小川	男	2002年12月—	

中国银行业监督管理委员会历任主席

姓名	性别	任职时间
刘明康	男	2003年3月—2011年10月
尚福林	男	2011年10月—

中国证券监督管理委员会历任主席

姓名	性别	任职时间
刘鸿儒	男	1992年10月—1995年3月
周道炯	男	1995年3月—1997年5月
周正庆	男	1997年5月—2000年2月
周小川	男	2000年2月—2002年12月
尚福林	男	2002年12月—2011年10月
郭树清	男	2011年10月—

中国保险监督管理委员会历任主席

姓名	性别	任职时间
马永伟	男	1998年11月—2002年11月
吴定富	男	2002年11月—2011年10月
项俊波	男	2011年10月—

主要参考文献

《毛泽东选集》第一、二、三、四卷,北京,人民出版社,1991。

《邓小平文选》第一、二、三卷,北京,人民出版社,2001。

《江泽民文选》第一、二、三卷,北京,人民出版社,2006。

《朱镕基讲话实录》第一、二、三、四卷,北京,人民出版社,2011。

《朱镕基答记者问》,北京,人民出版社,2009。

中共中央文献研究室:《邓小平年谱,1975—1997年(下)》,北京,中央文献出版社,2004。

中央文献研究室和中国人民银行编:《金融工作文献选编(1978—2005)》,北京,中国金融出版社,2007。

中共中央党史研究室:《中国共产党历史》第一、二卷,北京,中共党史出版社,2011。

陈慕华著:《中国目前金融工作》,北京,中国金融出版社,1987。

李贵鲜著:《发展经济与稳定货币:李贵鲜论经济、金融问题》,北京,中国金融出版社,1993。

吕培俭:《我国中央银行体制确立的回顾》,《中国金融》,2009年第16期。

周正庆：《周正庆金融文集》，北京，中国金融出版社，2011。

戴相龙：《戴相龙金融文集》（上卷），北京，中国金融出版社，2009。

周小川著：《系统性的体制转变——改革开放进程中的研究与探索》，北京，中国金融出版社，2009。

刘明康主编：《中国银行业改革开放30年》，北京，中国金融出版社，2009。

尚福林主编：《证券市场监管体制比较研究》，北京，中国金融出版社，2006。

刘鸿儒编著：《突破——中国资本市场发展之路》（上卷），北京，中国金融出版社，2008。

刘鸿儒等著：《变革——中国金融体制发展六十年》，北京，中国金融出版社，2009。

郭树清著：《改革攻坚的思考》，北京，经济管理出版社，1997。

马永伟著：《马永伟文集》，北京，中国金融出版社，2011。

项俊波著：《国际大型涉农金融机构成功之路》，北京，中国金融出版社，2010。

尚明、陈立、王成铭主编：《中华人民共和国金融大事记》，北京，中国金融出版社，1993。

尚明主编：《前进中的金融事业》，北京，中国金融出版社，1988。

尚明主编：《新中国金融50年》，北京，中国财政经济出版社，2000。

吴晓灵等著：《中国的金融深化与金融改革》，天津，天津人民出版社，1992年。

吴晓灵等著：《新一轮改革中的中国金融》，天津，天津人民出版社，1998。

吴晓灵主编：《中国金融改革开放大事记》，北京，中国金融出版社，2008。

刘廷焕主编：《中国的银行业》，北京，中国金融出版社，2000。

苏宁主编：《中国金融统计：1949—2005》，北京，中国金融出版社，2007。

邱晴主编：《新加坡的银行业和金融市场》，北京，中国金融出版社，1998。

殷介炎等主编：《中国外汇业务全书》，北京，中国金融出版社，1991。

马德伦主编：《中国名片：人民币》，北京，中国金融出版社，2010。

陈元：《中国内地与香港的金融关系》，载《中国金融》，1997年第1期。

李若谷等主编：《加入世界贸易组织后中国金融业的改革与发展：2002年世界华人论坛文献选编》，北京，中国金融出版社，2003。

中共海丰县委党史办公室、中共陆丰县委党史办公室：《海陆丰革命史料》第一辑，广州，广东人民出版社，1986。

中国人民银行金融研究所、财政部财政科学研究所：《中国革命根据地货币》（上、下册），北京，文物出版社，1982。

余伯流著：《中央苏区经济史》，南昌，江西人民出版社，1995。

姜宏业著：《中国金融通史》第五卷，北京，中国金融出版社，2008。

中国人民银行陕西省分行编：《陕甘宁边区金融史》，北京，中国金融出版社，1992。

中国人民银行金融研究所编：《曹菊如文稿》，北京，中国金融出版社，1983。

《中国革命根据地印钞造币简史》编纂委员会：《中国革命根据地印钞造币简史》，北京，中国金融出版社，1996。

中国近代金融史编写组：《中国近代金融史》，北京，中国金融出版社，1985。

《当代中国的金融事业》编辑委员会：《当代中国的金融事业》，北京，中国社会科学出版社，1989。

孙光慧编著：《中国金融简史》，兰州，甘肃科学技术出版社，2010。

中国人民银行四川省分行金融研究所编：《川陕省苏维埃政府工农银行》，成都，四川省社会科学出版社，1984。

张书成、许炳南主编：《闽浙赣革命根据地货币史》，北京，中国金融出版社，1996。

中国人民银行金融研究所编写组：《中国革命根据地金融史教材（1937—1945年）》，北京，1983。

中国人民银行金融研究所编写组：《中国革命根据地金融史教材（1945—1949年）》，北京，1983。

中共中央党校中共党史教研部：《中国共产党执政历程》第三卷，北京，人民出版社，2011。

中共中央党史研究室著：《中国共产党新时期简史》，北京，中共党史出版社，2009。

中国人民银行编著：《中国人民银行六十年（1948—2008）》，北京，中国金融出版社，2008。

中国证券监督管理委员会：《中国资本市场发展报告》，北京，中国金融出版社，2008。

中国人民银行：《中国人民银行年报》。

中国保险监督管理委员会：《中国保险市场年报》。

中国工商银行史编辑委员会编著：《中国工商银行史》，北京，中国金融出版社，2008。

中国人民银行研究局编写：《中国现代中央银行体制——中国人民银行管理体制的重大改革》，北京，中国金融出版社，1999。

姚遂主编：《中国金融史》，北京，高等教育出版社，2011。

杨希天等编著：《中国金融通史》第六卷，北京，中国金融出版社，2002。

杨培新著：《中国的金融》，北京，人民出版社，1982。

李扬等著：《新中国金融60年》，北京，中国财政经济出版社，2009。

李君如主编：《中国共产党执政史概要》，上海，上海人民出版社，2011。

魏本华、李德、景学成著：《中国金融新框架》，北京，机械工业出版社，2010。

顾明主编：《中国改革开放辉煌成就十四年》，北京，中国经济出版社，1993。

胡汝银等著：《中国资本市场的发展与变迁》，上海，上海人民出版社，2008。

王喜义著：《血路——深圳金融改革拓荒者足迹》，北京，中国金融出版社，2011。

龚浩成、戴国强主编：《2000中国金融发展报告》，上海，上海财经大学出版社，2000。

周道许著：《中国保险业发展若干问题研究》，北京，中国金融出版社，2006。

后 记

在中国共产党第十八次全国代表大会召开之际，中国人民银行党委组织编写了《中国共产党领导下的金融发展简史》。

中国共产党领导中国金融事业发展的伟大历程，是一部波澜壮阔的金融发展史，更是中国共产党党史的重要组成部分，在这一伟大实践中积累的宝贵经验，是中国共产党和中国金融业巨大的精神财富，对当前和今后加强和改进党对金融工作的领导、推动中国金融事业健康发展都具有十分重要的指导意义。中华人民共和国成立以来，特别是改革开放以来，一代代金融史工作者对近现代中国的金融发展演变进行了深入研究，取得了一系列成果，但是系统全面地研究中国共产党领导金融工作的历程仍是一项全新的课题。建党百年在即，抢救和整理党领导金融工作的珍贵史料刻不容缓，总结提炼党领导金融工作的宝贵经验迫在眉睫。2011年，中国人民银行党委研究决定，组织编写《中国共产党领导下的金融发展史》，集中全系统智慧，调动全行力量，系统、全面地开展党领导金融工作历史的研究，并形成研究成果，充分展示党领导金融工作的辉煌成就，发挥以史鉴今、资政育人的作用。

全面、深入地研究党领导金融工作的历程是一项浩繁的系统工程，也是一项开创性工作，没有成例可遵，没有样板可循。为此,中国人民银行党委决定,首先编写这部《中国共产党领导下的金融发展简史》(以下简称《简史》),为下一步深入研究党领导金融发展史,摸索思路,构建框架。

为了更加清晰地梳理党领导金融工作历史的脉络,本书以新中国成立和党的十一届三中全会召开为节点,共分三大部分。其中第一、二部分依据《中国共产党历史》第一、二卷体例进行编写,第三部分以改革开放以来我国经济金融工作发展的重要阶段为划分进行编写。全书以梳理历史脉络为主,兼有一定论述,一般不深挖历史背景细节,重在探求今后研究路径。

中国人民银行党委高度重视《简史》的编写工作。党委书记、行长周小川同志任编写工作领导小组组长,并亲自为本书作序。其他党委成员任编写工作领导小组成员,认真审读书稿,并提出重要意见。党委委员、行长助理金琦同志亲自担任编审委员会主任,多次主持召开专题会议,研究确定编写工作指导思想和基本方案,设计书稿总体框架和篇章结构,研讨把握重大历史问题和关键历史事件。中国人民银行原副行长马德伦同志十分关心《简史》的编写工作,亲自指导编写组修改书稿。

中国人民银行党委宣传部负责牵头《简史》的编写工作。刘慧兰同志、邵伏军同志、葛华勇同志负责编写工作的日常组织协调。马林同志负责本书史料搜集、考据工作。马俊起同志撰写本书第一、二部分初稿,李德同志撰写本书第三部分初稿,并负责全书总纂。邵伏军、穆怀朋、张晓慧、李波、谢多、宣昌能、盛松成、励跃、文四立、刘贵生、何建雄、葛华勇、王煜、冯菊平、蒋万进等同志审读了本书中的相关内容,并提出宝贵的修改意见。

中国金融学会金融史专业委员会主任、上海金融学会顾问洪葭管同志,中国金融出版社原总编辑、《中国金融》原主编许树信同志，中国人民银行金融研究所原所长秦池江同志，不顾年事已高，欣然担任本书顾问，精心指导编写工作，认真审改《简史》书稿，在此表示衷心的感谢。

  由于编者水平有限，书中难免存在一些纰漏或不当的地方，敬请广大读者批评指正。也期望广大的党史工作者、金融史工作者和关心党领导金融发展史研究工作的人士，为下一步研究党领导金融发展史工作提出宝贵意见。

编 者